马尔库塞文集

第三卷

新左派与
20 世纪 60 年代

［美］赫伯特·马尔库塞　著

陶　锋　高海青　译

COLLECTED PAPERS OF HERBERT MARCUSE

VOLUME THREE

THE NEW LEFT AND THE 1960S

人民出版社

编 委 会

目 录

前　言

马尔库塞的遗产

安吉拉·戴维斯

如果我们要研究马尔库塞的遗产——我想说的是他有很多遗产——并给出未来理论和实践的方向，那么，在我看来，在试图理解他后期作品和20世纪60年代末政治冲突之间的深层关联的过程中，我们必须同时将他的作品从这些试图埋葬马尔库塞的理念并使其浪漫化的联系中解脱出来。学者和活动家似乎都认为很难将马尔库塞与20世纪60年代末至70年代初这段时期分离开来。他的形象和作品经常被当成是激进年代的一个标志，而我们与其主要的关系倾向于用怀旧来定义。因此，提起马尔库塞的名字，许多人都会发出一声叹息——我这一代和更年长的很多人都倾向于把他看成是我们年轻时的一个令人惊奇、令人激动、具有革命性但却只有在我们的回忆中才有意义的标志。顺便说一句，随着我们这些出生于60年代和70年代初的人年岁渐长，突出“20世纪60年代”的地位似乎成了一种趋势。最近我注意到我这一代中的许多人在介绍自己的时候都说“我出生于20世纪60年代”——20世纪60年代被认为是一个原点，一个发源地，而不是一个历史时刻。它是一个能激起我们惊奇和快乐的地方，但却是永远无法企及的地方。讽刺的是，作为乌托邦，作为无境之地，这个年代——即我们在马尔库塞的鼓励下思考乌托邦思想的激进潜能的年代——在我们的历史记忆中保留了下来。

[viii] ① 同样具有讽刺意味的是，与法兰克福学派联系紧密的 20 世纪 70 年代最著名的、著作传播最广的思想家在 20 世纪 80 和 90 年代却变成了最少被研究的对象，与此同时，阿多诺、霍克海默和本雅明在当代却受到了广泛的研究。正如马尔库塞自己所认识到的那样，他的名声既有好的方面又有适得其反的方面。但我们可以这么说，即这一将他的思想的发展与 20 世纪 60 年代末对新的政治词汇的探索连接起来的历史关头使我们中的很多人了解到，为了发展扎根于他所从事的有着解放承诺的哲学传统——表明了现实社会世界中起改造作用的介入的可能性和需要——的跨学科的方法，他在一定程度上对批判理论做了认真的研究。马尔库塞在那个时期的许多理念都是在与当时的社会和文化运动的对话中发展起来的。当他向加利福尼亚、巴黎、柏林参加集会的青年人发表演讲时，他是作为一位一直以来与那些挑战直面当代社会问题的批判理论的人作斗争的哲学家在讲话。他被认为是一个激进主义的哲学家，为了更加哲学地、批判地思考激进的社会运动，他竭力主张参与到它们当中。

尽管我一直以来都批判怀旧情绪这种令人遗憾的历史记忆的替代品，但我还是希望大家能够允许我也可以有一些我所说的富有创造性的怀旧情绪。因为我的确向往对革命的历史推动者等诸如此类的主题无休止地哲学讨论的时光，当时，参加这些讨论的可能是学生、教授，以及有机知识分子，即工人和组织者。作为一个公共知识分子，马尔库塞的介入有助于激

① 括号中数字为原书页码。——中文版编者注

励这种讨论。工人阶级还有革命的潜能吗？学生应该扮演什么角色呢？我想现如今我很怀旧，因为我们早就不觉得自己还有革命的潜能了。

那些与法兰克福学派有关联的思想家的学术追求的动机都是为了形成反对派——当时指的是反法西斯主义者——的理论。马尔库塞和纽曼（他们的作品现如今应该被更加严肃地阅读）相比他们的同事阿多诺和霍克海默对探索有能力改造的各种反对力量更感兴趣。道格拉斯·凯尔纳主编的《马尔库塞文集》第一卷里面有一份写于 20 世纪 30 年代末或 40 年代初的他们看上去像是计划合作完成的研究大纲：《社会变迁学说简史》[①]。不过，由于第二次世界大战的爆发，这项研究没有完成，纽曼和马尔库塞 [ix] 都积极参加到了第二次世界大战后的去纳粹化事业当中——纽曼积极参与到了对纳粹的起诉当中，马尔库塞积极参与到了美国国务院的工作当中，帮助制订了美国的去纳粹化政策。我强烈建议大家读一读最近出版的遗稿[②]，特别是因为围绕马尔库塞与国务院合作还有大量的谜团——包括他是美国中央情报局特工这种荒谬的谣言。凯尔纳编辑的由从未发表的文章构成的第一卷让我们看到了马尔库塞在纳粹主义的文化影响方面所做的重要工作。

或许是因为马尔库塞愿意直接参与第二次世界大战之后的这一反法西斯主义事业的意愿使他后来拓宽了自己的反法西斯主义的理论研究方法，所以他把美国社会也纳入了他的分析框架。换句话说，正是因为他如此具体、直接地参与到反对德国法西斯主义当中，所以他才能够并有意愿去识别美国的法西斯主义倾向。因为阿多诺和霍克海默的反法西斯主义以一种更加正式的理论主张表达了出来，所以它仍然完全植根于德国的历史

---

① 参见《马尔库塞文集》第一卷《技术、战争与法西斯主义》中的《社会变迁学说简史》。

② 参见《技术、战争与法西斯主义》。

和传统。马尔库塞在《极权主义国家观下的反对自由主义的斗争》中[①] 指出，法西斯主义和自由主义在政治上并不对立，实际上，它们在意识形态上紧密相连，所以说，他已经为后来他对美国社会的分析奠定了基础。当霍克海默和阿多诺回到法兰克福并拒绝允许《启蒙辩证法》出版时，马尔库塞的批判理论接下来却要探讨美国的单向度的社会，后来又要确定种族主义的重要作用，鼓励像我这样的学生试着进一步去发展德国哲学传统的解放的承诺。

马尔库塞作品中最突出、最持久的一个方面是他对乌托邦的可能性的关注。这个强有力的哲学概念（这意味着他不得不与截然不同于傅立叶的乌托邦社会主义的正统的马克思主义的社会主义观念——即科学社会主义观念——进行争辩）是他的思想的内核。1937 年，他在《哲学与批评理论》这篇重要的文章中写道：

> 就像哲学那样，[批判理论] 反对以自满的实证主义的方式把现实变成标准。但又不像哲学那样，它的目标总是源自社会进程的当前的趋势。因此它不惧怕乌托邦——新秩序被指责为乌托邦。当真
> [X] 理不能在现存的社会秩序中实现时，从后者来看，它始终只是乌托邦。这种超越性并不反对它的真理性，而是支持它的真理性。就像在构建最好的国家和最高的快乐，完美的幸福和永久的和平的过程中，我们所看到的那样，乌托邦元素在哲学中长期以来都是唯一进步的元素。那种来源于坚持真理反对所有表象的固执在当代哲学中

① Herbert Marcuse, “The Struggle Against Liberalism in the Totalitarian View of the State,” in *Negations: Essays in Critical Theory*, trans. Jeremy J. Shapiro (Boston, Mass.: Beacon Press, 1968), pp. 3–42.

> 已经让位给了反复无常和毫无约束的机会主义。批判理论保存了固执这一哲学思想的真正的品质。①

这是我最喜欢的马尔库塞文章中的段落之一：乌托邦和哲学的固执。固执当然是一种驱使我们这些自称为老激进分子的人去行动的品质，但它不是我们需要坚持过时的理论、观念和组织实践这种意义上的固执，而是坚持认为解放的承诺仍然与全球资本主义令人恐惧的、不断扩张的体系纠缠在一起这个意义上的固执。

我相信，这种固执是最富有创造性的，特别是当它从一代传到了下一代，当识别这些承诺的新方法和新的对抗性的话语和实践被提了出来的时候。由于这个原因，我要承认这个会议有着重要的代际特征。②在《论解放》的“引言”中，有一段话，你们中的很多数——不管是老的马尔库塞学者，还是新的马尔库塞学者——可能都还记得，马尔库塞写道：

> 被谴责为“乌托邦”的社会已不再是在世界历史中“没有立足之地”和不可能有立足之地，确切地说，它前方的路已被现有的社会力量堵死了。乌托邦的可能性内在于发达资本主义和社会主义的技术和工艺力量之中：在全球范围内合理利用这些力量将在可预见的未来终结贫穷和匮乏。③

---

① Herbert Marcuse, “Philosophy and Critical Theory,” in *Negations*, p. 143.

② 这篇文章最初于 1998 年 11 月在加利福尼亚大学伯利克分校举办的“赫尔伯特·马尔库塞的遗产”（The Legacy of Herbert Marcuse）的会议上发表了出来。

③ Herbert Marcuse, *An Essay on Liberation*（London: Penguin, 1969）, p. 13.

马尔库塞终其一生都坚持认为艺术有激进的潜能，这与他固执地坚持乌托邦维度有着密切的联系。一方面艺术通过自身的形式的力量批判和否定了现存的社会秩序，而这反过来又创造了另一个世界，因此它暗含着建立新的社会秩序的可能性。但这种关系被高度中介化了，正如马尔库塞从《文化的肯定性质》（*The Affirmative Character of Culture*）（1937），到最近出版的《评阿拉贡：极权主义时代的艺术与政治》（*Some Remarks on Aragon: Art and Politics in the Totalitarian Era*）（1945），到《爱欲与文明》（1955）第九章，再到他去世之前出版的最后一本著作《审美之维》（这个书名与《爱欲与文明》第九章的标题一样）所不断强调的那样。① 我记得他在《评阿拉贡》中有这么一段话：

[xi] 艺术没有也不可能把法西斯主义的现实（以及任何其他形式的垄断性的压迫的总体）呈现出来。但是，任何不包含这个时代的恐怖的人类行动正因为如此也就都是不人道的、无关紧要的、偶然的、不真实的。然而在艺术中，虚假有可能成为生命的真理部分。艺术形式与现实的生活形式之间的不兼容性有可能促使那些现实无法吸收但却能够最终消解该现实——尽管这种消解已不是艺术的功能——的光芒更好地照亮现实。艺术的不真实性有可能变成艺术反驳和否定的前提条件。艺术有可能促进疏离，有可能使人完全疏远他的世界。但是，这种疏离有可能为那些处于压迫的总体中的人们

① 参见 Herbert Marcuse, “The Affirmative Character of Culture,” in *Negations*, pp. 88–133;《技术、战争与法西斯主义》中的《评阿拉贡：极权主义时代的艺术与政治》；“The Aesthetic Dimension,” in *Eros and Civilization*（New York: Vintage, 1962）, pp. 157–79; *The Aesthetic Dimension: Toward a Critique of Marxist Aesthetics*（Boston, Mass.: Beacon Press, 1978）。

追忆自由提供虚假的基础。[①]

另一方面，解放的可能性存在于对剥削与压抑愈演愈烈的秩序荒淫无耻的扩张负有责任的各种力量当中。在我看来，马尔库塞包罗万象的主题在 21 世纪发端之际就像在他的学识和政治介入最广为人知的时候一样重要。

在这一点上，我想讲一讲我自身的发展。我经常公开地表达我对马尔库塞的感激之情，因为他教会了我不必在学术志业和需要介入具体社会问题的政治志业之间做出选择。在法兰克福，当我跟着阿多诺学习时，他不鼓励我去试着寻找将我在哲学和社会活动方面看似有差异的兴趣联系起来的方法。1966 年黑豹党[②]成立之后，我热切渴望回到［美国］。在我与他最后的一次会面中（如果哪个学生能够在跟随一位像阿多诺那样的教授学习的过程中获得一次会面的机会，那么他是非常幸运的），他说我渴望直接加入那个时期的激进运动就像一位媒体研究学者决定成为一名无线电技术员一样。

1967 年夏，在我从德国回来的路上，我在伦敦参加了由罗纳德·莱恩（R.D.Laing）和大卫·库珀（David Cooper）组织召开的“解放的辩证法”（Dialectics of Liberation）的会议。我有兴趣参加这次会议的主要原因是马尔库塞是主要发言人之一，因为我正准备去加利福尼亚大学圣迭戈分校跟他学习。当我准备为这次发言准备讲稿时，我发现我书架上的这场会议的论文集不见了。因此，为了这本书，我开始了一段漫长而徒劳的搜

① 参见《技术、战争与法西斯主义》中的《评阿拉贡：极权主义时代的艺术与政治》。

② 黑豹党是一个美国黑人社团，1966 年由修伊·牛顿（Huey Newton）和西尔（Bobby Seale）创建，是美国有史以来第一个为少数民族和工人阶级解放战斗的组织。——中文版编者注

[xii] 索。加利福尼亚大学圣克鲁兹分校图书馆在藏书列表中显示有一本，但图书管理员最后却发现它已经被存放在了另一个城市的仓库里，没办法取回来。也没人知道加利福尼亚大学伯克利分校图书馆藏书列表中仍然显示存在的那四本到底发生了什么。那里的一位图书管理员推测说这些书已经被丢弃了，但没有从电脑上删除。对《解放的辩证法》的寻找使我怀疑包括马尔库塞的著作在内的其他文本是否也陷入了类似的废弃状态。

请允许我就会议本身谈谈我的几点看法，此次会议聚集了大量的参会者，其中既有学者、大学教授，也有社会活动家和当时黑人运动中的杰出人物。我参加了那次会议，因为我想跟着马尔库塞重新开始我的研究，我想听一下他的报告，也想听一下莱恩、库珀以及朱迪思·米切尔（Judith Mitchell）的报告。而这也是我第一次见到斯托克利·卡迈克尔（Stokely Carmichael）——后更名为夸梅·杜尔（Kwame Toure）——和当时的英国黑人激进分子领袖但后来在特立尼达被处决的迈克尔·X（Michael X）。

现如今，这样的聚会——同时也是一场学术会议，社会活动家的一次集会以及一次我们称之为行为艺术的“偶然事件”——看起来很奇怪。这显然挑战了我们对共同体的认识。但是，马尔库塞在这种环境下却觉得非常自在，他总是不断地推动自己去跨越那些通常定义我们所使用的语言的界限，跨越学科，跨越种族、阶级、文化和国家的边界去沟通。[伯克利] 之前以“批判的抵抗：超越监狱工业园区”为题举办了一次会议，我是会议的联合召集人。① 如果马尔库塞现如今还健在的话，那么毫无疑问，他将是这次会议的关键人物，因为我们试图构建跨越这些学科界限的不可

---

① 这次会议于1998年9月25日至27日在加利福尼亚大学伯克利分校召开。关于此次会议更多的信息以及自此次会议发展起来的团体当前的政治活动的信息，参见他们的网址 www.critical resistance.org。

预知的对话。学者们与活动家、倡导者、艺术家、曾经的囚犯做了交谈，并在视频会议技术的帮助下与那些目前仍关押在州监狱和县监狱的人做了交谈。

20 世纪 60 年代末和 70 年代初，马尔库塞在鼓励知识分子公开反对种族主义、反对越南战争、争取学生权利方面起到了重要的作用。他突出强调了知识分子在对抗性的运动中的重要作用，而在我看来，相比正常情况，这使得更多的知识分子把他们的工作与这些运动联系了起来。而马尔库塞的思想揭示了他自己是如何被他那个时代的运动所影响的，以及他与这些运动的关系又是如何给他的思想注入了活力的。

在今天看来，不可思议的是，政治集会的人群竟然愿意热情地为一 [xiii] 位受过古典传统训练的就像轻易地使人想起马克思、法农（Fanon）和杜切克（Dutschke）那样轻易地使人想起康德、黑格尔的哲学家鼓掌。同样，在今天看来，不可想象的是，当这位哲学家迫使他们用自己的大脑去思考他在公共集会上的演说时，他们并没有抱怨。我从这些回忆中得到的经验教训是我们需要重新获得跨越那些为了让人们分开的界限的沟通能力。与此同时，我们需要以另一种态度来对待马尔库塞，而不是怀旧，也就是说，我们需要把他当成一个哲学家和公共知识分子，严肃地对待他的工作。

社会运动的最大的挑战之一就是发掘新的词汇。当我们今天试图发掘这些词汇时，我们可以在马尔库塞试图将语言政治理论化的尝试中找到灵感和方向。在《论解放》中，他写道：

> 政治语言学：当权派的盔甲。如果激进的反对力量形成了自己的语言，它就会自发地、下意识地去反对支配和诽谤的这一最有效

> 的“秘密武器”。经过法院和警察验证的现行的法律和秩序的语言不仅是镇压的声音也是镇压的行为。这种语言不仅界定了敌人，并对其提出了谴责，也创造了他……这个语言世界将敌人（即劣等人种）融入到了日常用语之中，所以它只能在行动中被超越。①

虽然马尔库塞主要指的是尼克松年代这一把罪犯、激进分子、苏联的共产党员、越南的自由斗士以及古巴革命的捍卫者混在一起的宣扬法治的修辞方式，但他所提出的挑战却非常现代，特别是考虑到“与当权派的语言世界决裂”的需要以及与其犯罪的表现形式决裂的需要时。因为这个语言世界帮助关押了近两百万人，而这促进了监狱——黑人男青年和越来越多的黑人女青年要步入的主要机构——的恐怖模式的发展。

不过，这完全是另一个话题（这是我经常说和写的东西，因此我必须克制自己不要开始另一场演讲），归根结底，我想说的是，在这个语境下，考虑马尔库塞的思想的当代的相关性对我们来说至关重要。在我们现如今试图发掘新的抵抗词汇，发掘能够避免将平权行动等同于“逆向种族主义”的词汇，发掘能够反映这种没有监狱或至少没有庞大的公司化体系（我们称之为监狱工业园区）的乌托邦式的社会愿景的词汇，我们该如何利用马尔库塞的批判理论呢？

[xiv] 我并不是说马尔库塞应该重新成为 21 世纪杰出的理论家。他比任何人都更强调理论深处的历史性。那种认为他的作品包含解决我们——即学者、组织者、倡导者、艺术家及（我还想加上）其成员正在越来越被当成垃圾来看待并被投进了监狱而这反过来又为不断发展的全球范围内的监狱

① *Essay on Liberation*, pp. 76ff.

工业创造了巨大的利润的边缘群体——所面临的诸多困境的办法的观点妨碍了他的思想的精神。如果对马尔库塞不加批判，只是对他充满了怀旧情绪，那么我们不可能认识到那种固守高级艺术与低级艺术之间的严格区别的美学理论的局限性，也不愿意认真对待流行文化及其矛盾，而这对于那些想要铸造激进的政治词汇的人来说没有帮助。但如果我们放弃我们对马尔库塞的怀旧情绪，并试着把他的思想融入历史记忆，也就是说，利用过去有用的方面，以便让它们在今天发挥作用，我们就能够坚守马尔库塞的遗产，因为我们勘察的是他无法想象的境地。

引 言

激进政治、马尔库塞与新左派

道格拉斯·凯尔纳

20世纪60年代，马尔库塞成了史无前例的新左派领袖。作为一位受过专业训练的哲学家，马尔库塞与那些德国的流亡者——即为后人所熟知的“法兰克福学派”——联系在了一起，马尔库塞于1941年出版的《理性和革命》对黑格尔和马克思做了最好的解读，在1955年出版的《爱欲与文明》① 中，他又对弗洛伊德的思想做了出色的哲学阐释。《理性和革命》为英语读者介绍了社会批判理论，以及马克思和黑格尔的辩证法，为新一代社会批判理论家以及新左派激进分子提供了工具，即辩证 [2] 法思想和以理论为指导的实践(practice，或者说praxis②，后一术语在20

① 关于马尔库塞和法兰克福学派的背景资料，参见Douglas Kellner, *Herbert Marcuse and the Crisis of Marxism*, London and Berkeley, Calif.:Macmillan Press and University of California Press, 1984；参见《马尔库塞文集》前两卷，即《技术、战争与法西斯主义》和《走向社会批判理论》；另参见Herbert Marcuse, *Reason and Revolution*, New York:Oxford University Press, 1941; reprinted Boston, Mass.: Beacon Press, 1960; *Eros and Civilization*, Boston, Mass.: Beacon Press, 1955; reprinted London and New York: Routledge, 1998。

② practice对应的是近代以来培根主张的技术实践观，而praxis对应的是亚里士多德的道德实践观。——中译者注

世纪 60 年代非常流行）。《爱欲与文明》则为人们提供了一条极好的接近弗洛伊德思想的途径，提供了将精神分析思想与社会批判理论以及解放性的文化和实践结合起来的方法。文本通过强调多形态的性解放、游戏、审美精神的培养、对另一个世界和另一种生活方式的热切渴望以一种不可思议的方式预见到了 20 世纪 60 年代反主流文化运动的到来，而在这场运动中，马尔库塞这部有远见的著作的许多核心理念都变成了现实。

1964 年，马尔库塞就发达工业社会发表了一项重要研究成果，即《单向度的人》（*One-Dimensional Man*，缩写为 ODM），它的出现对那些作为新左派主力的年轻的激进者产生了重大影响。老左派拥护苏联马克思主义以及苏联，新左派则将各种形式的批判的马克思主义与激进民主结合了起来，并且对各式各样的观念和政治势力保持开放。老左派是教条主义的、清教徒式的，新左派则是多元的，并且积极投身到了新兴的文化形态和社会运动中。老左派（也有例外）倾向于要求教条式的顺从，并切断与“自由”团体的联系，新左派则拥护围绕阶级、性别、种族、性、环境、和平及其他问题形成的各式各样的社会运动。

对马尔库塞而言，新左派完美地把自发性与组织结合了起来，将强有力的反权威和自由趋势与新的政治斗争和组织形式的发展结合了起来。新左派试图将意识的变革与社会的变革结合起来，将人的解放与社会政治的解放结合起来。在马尔库塞看来，新左派特别重视激进社会变革的主观条件，并且一直在不断地寻找新的更人道的价值、制度以及生活方式。它体现了早先社会主义和无政府主义传统的最好的特征，并使其在反战运动、女权主义运动、生态运动、社区运动以及反主流文化运动等社会斗争中具体化了。对马尔库塞而言，正是对总体变革的需求使新左派及其在生活的各个领域都拥护自由、社会正义和民主引起了人们的注意。

马尔库塞在他自己的思想和政治活动中把新左派的这些最典型的政治冲动都具体体现了出来。因此，年青一代的政治激进分子在20世纪60年代中期都因为在理论和政治上得到了他的指导而尊敬这位白发苍苍的德国避难者。即将成为新左派的这一代人厌恶发达工业社会的过度富裕以及新帝国主义对那时所谓的“第三世界”发展中社会的暴力干预，他们在马尔库塞的作品中找到了理论与政治上的启发和支持。马尔库塞一直都在不知疲倦地批判“发达工业社会”、美帝国主义、种族主义、性别歧视、环境破坏以及他认为在强度和范围上不断加大的各种压迫和支配形式。

青年激进分子以及大量学界同行和左派追随者的热烈响应鼓舞了马
尔库塞，他走上了一条不平凡的人生道路，他在蓬勃发展的反战运动中 [3]
成了重要人物，成了反主流文化的英雄，成了新左派的有力捍卫者。马尔库塞同时投身到了女权主义、环保运动、同性恋以及这个时代其他对抗性的社会运动中，他的作品、演讲和政治介入成了时代历史的一部分。

1998年，弗雷德里克·詹明信（Fredric Jameson）写了一本关于阿多诺的书，书中提到，马尔库塞和萨特是20世纪60年代重要的思想家，而阿多诺则与20世纪90年代最为相关①，因为苏联及其帝国的解体标志着全球资本主义发展成了一种支配性的制度，借此，发达国家日益繁荣的经济使个体融入到了这个制度当中，而这种全球经济却产生了巨大的不平等

① Fredric Jameson, *Late Marxism: Adorno, or, the Persistence of the Dialectic*, London: Verso, 1998, p.5.

和太多的苦难。在这个紧要关头，詹明信认为，阿多诺对总体性的支配性制度的批判及其不设定替代方案的纯粹批判的、否定的立场不仅恰当，而且合理。然而我想说的是，在当前全球化经济危机、恐怖主义和美国军国主义复苏以及全球反公司资本主义、反战运动日渐壮大的历史关头，马尔库塞强调政治和激进主义的批判理论与当代的挑战高度相关。马尔库塞的理论特别有助于形成一种全球性的理解支配和抵抗的视角，彻底地批判现存的支配性的制度，评价抵抗运动，以及提出与当前的社会组织和生活模式完全不同的替代方案。

特别需要强调的是，马尔库塞认同新左派，并且一直都在试图强化他对当前社会的批判，提出可能会被目前这个时代再次采纳的激进的替代方案。随着新千年的到来，出现了恐怖主义、军国主义这两股力量，以及与之相对的日益高涨的全球反战运动和社会正义运动，我们发现自己处在一个极度动荡和冲突的年代，就像是 20 世纪 60、70 年代。年青一代完全可以在马尔库塞的作品和生活中找到理论和政治上的指导与洞见。马尔库塞一直都在试图阐明新左派在社会抗议广泛存在的年代的理论和实践。因此，那些投身于方兴未艾的反公司全球化运动和世界范围内的和平运动的年青一代可以在收录于本卷的马尔库塞文本中找到理论和政治指导。

现如今，我们可能已经有了用来把握、评价马尔库塞的哲学与这个时代的斗争的联系的历史距离与理解。相较于先前的材料，马尔库塞及其他档案馆大量的最新材料——包括本卷及其他几卷所收录的文章——可以使我们更丰满、更深入地理解那个时代以及马尔库塞在那个年代的理论和
[4] 政治活动中的角色。我将在引言中相应地把此卷中大量的先前未发表或者鲜为人知的文章与马尔库塞当时的主要作品的语境联系起来。接下来，让

我们回到 20 世纪 60 年代，审视一下马尔库塞和新左派那场非凡的理论和政治冒险①。

《单向度的人》、大拒绝与新左派的兴起

马尔库塞在《爱欲与文明》中最为详尽地描述了他所理解的解放，

① 我在这里提到的关于马尔库塞和新左派的早期研究，参见 Kellner, *Herbert Marcuse*, Chapter 9；参见保罗·布列尼斯（Paul Breines）分别发表在 *Antworten auf Herbert Marcuse*（Frankfurt: Suhrkamp, 1971）与 *New Left Perspectives on Herbert Marcuse: Critical Interruptions*（New York: Herder & Herder, 1972）上的文章；另参见 Jean-Michel Palmier, *Herbert Marcuse et la nouvelle gauche*（Paris: Belfond, 1973），本文对马尔库塞的思想与法国和美国新左派的理论与实践的相关性做了详尽的研究。要想了解更多的关于马尔库塞和新左派的批判性的阐释，参见 A.Quattrocchi and T. Narin, *The Beginning of the End: France, May 1968,* London:Penguin, 1968; Henri Lefebvre, *The Explosion: Marxism and the French Upheaval,* New York: Monthly Review, 1969。科恩－本迪特（Cohn-Bendit）并不认为马尔库塞对法国学生运动有太多的影响：

> 一些人试图强行将马尔库塞塑造成我们的导师。这很滑稽。我们没人读过马尔库塞。一些人读过马克思，可能还有巴枯宁，至于现代作家，我们读过阿尔都塞、毛泽东、格瓦拉、列斐伏尔。几乎所有的反抗者都读过萨特。
>
> （引自 E.Batalov, *The Philosophy of Revoit*, Moscow: Progress, 1977, p.52）

帕尔米耶（Palmier）反对这一观点，声称许多人都读过马尔库塞并对他在“五月事件”期间及之后所写的文章有着极大的兴趣。关于这个话题，参见 Palmie, *Sur Marcuse,* Paris: Union Générale d'Editions, 1968; 另参见“Marcuse: cet inconnu,” *La Nef*, 36（January–March 1969）。关于马尔库塞和新左派，参见 Rolf Wiggershaus, *The Frankfurt School,* Cambridge, Mass.: The MIT Press, 1994; 另参见 Wolfgang Kraushaar, *Frankfurter Schule und Studentenbebewgung: Von der Flaschenpost zum Molotowcocktail 1946–1995*, 3 volumes, Hamburg: Rogner& Bernhard。后来新左派的历史和对马尔库塞的评价都倾向于强调他对那个时代的反对派的政治运动的重要性和影响。参见 George Katsiaficas, *The Imagination of the New Left: A Global Analysis of 1968*, Boston, Mass.: South End Press, 1987; 另参见 John Bokina and Timothy J. Lukes, *From the New Left to the Next Left*, Lawrence, Kan.: University of Kansas Press, 1994。

而在《单向度的人》中则最为系统地分析了支配的力量。[1]《单向度的人》
[5] 探究了当时正在创造“单向度的人”和“无对立面的社会”的新的社会控制形式。马尔库塞以各式各样的顺从趋势为例描述了文化和社会的形式，它们创造了消费者的需要，而这些需要则通过大众媒体、广告、工业管理以及非批判的思想样态将个体整合进了现存的生产和消费制度中。针对“单向度的社会”，马尔库塞建议以辩证的批判性思维这种被认为更自由、更令人满意的文化和社会形式来补偿，并提出了“大拒绝”的口号，主张拒绝一切压抑性和支配性的模式。

《单向度的人》认为，资本主义社会的工业工人阶级的革命潜能正在衰退，新的社会控制形式正在形成。马尔库塞断言：“发达工业社会”创造了消费者和顺民的需要，而这些需要则将个体整合进了现存的生产和消费制度中。劳动机构、教育、家庭、政府、社会关系、文化以及当代思维方式中的支配再生产了现存的制度，不但如此，它还试图消灭否定、批判和反抗。结果是产生了一个“单向度的”思想和行为世界，在这个世界中，批判性思维和对抗性行为的天资和能力正在枯竭。

资本主义不仅整合了工人阶级以及潜在的革命性的反对派，当前的资本主义制度还通过国家和企业政策以及新的社会控制形式的发展形成了新的稳定的技术。因此马尔库塞对正统马克思主义的两个基本假设提出了质疑：革命无产阶级和资本主义危机的必然性。与正统马克思主义把重心放在工人阶级身上不同，马尔库塞拥护少数种族、局外人、激进的知识阶层等未被整合的力量，并且试图在提倡激进的思考和反对的同时培养对抗性的思想和行为。

---

① 参见 Herbert Marcuse（1964），*One-Dimensional Man*（Boston, Mass.: Beacon Press, second edition, 1991; Routledge classics edition with an Introduction by Douglas Kellner, London: 2002）。

对马尔库塞而言，支配使经济、政治、技术和社会组织结合在了一起。对正统马克思主义者而言，支配内在于资本主义的生产关系和商品逻辑，而对海德格尔主义者、韦伯主义者来说，技术、技术理性以及(或者)政治体制的强制逻辑是主要的社会支配力量。相比之下，马尔库塞给出的是一种多重分析，后者把整个社会秩序中所有支配与抵抗的方面都揭示了出来。另外，马尔库塞坚持认为，经典马克思主义所讲的资本和劳动的对立这一制度矛盾仍将持续存在，尽管形式发生了变化。此外，通过强调财富的创造以何种方式产生了体制性的贫困、战争和暴力，他一直不断地提醒人们注意生产与破坏的统一性。因此，对马尔库塞而言，即使是发达工业社会表面上的成就也是“目标不清晰”，这个社会用财富、科学、技术和工业缓解了贫困和痛苦，但也用生产工具加强了支配、暴力、侵略和不
公正。因为这种辩证关系在 21 世纪仍在继续，所以马尔库塞对正义的可 [6]
能性、缓解贫困和痛苦的可能性、所有人过上更自由和更幸福的生活的可能性与日益加剧的不平等、愈演愈烈的暴力以及不断增加的痛苦之间日益加剧的鸿沟的批判仍像过去一样有意义。

与那些逐渐脱离政治的法兰克福学派同事不同[1]，马尔库塞一直都在试图将批判理论政治化，一直都在努力寻找与支配和压抑力量相对的抵抗和变革力量。在经历了那段悲观的时期之后，即他完成了《单向度的人》之后，马尔库塞受到了以学生反战运动、反主流文化运动、民族解放运动以及众所周知的新社会运动为中心的全球反抗力量的鼓舞。马尔库塞在这些力量中找到了经典马克思主义者在无产阶级那里所发现的激进的社会变革的工具。

但是正如对抗性的工人阶级运动在 20 世纪时失败了，工人阶级在马尔

---

① 参见 Wiggershaus, *The Frankfurt School*；另参见 Kraushaar, *Frankfurter Schule und Studentenbebewgung*。

库塞看来被整合进了当代资本主义，同样，20 世纪 60 年代的激进运动在很大程度上也失败了，或者说被整合进了 20 世纪 70 年代末凯旋的全球资本主义制度。① 不过，直到 1979 年他去世，马尔库塞一直都在对抗性的社会运动和最具批判性、最激进的艺术和哲学形式中寻找社会变革的推动力。②20 世纪 60 年代至 70 年代这段时间，马尔库塞的文章引发了激烈的争论，而关于他的作品的大多数研究都具有高度的倾向性，并且时不时地带有宗派色彩。《单向度的人》遭到了正统马克思主义者以及有各种政治和理论信仰的理论家的严厉批判。尽管它消极，但还是影响到了许多新左派人士，因为它表达了他们对资本主义社会和苏联共产主义社会的不满。此外，由于马尔库塞不断地培养对革命性变革的需求，并为新兴的激进的反对力量进行辩护，因此遭到了既得利益者的仇恨，也赢得了新激进分子的尊敬。

[7] 《单向度的人》出版时正值民权运动愈演愈烈、反战联盟开始反对美国介入越南。③ 马尔库塞对发达资本主义和国家社会主义社会这个总体的尖锐批评为他在那些与种族主义、帝国主义和其他压迫形式作斗争的人中间赢得了大批的听众。20 世纪 60 年代，当马尔库塞作为新左派的领袖而享誉世界时，他可能是那个时代最具争议的公共知识分子，当时学生们把"马克思、毛泽东、马尔库塞"这三个名字涂在了墙上，媒体都在讨论他的文章，不同倾向的知识分子也都在批判他的观点。但是，如果我们简单

---

① 参见 Katsiaficas, *The Imagination of the New Left*；在《新左派的想象》这本书中，卡西亚菲克斯结合那段时期的运动的持续影响详细分析了对许多新左派团体的镇压以及它们的消亡。对卡西亚菲克斯来说，20 世纪 60 年代末至 70 年代初那段时期是一个"世界历史纪元"，与 1848 年到 1849 年、1907 年、1917 年到 1918 年的剧变相似，此时全世界的力量都在为争取解放而斗争，并给政治、文化以及个体领域带来了长远的影响。

② 本系列后面的几卷将介绍马尔库塞哲学和艺术方面的作品。

③ 参见本卷中的马尔库塞的反越战声明《美国在越南的政策的内在逻辑》。

地将马尔库塞局限于他在 20 世纪 60 年代的政治活动，这对他来说是一种伤害，因为将他的思想局限于他在那个时代的政治立场会抹杀他对哲学和社会理论所作的重要贡献。①

马尔库塞并不是第一个提出工人阶级与现有社会一体化和资本主义稳定化这个理论的马克思主义者，但是左派之中也仅有他如此直率地提出了该理论，同时积极地寻找替代力量。马尔库塞的困境在于，一方面他想坚持做一个马克思主义者，忠于社会研究所提出的批判理论的计划，当一个独立的思想家，另一方面又想献身于新左派的斗争。从他的《单向度的人》出版前后的作品和活动来看，我们可以清楚地看到，他热切渴望**总体革命**，后者被描述成是一场推翻现存秩序的剧变，它将带来广泛的变革，从而消灭资本主义并建立一种新的自由的社会和生活方式。

马尔库塞经常说，1918 年德国革命的经历使他意识到真正的革命是一场总体的剧变——罗莎·卢森堡在当时就提出了这个观点，马尔库塞对她非常尊敬，他的“革命”概念也深受卢森堡的影响②。因此，从这样一种激进的、系统的变革的广阔视角出发，任何不会推翻资本主义的改革或社会变革在马尔库塞看来都只是改变现存制度的外观。在这种激进的社会剧变看起来不太可能的情况下，马尔库塞决不会相信有可能发生进步的社 [8]
会变革。尽管如此，他还是不断地肯定马克思主义对资本主义的批判的相

① 参见《马尔库塞文集》前两卷，即《技术、战争与法西斯主义》和《走向社会批判理论》；哈贝马斯在《走向社会批判理论》的后记中指出，马尔库塞的不朽的遗产之一是他的哲学和理论贡献。本系列后面的几卷将涉及马尔库塞的哲学贡献、他的美学、他与弗洛伊德以及精神分析的关系，以及他对马克思主义的贡献，所以说，仅仅将马尔库塞的贡献归结为他那些讨论新左派的作品是错误的。因此，这一卷将努力揭示马尔库塞的政治是如何植根于他的理论的，以及他的理论和政治又是如何对新左派产生重大影响的，这些问题在当代仍然有其理论和政治价值。

② 参见 Kellner, *Herbert Marcuse*, Chapter 1。

关性和重要性，在《单向度的人》即将结束时，他重申了他对更为合理的社会主义的信念：

> 下述事实为当代社会的批判理论及其必然发展提供了根据：整体与日俱增的不合理性；生产力的浪费和限制；对侵略扩张的需要；持续不断的战争威胁；剥削的加强；人性的丧失。所有这些都指向这样一种历史的替代选择：有计划地使用资源并花费最小量的劳动以满足基本需要；把闲暇时间变为自由时间；缓解生存斗争。
>
> （*ODM*, pp. 252–3）

在承诺他将继续信奉社会主义之后，紧接着是一段令人心酸但却袒露心声的话，马尔库塞表达了他的愤怒和遗憾，事实上，无论是哪一种革命形势或者哪一个阶级都没有坚持执行马克思的革命理论。

> 这些事实和替代选择就像一些没有联结在一起的碎片；或像一个缄默的对象世界，没有主体，没有在新的方向上改变客体的实践。辩证理论并没有被驳倒，但它无法提供药方。它不能是肯定性的……在理论和经验的基础上，辩证概念宣称它自身是无望的。
>
> （*ODM*, p. 253）

以前，社会批判理论可以依靠社会中的反对力量，有可能激活这些力量的瓦解趋势，以及“具有**内在**可能性的解放”（*ODM*, pp. 254ff.），但到了 20 世纪 60 年代初，马尔库塞已看不到丝毫革命力量能够从内部引爆社会的可能性，他认为，发达资本主义简直太过极权了，并且它的压抑令人感到舒服，所以只有**“绝对拒绝”**才可以作为一种“真正的革命的反抗模式”得以维持（*ODM*, pp. 255ff.）。马尔库塞在这里明确放弃了所有的改良主义或零打碎敲的变革，并宣称只有未被整合的“局外人”才能成为真正的革命力量。（*ODM*, pp. 256–7）

1964 年，马尔库塞只看到了一点点机会，他认为与开明的知识阶层结盟的最受剥削和迫害的局外人可能标志着“终结的开始”，意味着社会变革还有希望。

> 然而，在保守的公众基础下面的生活在底层的流浪者和局外人，是其他种族、其他肤色的被剥削者和被迫害者，是失业者和无法就业者。他们生存在民主化进程之外；他们的生活就是对终结那些无法忍受的条件和制度的最直接、最真实的需要。因此即使他们的意识不是革命性的，他们的反抗也是革命性的。他们的反抗是从外部打击制度，因此不会被制度引向歧路；它是一种违反游戏规则并在这样 [9]
> 做时揭露该游戏是受人操纵的游戏的根本力量。当他们为争取最基本的公民权聚集起来走上街头的时候，没有武器、没有保护，他们知道他们面对的是警犬、石头和炸弹、监狱、集中营甚至死亡。他们的力量是每一次为法律和秩序的受害者举行政治示威的后盾。他们开始拒绝玩游戏这一事实可能标志着一个时代终结的开始。
>
> （*ODM*, pp. 256–7）

这段话证实了这一希望，即民权斗争标志着为质的社会变革创造可能性的意识激进化和变革的时代开始了。但是，这仅仅是一个希望，马尔库塞认为这只是一个形成激进的联盟的“机会”：

> 机会却是在这一时期历史的两个极端再次相遇：人类最先进的意识和它最深受剥削的力量。这不过是一种机会而已。
>
> （*ODM*, p. 257）

因此，马尔库塞以悲观、近乎顺从但为了忠于人类最高的希望并向那些为了希望而奉献生命的人致敬而坚持对抗的口吻结束了《单向度的人》：

> 社会批判理论并不拥有能在现在和未来之间架设桥梁的概念；它不作承诺，不指示成功，它一直都是否定的。因此，它希望一直忠于那些不抱希望，已经并还在献身于**大拒绝**的人。在法西斯时代之初，瓦尔特·本雅明曾写道："只是为了那些没有希望的人，希望才赐予了我们。"
>
> （*ODM*, p. 257）①

---

① 关于马尔库塞对本雅明的评价，参见马尔库塞为本雅明的《暴力批判》撰写的"后记"，"Nachwort" to Walter Benjamin, *Zur Kritik der Gewalt und andere Aufsatze*, Frankfurt: Suhrkamp, pp.99–106；文中，马尔库塞详细阐释了这个观念。对马尔库塞越来越愤怒的批评者弗洛姆就这段话愤怒地写道：

> 这些引用表明，那些把马尔库塞当成革命领袖来攻击或崇拜的人错得是多么地离谱：因为革命不可能建立在绝望的基础上，永远不会。但是马尔库塞并不关心政治；因为如果你不关注现代和未来之间的步骤，你就不会处理政治，不管是激进的还是不激进的。马尔库塞本质上是一个典型的异化的知识分子，他将个人的绝望当成了激进主义的理论。
>
> （Fromm, *The Revolution of Hope*, New York: Bantam, 1968, pp.8–9）

这段引文表明弗洛姆倾向于从马尔库塞的复杂理论中选取一段话并据此对马尔库塞做出全面的批判。马尔库塞后期的行动和理论观点表明弗洛姆的"批判"毫无根据。

马尔库塞的“大拒绝”概念以及他对那些具有革命潜能又不能为发达工业社会所整合的阶层、组织以及个人的拥护为他那时的对抗政治提供了核心要素。“大拒绝”是一个高度复杂、多维的术语，它意味着个人对控制、压抑的现存制度的反叛和反抗，也意味着创造了关于另一个世界的想象、一种更好的生活和另一种文化形式与风格的先锋艺术的叛逆；还意味着拒绝支配性的思维和行为模式的对抗性的思想。“大拒绝”这一术语是受为全盘拒绝资产阶级社会的制度、价值以及生活方式辩护的安德烈·布勒东（Andre Breton）的启发[①]。马尔库塞一直以来都很推崇拒绝顺从现存资产阶级社会的放荡不羁的文人和反主流文化，也很推崇拒绝当代社会并勾勒了一种更自由、更幸福的生活方式的现代主义艺术。 [10]

马尔库塞强调个人反抗和拒绝，这实际上是其思想根深蒂固的一个方面。从他早期的文章来看，他支持反对资本主义社会的“激进行动”，[②]尽管他是用马克思的术语来阐释这个概念的，但实际上，在他的筹划——在《爱欲与文明》《单向度的人》及其他后期作品中反复出现——当中却存在着海德格尔式的个人主义元素。某些马尔库塞的批评者把大拒绝这样的概念看成是他思想中的根深蒂固的个人主义和无政府主义维度。而马尔库塞对个人反抗以及自我改造的强调可以说构成了激进政治的重要元素，这种政治坚持认为，除非个人从资本主义的需要和意识中解放出来，并且获得了彻底的社会变革所需的“激进的需要”，否则不可能出现任何有意义的社会变革计划。我们不能把马尔库塞对大拒绝的强调看成是对“资产

---

① 关于布勒东，参见 Breton, *Manifestoes of Surrealism*（Ann Arbor, Mich.:University of Michigan Press, 1969）以及 *What is Surrealism?*（New York: Pathfinder Press, 1978）。在《理性和革命》的序言中，马尔库塞明确地将布勒东、大拒绝以及艺术先锋派联系了起来，参见 1960 年版《理性和革命》的序言。

② 参见 Kellner, *Herbert Marcuse*, Chapter 1。

阶级的个人主义”或“单向度的悲观主义”的屈服，相反，我们可以把他在《单向度的人》中对此概念的使用看成是在一个革命的理论家根本无法指出发达资本主义国家中任一革命力量或革命阶级的时代对马克思主义危机的深度和范围的富有启发性的说明。因此，在这个时代中，在无产阶级的反抗大部分都消失了并且处在几乎史无前例的富裕和相对稳定的时期的发达资本主义国家没有任何明显的革命斗争或革命力量的时代，马尔库塞诚实地对马克思的革命理论提出了质疑。

然而，大约在《单向度的人》出版的前夜，马尔库塞在他的书的结
[11] 尾处提到的民权运动愈演愈烈，同时，作为对美国加速军事干涉越南的回应，新左派和反战运动也开始有了发展。此时，这一代的激进分子转而研究起了马尔库塞这部似乎否认有可能发生根本的政治变革的《单向度的人》。在 20 世纪 60 年代新左派的英雄主义时期，因为这本书有助于向这一代政治激进分子揭示他们当时正在与之斗争的制度的错误，所以它在学生运动中起到了重要的作用。马尔库塞迅速加入了学生积极分子的事业，并从 1965 年起根据当时让他又惊又喜的汹涌澎湃的斗争修正了他的某些论点。尽管大拒绝被大规模地付诸实施，但是，马尔库塞的理论却未能详细地规定社会变革的推动者或革命策略。因此，马尔库塞开始孤注一掷地搜寻激进的政治，而这耗尽了他的余生。这种搜寻使他为对抗政治和革命暴力做起了辩护，也使马尔库塞遭到了那些倡导更加温和的社会变革模式的人士的憎恨。①

---

① 参见“Ethics and Revolution”，文中，马尔库塞将革命定义为“通过一个社会阶级或一场运动推翻合法的现有政府和体制，以期改变社会结构和政治结构……这样一种激进的质变暗含着暴力”；该文载于 *Ethics and Society*, ed. Richard T. DeGeorge（Garden City, N.Y.: Doubleday, 1966），p.134。还可参见 Marcuse, “Reexmination of the Concept of Revolution,” *New Left Review*, 56（July-August 1969）, pp.27ff。

从 20 世纪 60 年代中期到 70 年代早期，马尔库塞主要致力于将理论重新政治化，并将他的大部分工作都集中在了对新左派的关注上。他在欧洲和美国四处游历，在不同的会议上对着各式各样的听众发表演讲，并且出版了许多以解放和革命——成了他的工作的焦点——为主题的书籍和文章。20 世纪 60 年代中期，马尔库塞离开了他从 1954 年到 1965 年这段时间任教的布兰迪斯大学，来到了拉荷亚的加利福尼亚大学。① 他在 1965 年以后的著作中一直都在不断地寻找能够使这种变革得以发生的革命力量，以及他们能够奉行的革命策略。在他看来，工业工人阶级已经被整合进了发达资本主义社会，所以他先后在未被整合的局外人和少数群体中，在学生和知识分子中，在“新感性”和“起着催化剂作用的团体”中找到了新的激进政治的力量。大约自 1965 年至 1970 年这段时间，马尔库塞支持激进对抗政治的策略，随后又转向了倡导政治教育和成立以工人委员会为模型的小型的对抗性团体；20 世纪 70 年代这段时期，他倡导的是“统一战线” [12]
策略和“突破体制的长征”。在整个过程中，马尔库塞始终都忠于马克思、卢森堡和科尔施所代表的马克思主义的革命的社会主义传统，与此同时，他也不断地批判正统的马克思列宁主义的革命和社会主义观念。

马尔库塞是最早的那批法兰克福学派当中唯一一位热情支持 20 世纪 60 年代政治激进主义的成员，他的写作、教学和政治介入都是为了新左派的斗争。最终，自 1965 年《压抑的宽容》到 1979 年他去世，他完成了一系列杰出的试图阐明新左派的理论和实践以及将批判理论重新政治化的作品。本卷收录了一些重要的文本，它们不仅阐明了新左派的理论和政

① 1965 年，在与大学校长亚伯兰·萨彻（Abram Sacher）发生一系列争执之后，马尔库塞的退休后合同没有续签，他离开了布兰迪斯大学。参见 *Atalantic Monthly* (June 1971), p.74。在马尔库塞档案馆中，有大量的信件表明马尔库塞获得了加利福尼亚大学拉荷亚分校的任命。

治，而且还可以对当代反对派的理论和政治产生激励。

马尔库塞在政治上参与新左派的政治运动为他赢得了学生运动精神领袖的“恶名”，因此创造了一个引起激烈争论的政治知识形势，以至于人们极难冷静地评价他的作品和衡量他对批判理论更大的贡献。在当时的政治辩论中，马尔库塞的观点既受到了激烈的争论，也受到了热烈的拥护。此外，他经常修正自己的观点，形成新的革命视角，而他的批评者却还在攻击他之前的立场。因此，马尔库塞的政治作品从理论上说明了新左派的兴衰变迁，对它的发展做了反思和评价。随着时间的流逝，我们现在已经有了批判性地评价马尔库塞自 1965 年至 1979 年这段时间的作品与分析他对当时的新左派和其他政治运动的理论的和政治立场所必需的距离的视角。

马尔库塞的对抗政治：《压抑的宽容》

1965 年，马尔库塞在他有争议的文章《压抑的宽容》中坚定地为对抗政治做了辩护，此文发表在了《纯粹宽容批判》（*A Critique of Pure Tolerance*，缩写为 *CPT*）上。自由主义历来提倡把宽容和多元主义当成主流价值，在当时美国社会暴力事件日益增多、黑人和进步政治领导人遭到镇压和谋杀、越南战争与全球范围内的帝国主义暴力升级以及所谓的“发达资本主义社会”明显表现出倒退特征的背景下，马尔库塞和他的两个朋友巴林顿·摩尔（Barrington Moore）与罗伯特·保罗·沃尔夫（Robert Paul Wolff）写了大量的文章，对这个概念的持续效力做了评价。

马尔库塞这篇政治性论文《压抑的宽容》因其明显的党派性并违反了中立的学术原则而遭到了猛烈的批判，因为它要求“不能宽容现行的政策、态度、意见，更不能宽容那些不合法的和压迫性的政策、态度和意见”（*CPT*, p. 81）。[1] 实际上，马尔库塞的建议是不能宽容现存社会及其种族主义、军国主义和帝国主义（越南战争当时已开始成为一个爆炸性的问题），也不能宽容马尔库塞当时所批判的它的浪费、有计划废弃、广告、环境破坏、污染及其他“不能宽容的”现象。他提出的目标是消除暴力和减少压抑，这个目标在他看来受到了“全球范围内的暴力和压迫”（*CPT*, p. 82）的阻挠。 [13]

马尔库塞不仅对帝国主义在中南半岛、拉丁美洲、非洲和亚洲的暴力提出了批评，也对发生在西方资本主义中心的针对少数反对派的残酷镇压提出了批评。这些种族主义和帝国主义政策“不应该被宽容，因为它们正在阻止——如果说不上毁灭的话——创造一种没有恐惧和痛苦的生活的机会”（*CPT*, p. 83）。马尔库塞的文章就当时对南方黑人和民权分子的镇压、对古巴导弹危机中核毁灭的恐惧、越南战争升级、美国支持世界各地

---

① 右翼评论家们通过断章取义，给他贴上“精英主义的权威主义者”“虚无主义者”甚至更糟的标签，对《压抑的宽容》做了大肆的批判。参见 Eliseo Vivas, *Contra Marcuse*（New Rochelle, N.Y.: Arlington House, 1971）, pp. 171–7, 维瓦斯把马尔库塞称为“左派的托尔克马达”（the Torquemada of the left），称他为有着“纳粹思想”的“智力发达的白蚁”。歇斯底里的保守派持续对马尔库塞进行了数十年的攻击，其中，阿兰・布鲁姆在《走向封闭的美国精神》中指责马尔库塞和米基・贾格尔（Mick Jagger），说他们应该为过分淫乱的当代生活负责，请参见 Allan Bloom, *The Closing of the American Mind*（New York: Simon &Schuster, 1987）。艾伦・科尔斯与哈维・希尔维格雷特在《历史的阴影》中谴责马尔库塞在大学里鼓动极权主义的“政治正确”运动，参见 Alan Kors and Harvey Silverglate, *The Shadow of History*（New York: The Free Press, 1998）。关于更多的知识分子对这篇文章的批判性讨论，参见 David Spitz, “Pure Tolerance,” *Dissent*, 13（September–October 1966）, pp. 510–25；迈克尔・沃尔泽（Michael Walzer）对斯皮兹（Spitz）和马尔库塞进行了批判，参见 Michael Walzer, “On the Nature of Freedom,” *Dissent*, 13（November– December 1966）, 而斯皮兹对此做了答复，参见 *Dissent*, 13（November– December 1966）, pp. 725–39; Elinor Langer, “Notes for Next Time,” *Working Papers for a New Society*, 1, 3（Fall 1973）, pp. 48–83。

的军事专政、法国在阿尔及利亚的暴行和戈德华特获得了总统候选人资格做了回应，因为所有这一切激起了右翼的返祖情绪，并加剧了整个资本主义世界的压抑性和破坏性。马尔库塞坚持认为，如果社会是完全非理性的、破坏性的，那就必须激进地反对它，那就不能再宽容它的暴行和否定性了。①

大法官霍尔姆斯（Holmes）的立场是，如果社会面临着“明确而现实的危险”，那么就应该搁置公民权利，马尔库塞以该立场为自己立论的
[14] 基础宣称军国主义和压抑性的政策确实构成了一个“明确而现实的危险”。对马尔库塞而言，鼓吹战争、号召镇压持异议的激进分子对公民自由乃至人类的生存构成了威胁，这是不能被宽容的。（*CPT*, pp. 109ff.）在《压抑的宽容》中，不仅言论自由、学术自由本身岌岌可危，而且日益加剧的种族主义、军国主义和压抑应该被宽容还是应该被积极地反抗也到了必须做出选择的紧要关头。马尔库塞认为，“纯粹的宽容”和中立只会加强现行体制，妨碍自由，也妨碍暴力的减少。因为主流媒体为保守的公司力量所控制，所以人们被提前洗脑了，已经很难受到反对派的观念的影响了。（*CPT*, pp. 94ff.）

因此需要激进的手段来打破扭曲的思想世界，让公众意识到目前仍然被宽容的侵略性的野蛮政策的危险。这样一种以激进变革为指归的启蒙行动“只能被设想为有可能会导致剧变的大规模的压力的结果”（*CPT*, p. 101）。拒绝宽容可能转化为抵抗战争、征兵和军队，被转化为罢

---

① 关于马尔库塞所应对的情况的严重性与核毁灭的危险迹象，参见罗伯特·肯尼迪对古巴导弹危机的回忆，*Thirteen Days*（New York: Norton, 1969）。关于这一时期的其他解释说明，即可以使我们觉得马尔库塞主张不要宽容现存社会看上去合理的那些解释说明，参见 Bruce Miroff, *Pragmatic Illusion*（New York: McKay, 1976）和 Geoffrey Hodgson, *America in our Time*（New York: Doubleday, 1977）。

工和联合抵制、公民不服从、在华盛顿游行、占领大学和工厂，以及不宽容那些遭到反对的政策的代表们。

然而，为了替对抗政治辩护而倡导一种“不宽容的论点”的激进立场是否正确，这是值得怀疑的。“明确而现实的危险”这个论据(是压制“不可宽容的”观念的一个理由）经常被当成压制激进分子的借口。因此，激进分子似乎应该捍卫言论自由和公民自由，并竭力主张与明显有危险并令人厌恶的做法和政策（比如，帝国主义战争、种族主义、野蛮对待妇女和儿童等等）展开激烈的斗争。不宽容帝国主义的资本主义、官僚主义的共产主义及其他压制性的政治制度或组织最糟糕的方面很可能是合理的或必要的，但不应该以任何方式给出压制言论自由的建议，因为这种论点往往对急于压制激进分子并倾向于让人们远离那些被认为是“权威主义的左派”的当局有利。

因此，激进分子理应采取罗莎·卢森堡的立场，她竭力主张捍卫言论自由，即表达不同意见、持有异议的自由，从而捍卫不受限制的交流，并发展开放而活跃的“公共领域”。① 但是，考虑到当时社会严密地控制了交
流方式，马尔库塞很可能是正确的，即对激进分子来说，对抗政治是最有 [15]
效地表达他们对现行政策的异议和他们对占主导地位的机构的敌视的手段。

马尔库塞在暴力问题上的立场更具有争议性。简言之，马尔库塞反对现存社会的暴力，但他却支持用暴力推翻它。他认为，“在发达文明的中心”，针对少数种族和妇女的暴力在警察的暴行中，在监狱和精神病院中“普遍存在”，在对付不发达国家的那些敢于为了自己的自由去反抗

① 关于罗莎·卢森堡对公民自由的辩护，参见 Rosa Luxemburg, *The Russian Revolution* (Ann Arbor, Mich.:University of Michigan Press, 1962)。关于“无产阶级的公共领域”的概念，参见 Oskar Negt and Alexander Kluge, *Offentlichkeit und Erfahrung* (Frankfurt: Suhrkamp,1972)。

帝国主义统治的人民时所采取的越来越残酷的形式中“普遍存在”（*CPT*, p. 102）。马尔库塞对植根于体制的结构性暴力与消除体制性暴力的暴力、保守的暴力和革命的暴力、压迫者的暴力和被压迫者的暴力做了明确的区分。在他看来，将和平主义和非暴力的标准应用于被压迫者反抗压迫者的斗争，“通过削弱对引起实际的暴力的原因的抗议”为“该原因”提供了帮助。（*CPT*, p. 103）

马尔库塞论证的拱顶石是他坚持认为个人必须在当权派和反对派之间做出选择，人民必须竭尽全力去区分真假、对错，去激烈地反对那些错误的观念和政策。对于受相对主义、模糊性和中立的立场熏陶的这一代知识分子来说，这很难接受，所以当学生们与老师们划清界限，并告诉他们“你们要么支持我们，要么反对我们”的时候，迷茫的学者们向马尔库塞发起了攻击，并且控告他腐蚀了年轻的一代。马尔库塞坚定地支持新左派，站在激进分子一边。通过指出左派曾经在历史上促进了进步，从被压迫者的反叛中产生的暴力曾经减少了不公正、残忍与战争，也增加了自由、平等和公正，他为自己的立场提供了支撑。（*CPT*, pp. 99ff.）

简言之，左派进一步“给文明带来了进步”（*CPT*, pp. 107）。马尔库塞举了一些例子，比如，英国内战、法国大革命和中国与古巴的革命（但没有提到美国或苏联的革命！）。[1] 他认为，来自统治阶级的暴力并没有带

① 马尔库塞引用了法农和萨特的观点（*CTP*, pp. 103–4），他们所倡导的以革命暴力反抗暴力的压迫者的观点对马尔库塞产生了影响。参见 Franz Fanon, *The Wretched of the Earth*（London: Penguin, 1967）与 Jean-Paul Satre, *On Genocide*（Boston, Mass.:Beacon Press, 1971）。关于对这些革命暴力理论的批判，参见 Mohandas Karmarmchand Gandhi, *Gandi on Non-Violence*（New York: Norton, 1965）与 Gil Green, *The New Radicalism*（New York: International Publishers,1971）。关于马尔库塞对革命暴力的辩护，参见《伦理与革命》（“Ethics and Revolution”）与《暴力问题和激进反对派》（“The Problem of Violence and the Radical Opposition”），后者被收入了本卷。

来进步，反倒是创造了一种压抑的压迫史以及一连串的王朝战争和帝国主义战争，而这在法西斯主义中达到了顶点。（*CPT*, pp. 108f.）马尔库塞断言，从历史上看，统治阶级“加强了压抑的连续性并使其无缝化了”（*CPT*, p.109），为了理解这一点，并鼓励人们为不同的历史而奋斗，需要激进的再教育和政治意识的变革，以便打破占据主流的扭曲的意识并将公众舆论的天平从右倒向左。 [16]

解放和革命的辩证法

马尔库塞对纯粹宽容的批评，对个人必须对现存社会及其政策采取赞成或反对的态度的坚持，以及对有差别的宽容的倡导和对压迫的激进反对，使他的思想成了激烈争论的焦点。这个时候，马尔库塞把自己的注意力转向了坚定的革命的社会主义观。这一转向在他的许多文章中都有记录，比如，1967 年的柏林演讲，1967 年的伦敦演讲《从富裕社会中解放出来》，1968 的《论解放》及其他收入本卷的文本。①

自 20 世纪 60 年代中期以来，马尔库塞就一直批评美国对越南的介

---

① 在《爱欲与文明》《苏联的马克思主义》和《单向度的人》等作品中，马尔库塞对社会主义的信仰并没有明确地表达出来，通常很隐晦。但是，在 1965 年之后的文章中，他却更加清楚地说出了他对社会主义的信仰。马尔库塞不断地强调只有社会主义才能替代资本主义，并公开宣称自己是社会主义者和马克思主义者；参见 *Five Lectures*（Boston, Mass.: Beacon Press, 1970）, pp. 67ff., 80ff.；另参见 *EL*；以及他在 1968 年《卫报》20 周年庆典上的讲座，他指出“我相信替代性的选择就是社会主义”，并重申他与争取实现社会主义的斗争团结一致。关于他的社会主义概念的更为详细的讨论，参见 Kellner, *Herbert Marcuse*, Chapter 10。在他 1966 年之后的作品中还出现了革命乐观主义的论调，这种论调首次出现在了 1966 年灯塔出版社出版的新版的《爱欲与文明》的序言中，以及他在加利福尼亚大学洛杉矶分校的汉斯·梅耶霍夫（Hans Meyerhoff）的纪念演讲《超越单向度的人》中，这两篇文章都被编入了《走向社会批判理论》。

入是帝国主义的行径，他于 1966 年 3 月 25 日在加利福尼亚大学洛杉矶分校宣讲会上所作的题为《美国在越南的政策的内在逻辑》（收入了本卷）的报告中概述了他的立场。1966 年 4 月，在“现代社会中的卡尔·马克思”的会议上，马尔库塞坚持认为，越南不应该被看成是一个孤立的实体，而应该被看成是美国正在其中为了支配和控制市场和廉价原材料的来源而斗争的世界资本主义体系的一部分。他认为反对资本主义统治的民族解放运动是全球资本的抵抗力量，它包含着“革命的潜能”并且有可能在未来的斗争中成为“重要的催化剂”。①

[17] 1966 年 5 月，马尔库塞参加了一次由德国社会主义学生联合会（Sozialistischer Deutscher Studentenbund，缩写为 S.D.S.）组织的“越南——对一种模式的分析”的会议。② 除了谴责美国在越南的政策之外，马尔库塞还提出了一个问题，即发展中国家的非资本主义形式的工业化是否能够避免“早期资本主义压抑性的、剥削性的工业化”。他认为，这种可能性被试图阻止一种替代性的社会主义模式发展的资本主义国家堵死了，而发展中国家依赖于在资本和技术上占主导地位的西方和东方社会这一事实促进了官僚主义的非民主的工业模式。不过，他相信，推动一种替代性的社会主义模式发展的潜能仍然存在于第三世界发展中国家，马尔库塞断言：“发展中国家激进的解放运动是最强大的激进变革的潜在力量。”

伴随着 20 世纪 60 年代的发展，马尔库塞将继续反思第三世界革命运动的解放的潜能，反思高度工业化国家中的那些组织与激进力量团结起

---

① 参见 M.S. Handler, “Marxist Views Vietnam in Context of Capitalism,” *New York Times*（April 29, 1966）。显然，马尔库塞的讲话与《纽约时报》的报道引起了美国联邦调查局的注意，他们又开始关注起了马尔库塞的活动，并制作了一份关于他的档案。

② 参见“Vietnam–Analyse eines Exempels” in *Neue Kritik*, 7, 36–37（July–August 1966）, pp. 30–40, 以及 Kraushaar, *Frankfurter Schule und Studentenbebewgung*, Vol. 2, pp. 205–9。

来的可能性，以及新左派、学生反战运动、女权主义、黑人权利运动以及那个时代的其他社会力量中的解放性的社会变革的潜能。20 世纪 60 年代和 70 年代，马尔库塞确实是一个典型的公共知识分子。他支持民权运动，是反战运动和学生运动的早期参与者，并且直到 1979 年去世，他一直都在呐喊，向不公正示威。反过来，新左派的斗争，以及各式各样的对抗性的社会运动的涌现也促使马尔库塞把精力放在了阐明反对力量、激进变革的潜能、变革的策略以及解放的目标上，也促使他回到了这些他早在 20 世纪 50 年代的《爱欲与文明》中就已经勾勒出来的乌托邦和解放的主题上。

1967 年夏对马尔库塞来说既忙碌又多事。7 月 12 日，他来到了柏林，参加了由德国社会主义学生联合会组织的为期四天的活动，他以《乌托邦的终结》和《反对派的暴力问题》为题作了演讲，参加了“过渡社会中的道德和政治”的专题讨论会，并对越南战争提出了质疑。6 月 2 日，在反对伊朗国王的示威游行中，一名学生遭到了枪杀，柏林的学生随后处在了高度政治化的状态，他们举行了一系列的抗议警察暴行的示威活动。此 [18]
外，德国学生运动的领导人，比如，鲁迪·杜切克，曾表示他们喜欢马尔库塞的思想，认为它使他们正在实践的激进政治合法化了。①

---

① 关于 1967 年马尔库塞的柏林之旅，参见《明镜》的报道，*Der Spiegel*, 25（1967）, pp. 103–4；参见 *Five Lectures*（缩写为 5L）；另参见 *Das Ende der Utopie*, Frankfurt:Verlag Neue Kritik，1980。关于马尔库塞 1968 年不太成功的柏林之旅的描述，参见 Melvin J. Lasky, “Revolution Diary,” *Encounter*, 31, 2（August 1968）, pp. 6–8。当时的文件、信件以及其他文本都被收入了克劳斯哈尔（Kraushaar）主编的三卷本的《法兰克福学派与学生运动》（*Frankfurter Schule und Studentenbebewgung*）。魏格豪斯（Wiggershaus）在《法兰克福学派》（*The Frankfurt School*）中提供了大量的关于马尔库塞、霍克海默、阿多诺、哈贝马斯之间的关系以及他们与德国左派之间复杂的互动关系的史料。尽管魏格豪斯提供了极好的语境以及对主要的法兰克福学派理论家与学生运动的关系做了尖锐的批判，但他自始至终都不重视马尔库塞与德国激进运动之间的亲密关系，以及马尔库塞与阿多诺和霍克海默之间的显著差异。

马尔库塞在《乌托邦的终结》中勾勒了一种激进的替代方案，在《反对派的暴力问题》中论证了激进的学生政治运动的合法性。在后一场演讲中，他一开始就强调，学生运动是重要的全球变革力量，但却不是“直接的革命力量”。学生反对派是与老左派——即“正统意义上的”马克思主义者——相对立的深受毛主义和第三世界革命运动影响的新左派的一部分，马尔库塞将其界定为新马克思主义者。新左派有着新无政府主义的倾向，反对权威主义，但它并不局限于工人阶级这一唯一的革命力量。

马尔库塞较为宽泛地描述了新左派的特征，他认为，它包括知识分子、民权运动组织、青年组织，还包括嬉皮士。新左派拒绝马尔库塞在《单向度的人》中所描绘的支配、剥削和顺从的力量，它把没有被完全整合进发达工业社会以及反对其特权阶层的局外人和弱势群体都纳入了进来。针对学生反对派，马尔库塞描述了现存社会中它所反对的东西、它所采取的形式以及它的前景。在马尔库塞看来，它是新左派对体制中的帝国主义、种族主义、性别歧视以及作为其特征的各式各样的压迫——因此它倡导各式各样的抵抗运动，既包括和平的非暴力的静坐和示威游行，也包括与体制内的机构和暴力行为进行激进对抗——的总体反抗。

通过重复他在《纯粹宽容批判》中对反对体制性暴力的革命暴力与体制性暴力所做的区分，马尔库塞再次肯定了抵抗的“自然权利”。这个观念遭到了保守派、自由主义者和其他人士的严厉批判。面对随后几年里学生运动中暴力事件的不断升级，他们有时甚至利用马尔库塞的思想使暴
[19] 力事件合法化，马尔库塞后来修正了他关于暴力的极左的说法，把注意力更多地放在了“突破体制的长征”上。他在 20 世纪 60 年代后期开始着重强调起了教育和组织的重要性，并对暴力提出了反对，因为它们不能推进社会进步，反而带来了压迫。在柏林会议之后，马尔库塞紧接着到伦敦参

加了“解放的辩证法”的会议。在《从富裕社会中解放出来》这份手稿中（收入了本卷），他重申了自己对新左派和反主流文化运动的承诺，他认为，要超越现有社会中占主导地位的压迫和顺从模式，必须要有一种“新感性”和不同的生活方式。这场会议试图把马尔库塞、《每月评论》（*Monthly Review*）的编辑保罗·斯威齐（Paul Sweezy）这样的政治理论家与斯托克利·卡迈克尔这样的政治活动家、生活剧场负责人朱利安·贝克（Julian Beck）这样的反主流文化代表、诗人艾伦·金斯伯格（Allan Ginsberg）以及像帮助组织这次会议的大卫·库珀和罗纳德·莱恩（Ronald Laing）这样的反精神病学运动的代言人聚集在一起。1967 年 7 月 15 日至 30 日，会议在伦敦乔克农场的圆屋剧场举行，把大量的知识分子、活动家和反主流文化人士会聚在了一起，让他们参与到了演讲、辩论、诗歌、音乐、电影及其他文化活动当中。

马尔库塞那场会议从生活剧场的表演开始，接着是艾伦·金斯伯格唱诵，斯托克利·卡迈克尔对“黑人权力”做了激动人心的肯定，然后是马尔库塞的演讲《从富裕社会中解放出来》。会议包括激烈的政治辩论、诗歌和行为艺术，将文化性与政治性，参与性与理论性结合了起来。次年，那些关键的论文在伦敦发表了出来，并于 1969 年以《解放一代人！》（*Free a Generation*!）——这个标题能够准确地刻画会议及许多参会者的勃勃雄心——为题在克里尔出版社（Collier Books）出版。

马尔库塞的讲稿生动地将新左派的政治观点与对反主流文化的肯定结合了起来。文章以开篇讲到了花的力量，接着界定了解放的辩证法，它认为解放“包括心灵和肉体的解放，乃至整个人类存在的解放”。不过，他很快转向了马克思，将他自己的社会主义与马克思的社会主义等同了起来，但他所主张的是一种更加激进的质的社会变革，即利用富裕社会的技术能力把个人从社会非必要劳动、压抑和支配中解放出来。按照马尔库塞的设想，社会主义是对现存社会的彻底否定，与先前的历史决裂了，它能够提供另一种工作时间更短、娱乐时间更长、压抑减少的自由幸福的生存模式。

这种不加掩饰的乌托邦观念清楚地表达了反主流文化运动对有着不同价值、感性、关系和文化的全新的社会和生活方式的渴望。但马尔库塞是用马克思的术语来批判现存资本主义社会的，并且坚持认为社会主义革
[20] 命是创造一个自由社会的最可行的方式，因此他认同会上斯托克利・卡迈克尔和保罗・斯威齐等政客的观点。然而，对马尔库塞来说，真正的社会主义依赖于反对派的需要、价值和一种新感性，因为它们能够创造一种比以劳动、压抑和社会支配为基础的社会更高级、更好的社会形式。不过，创造一个更自由、更幸福、更公正的社会，需要教育、政治组织，需要第三世界革命斗争与富裕社会的激进变革运动团结起来。

1968 年被普遍认为是革命之年，马尔库塞也受到了世界范围内的学生运动的鼓舞。从伯克利到哥伦比亚，学生运动占领了许多大学，并在 1968 年 5 月的巴黎骚乱中达到了高潮，在这场骚乱中，学生和工人威胁到了现存的法国制度，而当时马尔库塞就在现场（参见收录于本卷的《反思法国革命》）。对马尔库塞来说，1968 年 5 月的巴黎事件展示了学生是如何激发能够使整个社会陷入停滞的自发的革命行动的。在马尔库塞看来，法国学生的抗议运动与美国及其他各地的运动一样。

> [它是] 一场总体的抗议，不仅是针对特定的罪恶和特定的不足，同时也针对现有社会所需要和所践行的整个价值体系、整个目标体系和整个行为体系。换言之，它拒绝继续接受和信守现有社会的文

化。学生不仅拒绝经济状况和政治制度，也拒绝他们觉得其核心已经腐烂的价值体系。

从这个意义上来说，我认为人们确实可以说这就是一场文化革命，因为抗议直接针对的是包括现存社会的道德在内的整个文化体制。①

这种对学生抗议运动的激进肯定，以及要求总体革命的呼声，必然使马尔库塞与其先前的法兰克福学派的同事霍克海默和阿多诺疏远。冷战时期的紧张和分歧早已在马尔库塞 20 世纪 50 年代和 60 年代批评他们的反共观点的往复书信中出现。② 不过，1968 年至 1969 年这段时间，当法兰克福大学的学生占领办公室时，他们的关系变得更加紧张了，阿多诺因为招来了警察或更一般地来讲因为与马尔库塞所拥护的学生运动保持距离而受到了严厉的批判。在 1969 年的往复书信（最终以阿多诺同年 8 月份突然去世宣告结束）中，马尔库塞明确表示他同情学生激进分子，并对阿 [21]
多诺和霍克海默对学生运动的严厉批评感到失望。③ 这些往复书信表明马尔库塞与其同事之间的距离正变得越来越大，同时也表明他独自一人已经

---

① 参见本卷的《反思法国革命》。关于马尔库塞的文化革命的观念，参见《马尔库塞文集》第二卷《走向社会批判理论》中的《文化革命》。

② 参见《走向社会批判理论》中的《1960 年 1 月 24 日马尔库塞致阿多诺》《1960 年 2 月 12 日霍克海默与阿多诺致马尔库塞》《马尔库塞致阿多诺》《马尔库塞致霍克海默与阿多诺（未寄出）》这四封书信。

③ 参见克劳斯哈尔编辑的文件，以及伊斯特・莱斯利（Esther Leslie）作序和翻译的阿多诺与马尔库塞之间重要的往复书信，“Correspondence on the German Student Movement,” *New Left Review*, 233 (January–February 1999), pp. 118–36。霍克海默对马尔库塞做了专门的批判，把他描述成了一个危险的激进革命的典型；参见 Horkheimer, “Die Pseudoradicalen,” “Marcuses Vereinfachung,” “Herbert Marcuses Argumente,” in Kraushaar, Vol.2, pp. 237, 285–7。然而有趣的是，1968 年，当有人极力要求加利福尼亚大学圣迭戈分校开除马尔库塞的时候，阿多诺却写了一份特别肯定的信来支持马尔库塞；参见我们收入本卷的《阿多诺谈马尔库塞》。

做好了接受新革命运动的准备。

作为革命家的马尔库塞：《论解放》

马尔库塞因为革命性的反对派的消亡而产生的悲观情绪在他 20 世纪 60 年代后期的著作中一扫而空，他又表现出了革命的乐观主义。他通过难以数计的演讲、采访、文章——其中有些被本卷收录了进来——所阐明的那些观点在他才华横溢的作品《论解放》（*An Essay on Liberation*，缩写为 *EL*）中得到了总结。① 马尔库塞看到了新的革命前景，因为“局外人”和相对较少的大拒绝的实践者已经扩大为一支不断壮大的与公司资本主义的全球统治相抗衡的反对力量（*EL*, p. vii）。他认为，“有威胁的同质性已经松弛了，一种替代性的方案渐渐地闯入了压抑的连续统一体”（*EL*, p. viii）。而替代性的方案就是解放：

> 出现了不一样的目标、价值，那些即使是处在公司资本主义最舒服和最自由的现实中但仍然抵抗并否认它强大的剥削力量的男人和女人出现了不一样的渴望。
>
> （*EL*, p. vii）

---

① 参见 Herbert Marcuse, *An Essay on Liberation* (Boston, Mass.: Beacon Press,1969)。有趣的是，马尔库塞档案馆中的信件表明，从整个 1968 年到《论解放》出版前不久，它都被叫作《超越单向度的人》（*Beyond One-Dimensional Man*），而这意味着从 1964 年到 20 世纪 60 年代末马尔库塞的作品发生了转变。一份正式提交的手稿（无日期）给出了这个标题，即《超越单向度的人：关于解放的前景的争论》（*Beyond One-Dimensional Man: A Contribution to the Debate on Prospects for Liberation*）（感谢灯塔出版社让我们接触到了马尔库塞的编辑阿诺德·托维尔的档案资料）。

《论解放》是一部很有争议的作品，它体现了 20 世纪 60 年代革命的乌托邦主义的氛围。它与历史情境的密切联系构成了文本的相关性和趣味性，但这也成了它的缺点。当《论解放》出版时，它被满腔热情地解读成了对总体革命的肯定；它不仅令当时的激进的学生兴奋不已，也震撼了学术界。① 马尔库塞不加掩饰地肯定了反主流文化运动和学生运动是一种新 [22]
感性——产生了“一种政治实践，而后者有条不紊地从以彻底重估价值为目的的对现行秩序的拒绝中脱离了出来”（*EL*, p. 6）②——的外在表现。

这种新感性“表明生命本能已经提升到了攻击性和负罪感之上”（*EL*, p. 23），不但如此，它还包含了对维持当前统治制度的需要和以该需要为基础的价值的否定。③ 它设定了对有意义的工作、满足和共同体的需要，而不是对压抑性的行为和竞争的需要；它肯定了爱和保护环境，否定了对攻击性和破坏性的生产的需要；它呼吁更简单、更人性化的生活，拒绝令人厌恶的消费主义、浪费以及计划报废；它宣称对美和感性而不是资本主义工业化的恐怖和丑恶有需要。

---

① 我清楚地记得当学生运动的参与者拿到这本书时兴奋的样子。关于欧洲的反应，参见 Palmier, *Herbert Marcuse et la nouvelle gauche*，以及 Johann Pali Arnason, *Von Marcuse zu Marx*（Neuwied and Berlin: Luchterhand, 1971）。右派再一次被这本书激怒了，用大量尖酸刻薄的评论对它做了猛烈的抨击。关于那些斥责马尔库塞表现得太过暴力和放纵但自身同样表现得太过暴力和放纵的抨击，参见 John Sparrow, “The Gospel of Hate,” *National Review*（October 21, 1969）; Sidney Hook, *The NY Times Book Review*（April 20, 1969）; Lewis Feuer, *Book World*（February 23, 1969）；以及 Vivas, *Contra Marcuse*。

② 关于“垮掉的一代”、民权运动和 20 世纪 60 年代反主流文化运动中的“新感性”的历史根源，参见 Morris Dickstein, *Gates of Eden*（New York: Basic Books, 1977）。关于将“新感性”作为一个革命性的意识形式进行不加掩饰的庆祝，参见 Charles Reich, *The Greening of America*（New York: Random House, 1970），以及这本书的评论集 *The Con III Controversy*（New York: Pocker Books, 1971），其中有一篇批判性的文章出自马尔库塞之手，我们把这篇文章收入了本卷。

③ 参见 *5L*, p. 67。

> [它把这些价值转化成了] 一种实践，即与日常熟悉的看、听、感觉、理解事物的方式决裂，以便使有机体可以接受潜在的非攻击性的、非剥削性的世界形式。
>
> (*EL*, p. 6)

这种对支配性的社会需要、价值和制度的总体拒绝以与整个社会制度、文化和生活方式彻底决裂的形式表现了出来。

马尔库塞认为，新感性是一种激进的反资本主义的政治力量，是革命性变革的催化剂。它不仅暗含着对资本主义自身存在所依赖的需要的颠覆，还产生了一些新的表现为对资本主义的否定的需要。马尔库塞完全肯定他在新左派和反主流文化运动中发现的那些拥有新感性的人，他认为这是有可能从资本主义战争状态中解放出来的前兆。纵观全书，我们看到，
[23] 马尔库塞支持令现存社会感到惊骇的学生运动和青年文化。（参见 *EL*, pp. 7ff.,34ff., 49ff., 以及 79ff.）

随着《论解放》的出版，马尔库塞修改了他之前对反主流文化运动以及政治脏话、摇滚乐、流动剧团和“花之力”的积极评价。① 毫无疑问，他那时完全被 20 世纪 60 年代的斗争所激起热情冲昏了头脑，以至于他夸大了学生运动的重要性，并到处宣传反主流文化运动就是革命性变革的推

---

① 马尔库塞在赋予革命过程中的“新感性”和新左派反抗组织何种地位上显得有些犹豫不决。一方面，他指出：

> 革命的社会推动者——这是正统马克思的说法——只能在变革过程中形成，所以当革命运动开始时，人们不能指望革命力量已经准备好了。
>
> (*5L*, p. 64)

另一方面，在《论解放》中，在他更为热情洋溢的时刻，他似乎认为新左派可以成为新的革命主体，或者至少是产生新的革命主体的“催化剂”(*EL*, pp. 23ff., 52f.)。

动者。但是，值得注意的是，即使在他的战斗热情最高涨的时候，马尔库塞也从未说过反主流文化运动和新感性是革命力量。他声称，新感性的出现令人振奋，因为"它意味着与压抑性社会占主导地位的需要彻底决裂了"（*5L*, p. 69）；它是瓦解状态下特有的东西，因此表明制度出现了裂缝，有了突破支配的连续统一体的可能；它是一种变革的催化剂，可以在与其他力量的联系中扮演一个革命性的角色，因为它会蔓延，并且可以传遍整个社会。

此外，马尔库塞在工人阶级中没有看到群众对新左派的任何大规模的支持，所以他仍旧强调说，革命剧变不可能发生，除非发生一场能够使群众参与到政治中来的严重的经济危机。在文章、演讲和访谈中，马尔库塞反复指出，在他看来，没有工人阶级，就不可能发生革命，他从未说他看到了工人阶级回应新左派的迹象。① 他的结论是，发达资本主义社会处在前革命的形势下，所以激进的变革需要加强政治教育："从历史的角度来看，现在又到了物质变革之前的启蒙时期，也就是说，教育时期，而它将变成实践，即示威、对峙和反叛。"（*EL*, p. 53）。

与许多对马尔库塞立场的解释相反，他在《论解放》中评价"过渡时期的颠覆力量"的时候并不认为黑人、学生和反主流文化运动是新的革命推动者；相反，他对这些群体的政治潜力和局限性做了很公正的解 [24]
释。他在贫民窟暴动和兴起的黑人权利运动中看到了激进的可能性，但他仔细地分析了那些"正在消解贫民窟反抗和黑人解放运动的革命潜力"（*EL*, pp. 57ff.）的矛盾。同样，他在评价学生的激进运动时也很克制。（*EL*, pp. 59ff.）

---

① *EL*, pp. 16, 53–6。参见发表在《纽约时报杂志》上的《马尔库塞对新左派路线的定义》，文中，他讨论了自发性和组织性、学生和工人。

从 1965 年到 1972 年，美国乃至全世界的学生运动展开了一系列的引人注目行动，这让人觉得新的革命力量似乎正在形成。马尔库塞的《论解放》开始创作于这一激进化时期登峰造极之时，在法国工人以令人咋舌的革命热情和团结一致加入学生运动后很快就完成了。当时，世界各地的学生都在忙着接管大学，举行示威游行，与越南战争以及发动战争的军事机器作斗争，迫使林登·约翰逊下台，重新恢复左派的言论，同时为社会主义革命孕育希望。在这个喧嚣的时期，马尔库塞成了学生运动的领袖，他不知疲倦地为学生和运动激进分子进行辩护和提供建议。

马尔库塞特别强调学生和大学在社会中的战略地位，他指出，学生反叛威胁到了靠他们来提供管理者、科学家、律师、教师等以保持运转的制度。（*EL*, pp. 59ff.）他们对制造社会精英的学校制度的反抗——与他们对激进改革的需求结合在一起——触及了越来越依赖教育和知识技能的社会的极其脆弱的支柱。最让当权者感到恐惧的是拒绝的总体性，它不仅是政治上的，也是道德上的。因为激进学生厌恶的不仅是社会上最糟糕的帝国主义和种族主义暴行，还包括大学、中产阶级文化、腐朽的自由主义、抽象的议会民主制以及拜物的消费主义——它是一种动摇社会基础的总体的反叛。但是，1967 年，马尔库塞在柏林对学生们明确地讲道：

> 我从未说过如今的学生反对力量本身就是革命力量，我也没有把嬉皮士看成是“无产阶级接班人”！只有发展中国家的民族解放阵线现如今在进行革命斗争。
>
> （*5L*, p. 93）

马尔库塞的革命希望基于这样一种信念，即第三世界的解放斗争正在削弱全球资本主义的架构，并且正在使力量的天平从资本主义倒向社会主义。他的论点是：

> 通过帝国主义的演变，第三世界的发展与第一世界的动态关联了起来，同样前者的变革力量也与后者关联了起来……民族解放阵线威胁到了帝国主义的生命线；它们不仅是物质变革的催化剂，也是意识形态变革的催化剂。古巴革命以及越共已经证明：这是可以做到的；确实有一种道德，一种人性，一种意志和一种信念，它们可以抵抗和阻止巨大的促进资本主义扩张的技术与经济力量。不只是早期马克思的“社会主义的人道主义”，这种在防御上表现出来的充满激情的有机团结，这种在行动上表现出来的基本的社会主义属性，给出了激进主义的新左派的形式和实质；在意识形态上，外部的革命同样已经成了资本主义宗主国内部反对力量的重要组成部分。 [25]
>
> （*EL*, pp. 80, 81–2）①

马尔库塞从广阔的全球视角出发对当前的世界资本主义体系及其内部出现的反对力量做了观察。在他看来，第三世界的革命运动有可能削减市场、原材料来源、廉价劳动力供给以及超额利润，并通过它们的成功激起其他的革命运动（多米诺理论的精髓!），包括国内的反对力量。他把所谓的“第三世界”纳入到了全球性的资本主义的空间和动力当中，认为这

① 许多新左派被法农、毛泽东、德布雷（Debray）、卡斯特罗、格瓦拉等人的第三世界革命理论所吸引；人们经常将马尔库塞与这种倾向联系起来；参见罗伯特·伍德对“第三世界主义”的批判，Robert E. Wood,“Rethinking Third World Revolutions,” *Socialist Review*, 45 (May–June 1979), pp. 159ff。

些领域和力量并不外在于资本主义。第三世界是资本主义全球剥削空间的重要组成部分，这个体系不允许放弃它们的领地和人民，使其进入另一个轨道（社会主义或共产主义轨道），因为资本主义只有在其扩张不被其他更优越的力量所阻挡时才能生存下去。因此，民族解放运动是全球资本主义内部矛盾的外在表现，是其全球统治的一个威胁。

马尔库塞指出，仅凭第三世界的革命运动不可能消灭全球资本主义：

> 第三世界的民族解放运动本身并不是一股强大的足以推翻作为一个体系的发达资本主义的革命力量。只有在发达资本主义的中心的变革力量与第三世界的那些力量汇合时，这种革命力量才有可能出现。这是一个非常艰巨的任务。
>
> （*5L*, p. 95）

马尔库塞早已意识到第三世界的革命斗争与发达资本主义国家的革命斗争是很难实现同步的，但他坚持认为，各地的革命者有着共同的利益，而这能促使他们越来越团结。（参见 *EL*, pp. 79f.）他不仅与新左派的斗争保持团结，也与第三世界的解放运动保持团结，他对苏联和欧洲左翼
[26] 共产主义政党提出了批评，认为它们不够革命。① 不同于他在《单向度的

---

① 相比《苏联的马克思主义》(*Soviet Marxism,* New York:Columbia University Press, Second edition, 1988）中更为克制的批判，从 20 世纪 60 年代末开始，马尔库塞明显加快和加强了对苏联马克思主义和正统共产主义政党的批判；关于《苏联的马克思主义》的评论，参见 Kellner, *Herbert Marcuse*, Chapter 7，以及 Peter Marcuse, "Marcuse on Real Existing Socialism: A Hindsight Look at *Soviet Marxism*," in Bokina and Lukes, *From the New Left to the Next Left*, pp. 57–72。毫无疑问，苏联阵营持续不断的令人窒息的压抑、俄国入侵捷克斯洛伐克以及西方共产主义政党的改良主义的本质，再加上新兴的社会主义力量的出现，促使他对苏联的马克思主义做了重估。参见 *EL*, pp.54f.。

人》中的分析，即不可能发生激进变革，此时，马尔库塞认为危机有可能发生，在此后的文章中，他反复不断地呼吁人们留意有可能引发危机的资本主义的矛盾，因此特别强调这个体系中的薄弱环节和瓦解因素，而它们是有可能发生激进变革的前兆。

这些挑衅性的立场激起了整个体系对马尔库塞的愤怒，媒体强烈地批评他，右翼势力向加利福尼亚大学施压，要求解雇他，甚至他的生命也受到了威胁。1968 年，在美国退伍军人协会和其他右翼团体的支持下，发起了一场以撤销马尔库塞的大学合同为目的的运动。1968 年 7 月，马尔库塞收到了三 K 党的死亡恐吓，因此他只能在去欧洲旅行之前先躲了起来；平时，热心的学生会在他家门前站岗。马尔库塞这时有了声望，成了美国最伟大的教授之一，他即使没有赢得他所有的同事和公众的尊敬，至少也赢得了他的学生们异乎寻常的尊敬。他的学生包括许多激进分子，有几个人后来还为他写了悼词，表达了对这位有影响的教师的敬爱之情。①

1968 年夏，在他的欧洲之旅临近结束前，马尔库塞接受了巴黎《快报》（*Paris Express*）题为《马尔库塞对新左派路线的定义》的访谈，后来这个访谈被翻译成英文并刊登在了 1968 年 10 月的《纽约时报》上，我

---

① 关于马尔库塞 1967 年的柏林之旅，参见《明镜》的报道，*Der Spiegel*, 25 (196), pp. 103–4；另参见 *Five Lectures*（缩写为 *5L*）。关于马尔库塞 1968 年不太成功的柏林之旅的描述，参见 Melvin J. Lasky, “Revolution Diary,” *Encounter*, 31, 2 (August 1968), pp. 6–8。加利福尼亚的报纸经常攻击马尔库塞，加利福尼亚大学董事会也不断地施压要求马尔库塞 1969 年正式放弃教职，尽管仍然允许他保留办公室并举办非正式的研讨会。关于他收到的死亡威胁，参见 *The Nation* (October 28, 1968), p. 421。马尔库塞的许多学生现如今都在大学里教书，并出版了一些深受他的影响的作品。关于马尔库塞对安吉拉・戴维斯的影响的阐述，参见 Angela Davis, *An Autobiography* (New York: Random House, 1974)，以及她为本卷撰写的“前言”。关于其他的评价，还可参见 “Marcuse as Teacher,” William Leiss, John David Ober and Erica Sherover, in *The Critical Spirit*, pp. 421–6; Ronald Aronson, “Dear Herbert,” *Radical America*,4, 3 (April 1970)；以及作为本卷“后记”的乔治・卡西亚菲克斯（George Katsiaficas）的回忆录。

们也把它收入了本卷。马尔库塞在这里谈到了一个悖论，即一个相对不知
[27] 名的德裔美国哲学家却突然得到了欧洲甚至全球媒体的肯定，被当成了与马克思和毛泽东联系在一起的革命先知。这次深度访谈迫使马尔库塞澄清了他的“新左派路线”与传统自由主义和苏联共产主义的区别以及在定义一个不断变化和扩张的新左派上面临的困难。

1968 年 12 月，马尔库塞在激进报纸《卫报》二十周年庆活动上发表了讲话，我们把它收入了本卷。经伯娜丁·多恩（Bernadine Dohrn）——她很快就因为是一名激进的“气象员派”（Weatherman）的代表而遭到了唾弃——介绍之后，马尔库塞讨论了新左派的处境、策略、目标以及组织形式上面临的困境。在认识到新左派在当前形势下不太可能成为一个群众组织，并且大多数政党都被官僚机构收买了之后，马尔库塞认为：

> 如今新左派的力量可能就存在于这些小的明争暗斗同时在多个点上活跃的团体当中，它是和平或所谓和平时期的政治游击队，但我认为这是最重要的一点，因为把主要精力放在地方活动上的小团体预示着什么才有可能是自由的社会主义的基本组织，那就是体力和脑力劳动者委员会，就是苏维埃（如果我们仍可以使用这个术语的同时不去想苏维埃实际上发生过什么的话），不过，我想说的是有组织的自发的苏维埃。

这篇演讲不断地被马尔库塞的那些右翼批评家们错误地引述，他们声称马尔库塞是在鼓吹对现存制度进行暴力的游击攻击，但他却只是认识到了新左派由大量的开展各式各样的活动的小团体构成。新左派虽然将会继续分裂和碎片化，但马尔库塞和其他人却一直都在不断地寻找新的组织

形式，与此同时不断地识别新左派团体的成就和局限性。

1969 年，马尔库塞仍在不断地发表态度鲜明的演讲，他也因此成了媒体讨论的对象，成了右翼恐吓信的目标，和以解雇他为目的的政治运动的靶子。1969 年至 1970 年，在教师委员会详细复审并几乎全票通过支持他继续任教授之后，马尔库塞同意第二年返校，但右翼却疯了似的继续攻击他。① 马尔库塞因对这种骚扰不胜其烦，于 1970 年同意退休，尽管他签了一份协议，使他保住了自己的办公室并且能够开展非正式的教学活动。

美国联邦调查局的马尔库塞档案涵括了他那段时期的旅行和活动，可以说是一个非常有用的信息来源。从他在第二次世界大战期间供职于战争信息局和战略情报局——这是需要联邦调查局的忠诚调查的——开始，马尔库塞就经常遭到美国联邦调查局的调查，而进入20世纪60年代之后， [28]
他甚至成了联邦调查局密切监视的对象，② 在他的档案中有大量的关于他

① 保罗・亚历山大・尤蒂莱南（Paul Alexander Juutilainen）把这件事放进了《赫尔伯特的河马》（*Herbert's Hippopotamus*, 1998）这部纪录片。

② 美国联邦调查局 1943 年的报告包括大量的关于马尔库塞在社会研究所的工作、他的作品、他在哥伦比亚大学的学术活动的报告，还包括一些访谈，有些访谈把他描述成了一个不理解美国民主、有安全危险的彻头彻尾的马克思主义者，不过，大部分访谈都把他说成是一个一流的学者、强大的反法西斯主义者以及优秀的政府工作人员。直到 1950 年，马尔库塞一直供职于美国政府（参见《技术、战争与法西斯主义》），因此他一直都是美国联邦调查局安全报告的主题。这其中包括觉得马尔库塞的研究兴趣“可疑”的加利福尼亚大学洛杉矶分校图书馆员的证词，邻居的证词，以及政府工作人员的证词，他们给出了丰富多样的评论。20 世纪 60 年代中期，在圣迭戈的时候，马尔库塞在政治上已经变得越来越直言不讳，并参与到了新左派的政治活动中，正因为如此，他引起了联邦调查局的关注，也因此被放入了“预备索引”表，随后又被提升到了“安全索引”表，联邦调查局还汇编了一套关于他的档案。讽刺的是，这将帮助未来的学者们追踪马尔库塞从整个骚动的 20 世纪 60 年代到 70 年代的轨迹。马尔库塞的联邦调查局档案由两卷数百页的材料组成，它提供了一个具有煽动性的——尽管有问题的——关于马尔库塞的信息来源，也提供了用于对联邦调查局进行深入的诊断性批判——包括对其方法、来源、材料和影响进行批判性审视——的材料。

的演讲、文章和旅行的报告，不过有些报告令人觉得可笑。1968 年前后，联邦调查局买来了他所有的主要著作，写出了完整的相关的报告，收集到了报纸上有关他的工作的各种各样的文章和评论，详细地记录了他的行踪，所以说它给我们提供了一份关于他的思想、活动及其全球影响力的内容丰富的档案。

走向“统一战线”：《反革命和造反》

然而，大概从 1970 年开始，马尔库塞将他的关注焦点从世界政治星丛（constellation）和对世界革命的前景的分析转到了美国激进社会变革的前景和这一世界资本主义堡垒中的新左派的策略上。他的调查结果在《反革命和造反》（*Counterrevolution and Revolts*，缩写为 *CR&R*）上发表了出来，[①] 在这本书中，他从激进的第三世界策略——隐含在他 20 世纪 60 年代后期的著作当中——转向了统一战线的策略，他至少是对美国和发达资本主义社会提出了这个建议。

在《反革命和造反》以及他随后 20 世纪 70 年代的著作中，马尔库塞
[29] 塞极大地修正了他的单向度社会理论，并且不再为对抗政治和革命暴力辩护了。然而他对工人阶级一体化和资本主义的稳定化的认识使他认定新左派是一股重要的政治反对力量并决定要为它的斗争形式进行辩护，而他对处身资本主义瓦解时代的新左派的局限性的认识促使他对自己的社会理论

---

① 参见 Herbert Marcuse, *Counterrevolution and Revolt*（Boston, Mass.: Beacon Press, 1972）。在极右反动思想占主导的乔治·布什时期重读这本书，我们会看到它与马尔库塞所描述的 1972 年的尼克松政权有着惊人的相似。关于尼克松政权和小布什政权的比较，参见 Douglas Kellner, *From 9/11 to Terror War: The Dangers of the Bush Legacy*（Lanham, Md.: Rowman & Littlefield, 2003）。

和激进的社会变革理论重新做了评估。

在开篇的几页中，马尔库塞宣称："西方世界已经进入了一个新的发展阶段：现如今，保卫资本主义制度意味着需要国内外的反革命组织"（*CR&R*, p. 1）。为了强制推行它的制度和秩序，以便保护它的既得利益，反革命组织"采取了纳粹政权的恐怖政策"（*CR&R*, p. 1），即残忍的迫害，酷刑，甚至是种族灭绝。反革命组织不仅要防止社会主义革命，甚至还要防止微小的姗姗来迟的社会进步。反革命的堡垒就是美国。在国外，则是得到美国支持的军事专政、警察国家、反动政府，正是它们维持了现状，保护了美国的利益，镇压了叛乱，压制了民族解放运动，利用美国的军队以充当世界警察并遏制了共产主义，毁灭了那些胆敢抗拒资本主义超级大国意志的国家。

在国内，马尔库塞预料到了这样一种令人害怕的可能性，即在他看来原本有可能打破资本主义的统治的不满和危机可能不会带来进步的激进变革，反倒是会带来新的法西斯主义。人们的挫败感和攻击性有可能为法西斯主义提供群众基础，马尔库塞在现如今的美国看到了这种早期法西斯主义的症候（*CR&R*, pp. 24–9）。[①] 作为一个逃离德国法西斯主义的难民，马尔库塞对法西斯倾向的危险极度敏感。他提出了"预防性的反革命"一词，以描述那些试图阻止革命发生的压制性政策，不但如此，他还继续分析了反革命倾向和法西斯主义的危险。不过，马尔库塞指出，"预防性的反革命"还不是法西斯主义，如果它出现在美国，那么无论如何它都将与德国法西斯主义不同。1971 年，在伯克利的演讲中，马尔库塞指出：

---

① 关于马尔库塞对威廉·凯利因美国对越南米莱的大屠杀被揭露而受到审判但随后却被大肆宣传这件事的反应，参见收录于本卷的《反思凯利》。

> 我们远非法西斯主义的政府，但是某些可能的前提条件却正在形成。它们早已为众人所熟知，我想试举如下：法院正在越来越多地被当成政治法庭；世界上最富裕的国家，它的教育和福利却遭到了削减；反民主的立法，比如，预防性拘留和不敲门法；如果你有政治或
> [30] 其他嫌疑则会受到经济制裁；大众媒体的恐吓及其自我审查。这些都是非常吓人的迹象。你不能说历史总是不断地重复自身；它从不以相同的形式重复自身。我们找不到具有超凡魅力的领袖，也找不到纳粹冲锋队（S.A.，又称褐衫军）和纳粹党卫军（S.S.，又称黑衫军），这个事实仅仅意味着在这个国家他们并非是必要的。如果有必要，其他组织可以执行这项工作，甚至可能更加有效。我无须去告诉你们在我看来到底是哪些组织。
>
> （参见下文，p. 148）

从反革命的方面来看，

> 唯一的反对力量是被有效地组织起来的不断发展的激进左派，它承担着政治教育的艰巨任务，它能够驱散人们虚假的、残缺的意识，使他们自己经验到他们的处境及其废除（这是他们的必然需要），并理解他们解放的方式和途径。
>
> （*CR&R*, p. 28）

马尔库塞警告说，如果美国社会确实进入了一个严重的经济危机时期，并且它试图采取法西斯主义的方案来解决资本主义的矛盾，那么这一点就会变得非常重要，即激进的反对派变强大，并给出一个可行的替代方

案，以便在瓦解和变革时期成为一股有效的政治力量。

马尔库塞坚持认为，“马克思的理论仍然是实践的指导，即使是在非革命的形势下”（*CR&R*, p. 33）。不过，他对他在新左派（以及老左派）中所看到的普遍盛行的“通过仪式化来扭曲和歪曲马克思的理论”（*CR&R*, p. 33）的趋势提出了批判。对马尔库塞来说，马克思的理论是辩证的、历史的，它描述了社会历史世界的变革和变迁。在他看来，新马克思主义理论必须描述经济和社会变革，以及这些变革对生活总体以及社会转型前景的影响。因为马克思的概念是历史的，所以用于描述 18、19 世纪资本主义的所有概念显然不能用来描述 20 世纪的资本主义了。因此，对马尔库塞来说，马克思主义理论和实践需要不断地重构，以便与历史形势的变化保持联系。（*CR&R*, pp. 33ff.）他指出要不断地修正马克思主义理论，并建议新左派应该对马克思关于费尔巴哈的提纲做出适当的改写，把它重新表述为：“哲学家们只是用不同的方式解释马克思主义，而问题在于改变马克思主义。”

马尔库塞认为，新左派应该受到称赞，因为它的愿景是生活在非压抑性的社会中的自由的解放的个人。① 在马尔库塞看来，新左派是一股特 [31]
别先进的政治力量，因为它把政治斗争带入到了非物质需要的领域（自

---

① 马尔库塞当时最喜欢的讨论新左派的书是《断裂的历史：新左派与新资本主义》（*A Disrupted History: The New Left and the New Capitalism*, by Greg Calvert and Carol Neiman, New York: Random House, 1971）；参见 *CR&R*, p. 10。另参见 *The New Left: A Documentary History*, ed. Massimo Teodori（Indianapolis, Ind.: Bobbs-Merrill, 1969）。这两本最令人着迷的讨论新左派和 1968 这个爆炸性的年份的书均出自马尔库塞的学生之手，这并非偶然；参见 George Katsiaficas, *The Imagination of the New Left*, 以及 Andrew Feenberg and Jim Friedman, *When Poetry Ruled the Streets: The French May Events of 1968*（Albany, N.Y.: State University Press of New York, 2001）。关于当时的新左派、女权主义以及文化战争，参见 Alice Echols, *Shaky Grounds: The 1960s and its Aftershocks*（New York: Columbia University Press, 2002）。

我决断、非异化的人类关系、团结、自治、合作与共享，妇女解放等等）以及生理维度（保护大自然、审美—爱欲上的满足和快乐等等）。（*CR&R*, p. 129）激进的新左派在鼎盛时期是完整的，因为它把理性的反叛与感性的本能的反叛结合了起来，把政治革命与个人革命结合了起来，把街垒上的姿态与爱的姿态结合了起来。（*CR&R*, p. 130）这场运动的新颖之处在于它包含着新的价值、生活方式和替代性的选择，而这些都是对主流价值和意识形态的彻底否定，因此对制度来说是一种颠覆性的威胁，但这却激怒了底层人口，因为他们的价值遭到了攻击和拒绝。

在马尔库塞看来，尽管大多数人抵制新左派的思想和行动，但它却反映了人们对制度已越来越不满意，进一步削弱了制度的力量。（*CR&R*, p. 31）问题在于这种“反向价值”“反向行为”及其马克思主义的社会主义理论和实践对绝大多数劳动人口来说是陌生的，他们不知道可能性与实际性之间的根本区别，不知道现有的质变的可能性。因此，新左派的存续和成为激进变革的政治力量的可能性有赖于克服这种敌意、传播它的愿景以及改变和提高意识。

这些活动需要政治教育，也需要阐明这一点，即现存社会的所有成员都受到了资本主义的压迫和剥削，所以激进改革符合整个社会的利益。马尔库塞此时提议，社会批判理论必须通过能够同时描述、批判以及提出建构性的替代方案的概念和能够避免千篇一律的语言来揭示当前社会中普遍存在的压迫和剥削状况。我们的任务就是让人们相信有必要进行激进的变革，让替代方案变得可接受和有吸引力。尽管批判理论应该避免对工人阶级的盲目崇拜（将其当成社会变革唯一或主要的推动者），但它还是要试着通过揭示他们的不满和挫败是资本主义制度造成的结果来使所有的人
[32] 变得激进。马尔库塞坚持认为解放性的变革需要工人阶级和激进反对派联

合起来，这似乎预示着他的思想中出现了新的“统一战线”：

> 激进主义已经从反对战争、通胀与失业的“合法”抗议那里，从捍卫公民权利那里，甚或从本地选举中的“较小的恶”那里获得了太多。建立统一战线的基础正在发生转变，有时很暗淡，但它确实存在。
>
> （*CR&R*, p. 56）①

20世纪70年代，马尔库塞已变得愿意接受各式各样的运动，不但如此，他还投身到了运动当中，与生态运动、女权主义及其他进步的观点联系在了一起，他试图将它们与新左派和社会主义结合起来。② 在1972年巴黎举行的“生态与革命”的研讨会上（我们把他在该研讨会上的部分发言收入了本卷），马尔库塞指出，这个时代最激进的组织都在与“对越南人民所犯下的战争罪行”（p. 173）作斗争。不过，他把生态也当成了这场斗争的重要组成部分，他指出，“粗暴冒犯地球是反革命的一个重要方面”

---

① 我们可能已经注意到，从历史上看，“统一战线”这个术语在马克思的话语中指的是不同的左翼政党在领导和基础层面的合并（正如俄国革命时期的孟什维克与布尔什维克），或至少指的是工人阶级政党之间的统一行动，而不是民主团体之间或反叛的个体之间松散的联合。马尔库塞的概念实际上更接近所谓的“人民阵线”，在这个阵线当中，不同的党派或团体在为一个“共同的纲领”或特定的目标而奋斗时仍然保持自治。马尔库塞使用“统一战线”这个术语似乎只是把它当成了一种修辞手法，它似乎表明，民主的民粹主义团体联盟对于美国革命运动的发展来说可能是最有前途的力量。显然，尽管联盟和团结的话语已经成了当代政治的重要组成部分，但“人民”或“统一战线”的话语在今天却已无法再引起共鸣；参见：比如，Steven Best and Douglas Kellner, *The Postmodern Adventure* (New York: Guilford Press, 2001)。

② 《生态与革命》被收入了本卷，而后来的一篇题为《生态与现代社会批判》的文章将被收入《马尔库塞文集》第五卷。关于马尔库塞的生态理论，参见 Timothy W. Luke, “Marcuse and Ecology,” in Bokina and Lukes, *From the New Left to the Next Left*, pp. 189–207。

(p.173)。对马尔库塞来说，美国在介入越南的过程中对那里的人民发起了种族灭绝行动，同时对那里的环境发起了“生态灭绝”行动：

> 消灭现在还活着的人已经远远不够；同时还要必须通过烧毁和污染土壤、毁掉森林、炸毁堤坝来剥夺那些甚至尚未降生的生命。这种嗜血的疯狂不会改变战争的最终进程，但它却是当代资本主义以什么为目标的一个非常清晰的表达：对帝国主义自身国内生产资源的无情浪费与对破坏性力量以及对战争工业制造的致死商品的消耗联起了手来。
>
> (p. 173)

[33] 对马尔库塞来说，资本主义的生产力和自然之间存在着矛盾，为了追求更高的利润和控制自然，资本主义不可避免地破坏了自然。资本主义的生产表现为一种破坏生命和污染自然的攻击性与破坏性能量的释放。在这个过程中，人类变成了劳动工具，成了破坏性的工具。一旦资本主义的攻击性、竞争性和破坏性的冲动内化，人们就会对自然环境以及一切妨碍资本主义对资源、人力和市场的有效开发的东西（个体、共同体和国家）进行更加致命的破坏。

在他的主要作品中，马尔库塞始终遵循法兰克福学派的观点，即强调与自然和谐相处是人类解放的重要组成部分，不但如此，他还突出强调了人类的和平与和谐的重要性，并把它们看成是自由社会的目标。① 马尔库塞一直都在呼吁建立一个新的社会主义概念，以便使和平、快乐、幸

① 关于法兰克福学派，参见 Douglas Kellner, *Critical Theory, Marxism, and Modernity* (London and Baltimore, Md.: Polity and Johns Hopkins University Press, 1989)。

福、自由以及与自然融为一体成为新社会的主要组成部分。按照他的解放思想，只有建立起自由的制度、社会关系以及文化，傅立叶以及其他空想社会学家所设想的非异化劳动、爱欲关系以及和谐的共同体才会成为可能。因此，对破坏环境与对摧残人类的行为做了无情批判并为建立一个没有暴力、破坏和污染的社会一直都在不断斗争的激进生态学是马尔库塞的解放思想的一部分。

20 世纪 70 年代早期，马尔库塞也参与到了妇女运动当中，1974 年，他先后在斯坦福和欧洲作了题为《马克思主义与女权主义》的演讲。在这篇文章中，我们可以看到，他热情地拥护妇女解放的目标，并根据他在《爱欲与文明》和晚近作品中的范畴为妇女权利、性解放以及性别平等做了辩护。马尔库塞强调说：

> 我认为今天的妇女解放运动可能是我们所拥有的最重要也最激进的政治运动，即使对这一事实的意识还没有在整个运动当中弥漫开来。
>
> （p. 165）

通过这份被广泛刊登和讨论的讲稿，马尔库塞试图将马克思主义和女权主义结合起来，并促进“女权主义的社会主义”的发展，在他后来的岁月里，他从未放弃这项事业，他一直都在不断地强调妇女运动的重要性。同时，马尔库塞也在一直不断地反思和更新马克思的理论，并于 1974 年在法兰克福学派 50 周年庆典上发表了一场题为《理论与实践》的演讲。马尔库塞在这种场合肯定会为批判理论的政治化与马克思主义的持 [34]
续相关性辩护，肯定会分析社会变革的前景和策略，因为作为法兰克福学派最初的“小圈子”成员之一，在真正将批判理论与政治实践联系起来上，他走得最远。

随着年纪渐长，马尔库塞似乎变温和了，尽管他始终坚持激进地批判资本主义和社会主义社会，坚持他的解放理想。但他是一个革命的现实主义者，20 世纪 70 年代，他认识到 60 年代的激进剧变已经结束了。一份报道总结了他于 1977 年在圣路易斯华盛顿大学所作的那场报告：

> 那么他在演讲中提出了什么建议呢？在制度内工作；可以在不损害一个人的理想的情况下这么来做。夺权的策略只会适得其反。要避免任何恐怖主义的提议。这是自掘坟墓、自取灭亡。不要在自己的记录中留下激进主义的污点。这将使你很难找到工作。听着。不要辍学。①

马尔库塞始终都很活跃，他一直都在不断地调整自己的观点以适应时代的形势，向美国和欧洲的左派发表演讲，并且坚持写作、讲课，与同事和年轻的激进分子讨论理论和政治，直到他 1979 年去世。

结语：马尔库塞与新左派

从某种意义上讲，马尔库塞从 1964 年到 1979 年的政治著作清楚地阐释了新左派前后相续的理论和实践。《单向度的人》在结尾所倡导的个人主义的“大拒绝”回应了发达资本主义社会当时正在发酵的反叛，最后几页对公民权利斗争给予了赞扬。《压抑的宽容》及其 20 世纪 60 年代末

---

① Robert Sanford, “Marcuse on Revolution; Not in This Generation,” *St. Louis Post-Dispatch* (March 13, 1977), pp. 2f.

发表的文章和演讲为这种在回应越南战争的反战运动中出现的对抗政治做了辩护。《论解放》反映了1968年波澜壮阔的斗争期间革命者欣喜若狂的气氛，《反革命和造反》阐明了20世纪70年代初所看到的社会运动的政治现实，即要改造现有社会就得进行一场漫长而艰难的斗争。

一位德裔美国教授在他七十多岁的时候还参与到了新左派中，一定程度上，这让人感到不可思议。经历了几十年的与左派毁灭性的失败密不可分的政治阴霾后，马尔库塞看到了由新左派激进主义所带来的社会主义革命的希望。因此，我们可以看到他20世纪60年代中期的作品的基调发生了改变：他的观点已不再是坚韧不拔的悲观主义，而是变得更加乐观、更加乌托邦了。就这样，新左派重新使马尔库塞恢复了活力，激化了他的思想，并使其变得更加激进了。在新左派那里，马尔库塞为他辩证的矛盾、否定和大拒绝范畴找到了具体的参照物。在马尔库塞那里，新左派找到了自己的老师、捍卫者和代言人。 [35]

然而，新左派的“先知”或“父亲”这种媒体形象却令他感到多少有点窘迫。在1978年接受英国广播公司采访中，他坚持说：

> 我并不是20世纪60年代和70年代早期学生运动的导师。我所做的只是明确地表达和清晰地阐释了那段时间某些仍然悬而未决的想法和目标。仅此而已。在那些年里变得活跃起来的那一代学生并不需要一个父亲般的人物或祖父般的人物，去带领他们抗议一个每天都彰显着它的不平等、不公正、残酷和普遍破坏的社会。他们可以体验到这一切——他们亲眼看到了这一切。①

---

① Marcuse, BBC interview with Bryan Magee；它作为《理念人》的一部分被发表了出来，参见 *Men of Ideas*, London: BBC, 1978。

马尔库塞实际介入新左派激起了群愤。尽管他受到很多人的尊敬，但对于其他人来说，他是一个“修正主义者”“理想主义的哲学家”“精英主义者”，甚至是一名美国中央情报局的特工！①1967 年，马尔库塞对社会主义和革命暴力的辩护在柏林得到了赞扬，但是，1968年，他对乌托邦社会主义的评论却遭到了同一群学生中的一部分人的蔑视。许多新左派分子都很愤怒，失去了耐心，都想撕碎这头“怪兽”，马上杀了它。马尔库塞不断地提醒新左派要警惕“适得其反的”行动，因为那不是深思熟虑的社会变革理论策略的一部分。他坚持认为：

> 我从一开始就反对新左派的反智主义。在我看来，它之所以会这样的原因是，学生运动与工人阶级割裂了开来，并且任何宏大的政治运动都显然是不可能的。这会逐渐地导致某种……嗯，这么说吧，自卑情结，某种自残的受虐倾向，这在其他方面，比如，对知
> [36] 识分子的轻蔑中表现了出来，而这仅仅是因为他们是知识分子，“在现实中什么都做不了。”这种轻蔑很好地迎合了当权者的利益。②

鉴于新左派中间那些后来成为“气象员派”的小集团想要摧毁大学，

---

① 后一种说法来自《进步劳工》中的一篇文章，参见“Marcuse: Copout or Cop?” *Progressive Labor*, 6, 6 (February 1969), pp. 61–6。马尔库塞对这一指控感到异常愤怒，尽管他曾在中央情报局的前身战略情报局工作过，但他却参与了反纳粹的斗争。20 世纪 60、70 年代，马尔库塞一直都在持续不断地批判美国中央情报局和美国的外交政策。关于马尔库塞战时参与的美国情报机构的活动的讨论，参见《技术，战争与法西斯主义》，关于马尔库塞及其妻子英格 · 马尔库塞对其被控为中央情报局特工的回应，参见他们刊登在《明镜》[*Der Spiegel*, 29 (1969)] 上的书信，他们在信中就先前的一篇文章毫无根据地暗示说马尔库塞与中央情报局存在关联提出了批评。

② Marcuse, “Interview with Bryan Magee.”

马尔库塞告诫他们说，教育场所为美国社会中的那些争取社会主义胜利的激进分子提供了最好的避难所。当进步劳工党（Progressive Labor）想要到工厂去唤醒工人阶级时，马尔库塞提出了质疑，并告诫他们最好是去组织学生并使其变得更激进。当美国民主社会学生会（Students for a Democratic Society）的“行动派”想要采取革命运动时，马尔库塞也给他们提出了理论建议。新近出现的列宁主义者想组建政党，但马尔库塞却建议他们建立以工人委员会为基础的通过示威、对抗以及在适当的时候直接行动的方式联合在一起的革命性的亲密团体，并将其松散地安排到群众运动中去。因此，宗派激进分子也对马尔库塞的政治学提出了全面的批判，经常像他的学界和右翼批评人士那样猛烈地抨击他。

总的来说，马尔库塞代表的是新左派中的非宗派和反权威人士，他对越来越过分的“行动派”以及 20 世纪 70 年代初开始兴起的权威主义—宗派主义团体提出了批判。他始终对运动中的新斗争和冲动持开放态度，并且完全认同新左派。当马尔库塞在 1974 年的一次电视访谈（在本卷中可以看到）中被比尔·莫耶斯（Bill Moyers）问及新左派是否已死时，他坚称：“我相信它没有，它会重新恢复过来”（p.155），甚至整个 70 年代，他一直都声称新左派没有“崩溃”。在 1975 年这场题为《新左派失败了?》的演讲（在本卷中同样可以看到）中，马尔库塞做出了否定的回答，他坚持认为，新左派是一场前卫的、先行的运动，它代表的是发达资本主义社会已经有可能实现但它却实施压制的潜能和目标，而这一点仍然很重要。（pp.184–191）

此外，马尔库塞对正统的马克思列宁主义的革命理论做了持续不断的批判，并形成了新的革命观点。马尔库塞没有坐等资本主义崩溃，或者幻想革命暴动，而是在整个 20 世纪 70 年代提出了一些温和的社会转型概念，呼吁“突破体制的长征”和发展“反体制”。1974年，在法兰克福研究所成立50周年的讲话上，马尔库塞表达了对“反对派中的知识分子”的拥护，并呼吁发展“反向心理学”“反向社会学”“反向教育”以及激进的疗法。①

尽管他支持以实现社会结构转型为目标的激进政治，但他仍然说他
[37] 并不认为“革命暴力”在发达资本主义国家是正当的。1977年，正值德国恐怖主义期间，马尔库塞在德国发表了一篇文章（在本卷中可以看到），他在文中指出，恐怖主义的暴力行为只会适得其反，因为它唤起了社会的暴力，而这对左派来说是毁灭性的：几乎不可能获得群众的支持或改变制度；并且违反了革命道德。（pp. 204ff.）因此，在当前发达资本主义社会的形势下，马尔库塞并不认为阴谋集团或恐怖组织的武装斗争概念是政治变革的一个要素。

马尔库塞还对“十月神话”提出了质疑，该神话认为革命是一场戏剧性的暴力剧变过程，它在武装暴动中推翻了先前的资产阶级的资本主义秩序，并在一夜之间建立了社会主义（或“过渡期的”）社会。正如卡尔·科尔施和其他人所认为的那样，马克思的革命概念的形成本身受到了法国大革命中的雅各宾派的理论的影响，而列宁主义者则运用了这个传统。②十月革命的成功（至少是立竿见影）造就了一个“十月神话”，即戏剧性的暴动和暴力推翻先前的社会秩序的革命过程为革命提供了一个适当的模式。由于这类事件确实在许多第三世界的革命中扮演了重要的角色，所以这个神话在现实中有其基础。但我们并不清楚这个革命愿景与发达资本主

① Marcuse, “Theory and Practice,” pp. 32ff.

② 参见 Douglas Kellner, *Karl Korsch: Revolutionary Theory*（Austin,Tex.: University of Texas Press, 1977）。

义国家向社会主义的过渡的关联。

在他后来的作品中，马尔库塞指出，以消灭资本主义和建立社会主义民主制度为目标的结构性转变将是一个长期而漫长的过程，这意味着，辉煌的十天将会动摇资本主义这个神话是一种误导，与“长期革命”无关。直到 1979 年他去世之前，马尔库塞一直在忙着研究他的社会变革理论，寻找对抗性的政治趋势和运动，发展他的解放和新社会思想。随后的几卷将记录他整个一生与马克思主义的联系，他在精神分析和哲学方面的作品，以及他关于艺术和解放的文章。马尔库塞不仅把社会批判理论、解放思想和革命思想结合了起来，还试图将理论与实践联系起来，而这使他的工作与新左派一直以来都紧密地叠压在一起。他的很多学生以及我们这些受其作品影响的人现如今都在从事教学，并试图将他的理念带入新的千禧年，我们希望这一卷能够为新的一代提供接触马尔库塞的机会，并为我们当中那些一直以来受他鼓舞的人提供一些材料。

一

介　入

美国在越南的政策的内在逻辑①

美国官方对越南的政策的辩护用奥威尔式的语言表达了出来；因此，它违背了理性的讨论。“我们为自由而战”——即是说，为这个如果没有美国炸弹的帮忙连一天都支撑不下去的军事专政而战。“我们为自由而战”，但我们却是通过保护那些以剥削和奴役为基础的社会组织和利益。“我们为自由而战”，简言之，我们却是通过支持一个反对那些可能会创造自由的前提条件的经济和社会变革的军事小集团。

“我们抗击侵略”——抗击谁的侵略？北越人毕竟也是越南人。中国没有向境外派遣军事力量；他们没有在世界各地建立军事基地；他们还没有成功地推翻前政府；他们甚至放弃了对社会主义古巴微薄的经济支持。

“我们要避免另一个慕尼黑。”这也是奥威尔式的语言，尽管这个类比基本上是正确的。但问题是，现在谁是绥靖者？现在谁拥有世界上最强

---

① 《美国在越南的政策的内在逻辑》转录的是 1966 年 3 月 25 日在加利福尼亚大学洛杉矶分校举行的宣讲会上的一段经过编辑的谈话内容。参见“The Inner Logic of American Policy in Vietnam,” *Teach-Ins: USA*, ed. Louis Menashe and Ronald Radosh（New York: Praeger, 1976）, pp. 64–7。

大的战争机器？现在谁正将之用于别国？请记住，希特勒有时也宣称德国越境是被“邀请”的。

为什么越南战争以及那种直接或间接去干涉他国的政策能够通过“国家利益”来加以辩护？为了回答这个问题，我们必须从宣传回到现实。尽 [39] 管华盛顿发表了捍卫自由或停止侵略的英勇声明，官方对国家利益的定义却强调指出，无论共产主义出现在哪里，都有必要对它进行打击和遏制。不过，事实上，我们的外交政策从两个方面偏离了这个定义：首先，我们不对苏联及与其相关的政权发动战争；其次，我们走进了一个便捷的循环，因为我们通常把任何我们打击的对象都定义为“共产主义”。那么到底谁或什么才是我们真正打击的对象呢？我们正在打击落后地区的特殊形式的共产主义。我们正在同那些由当地民众的革命运动发起的解放战争作战。这些运动试图发起激进的土地改革，以便废除传统的统治阶级的剥削统治；它们试图消灭外国资本力量；当然，他们也攻击依赖于这些力量的当地政府。

这些运动对我们而言是危险的，原因有三。首先，如果它们成功了，那么由此而来的将是没收外国投资，废除落后国家特有的腐败的、压迫性的半封建政权。这样一来，它们有可能使资本主义的腹地缩小为一个令人窒息的危险区域。我还想说的是，我认为，古典的帝国主义概念不适用于越南，因为它把越南当成了孤立的现象。相反，我们必须将越南放在全球范围内通过熟悉的“多米诺理论”来思考：美国的失败事实上是激发离我们更近甚至就在我们国内的其他殖民地区解放运动的一个信号。在这些地区，既得利益的稳定对宗主国的经济来说至关重要。由此看来，我们的越南政策仅仅是从西德到印尼、从土耳其到日本延伸出来并且在密西西比和阿拉巴马那里可能也有反映的政策的一个方面。

其次，庞大的军事机构的存在是美国经济的一个不可分割的、刺激性的因素。自从 20 世纪 30 年代中期的新政失败以来，它就一直在发挥作用。美国经济可能不需要战争机构，但是在这一点上的任何转变都必将需要彻底的经济和政治变革。

再次，富裕社会需要敌人，它的人民可以在反对敌人的时候一直处于持续的心理动员状态。由于技术的进步增加了使生存斗争得到缓和的可能性，所以使有利可图的生存斗持续下来的社会制度已经明显变得过时了。因此，为了保护并再生产现存的制度，从合理运用可用资源转向破坏
[40] 性和压抑性地使用资源正变得越来越有必要。这种“剩余压抑”激起了原始的攻击性，而它必须被升华，被引导到代表国家利益的活动上，以免攻击性在现存社会内部爆发。如果没有“技术性的”攻击性这一新的因素及其严重的后果，这种升华可能还算是正常的。但是，攻击和毁灭由某种物来完成，即由一种机制，一种自动化设备来完成，而不是由人来完成，这一事实削弱了攻击本能的满足感，而这种挫败感使攻击得到了重复和增强。由于破坏的作用者是某种物，人远离受害者和罪恶，所以罪恶感减少了。所以，限制残酷和野蛮的最有效的一个屏障已经崩塌了。最终结果是大规模的野蛮化，而这也在我们国内的日常生活中以暴力的语言、图片和大众行为的形式表现了出来。

我们从这些趋势可以得出这样的结论，即以野蛮化为基础所发动的反对“共产主义”的战争经由现行状况的内在逻辑变成了支持反动的军事专政的战争。落后国家推动社会、经济变革的革命运动只有在旧的统治阶级的支持下才会遭到抵制。反过来讲，他们也只有通过持续不断地强化压制才能维持其对人口的统治。没有别的选择，因为非共产主义的、自由的“中间势力”不能存在。它将缺乏足够的经济和社会基础，并且它将无法

或者不愿进行对于使落后地区走上通往人道而又现代的生存形式的康庄大道来说必要的激进变革。中间势力的政权要么臣服于共产主义专政要么臣服于法西斯专政。

因此，多米诺理论的反面，也正是实际上存在于当今世界的那一面：在一个又一个国家，革命的甚至是自由的政权被反革命的专政通过流血政变所取代。而这些政权的职能却是维持或恢复那些使落后国家处在落后和依赖状况下的利益。美国的使命已经变成了保护保守的政权与拒绝接受任何进步的历史变革。

这个曾经是世界上所有解放力量的希望的国家已经变成了世界上所有反革命力量的希望。美国已经成了压抑和反动的先头部队。

反思法国革命①

（1968 年）5 月 6 日至 5 月 12 日，即法国危机刚刚爆发之际，
[41] 马尔库塞教授正在巴黎。返回之后，他立即就他对法国形势的印象向他自己讲授哲学的加利福尼亚大学圣迭戈分校的数百名学生和教员发表了演讲。

发生了什么

这场运动开始时很单纯，它就是一场以大学改革为指归的运动。整个事件显然是由位于南泰尔的巴黎大学新分校的示威活动以及紧接着发生的对那些参与反对越战的示威学生的处分引发的。随之而来的是巴黎索邦大学出现了示威活动，他们的要求和往常一样，即对大学整体上过时的架构进行激进的改革。

---

① 《反思法国革命》是马尔库塞就 1968 年 5 月的学生和工人暴动所作的广为流传的评论，参见 “Reflections on the French Revolution,” *Canadian Dimension*, 5, 6 (September–October 1968), pp. 20–2。

为了增加这些要求的分量，学生们在索邦大学的校园里举行了示威。这次示威游行是完全和平的，但是因为某种人们无法理解的原因，大学校长——显然是在内政部长的建议下——竟然要求警察清理校园。在这所大学的历史上，这是警察第一次出现在大学或侵入大学。

这真是历史上的新鲜事。欧洲的大学素来不受警察的干扰。警察不该进入大学，这是法国以及其他国家一贯的古老的传统。这是历史上第一次警察介入并用武力来清场，同时致使数百名学生受伤。

随之而来的是规模越来越大的示威游行，它们从巴黎的远郊开始，最后在拉丁区汇集了起来。在此期间，索邦大学已经被关闭，索邦周围的整个片区也都被警察占领和封锁了。学生们现在要求他们的大学重新对他们开放，要求拉丁区——被视为他们自己的地盘——清除警察并再次变成他们自己的地盘。

他们聚集在索邦，听说警察将再次通过武力清除该地区的消息后，他们开始建起了路障。这是一种自发的活动。学生们搬来了很多汽车（有些车原本停在街道上，有些车就像往常在巴黎那样停在人行道上），他们完全不关心私有财产，他们把那些车掀翻了，将其横着摆在了街上（不是在大马路上，这也不可能做到，而是在索邦后面的那些狭小的老街上）。

在车顶上，他们放置了各式各样的木质的东西、垃圾、纸箱、垃圾桶以及任何他们能找到的东西。接着，他们扯下了“单行道”“停止”及其他各式各样的路标，用它们撬起了那些1848年和1870年法国革命时派上用场的巴黎古老的鹅卵石，并把它们当成了反抗警察的武器。

他们还用垃圾桶的盖子、铁链把自己武装了起来。他们建造的街垒 [42]
足有三米半到四米高，他们并不打算袭击警察，而是想在街垒上与警察对峙。一切进展顺利，但是凌晨2点半的时候，警察最终接到了清理街道、移去街垒的命令。警察使用了瓦斯弹、催泪瓦斯，据说还使用了含氯的瓦斯（他们否认这一点，但是却有证据坐实了这一点）。我亲眼看到学生的脸都是红的……皮肤红肿，眼睛充血。他们使用了这种瓦斯，毫无疑问，街垒最终也被撤走了。

瓦斯迫使学生丢弃了街垒，四处逃窜，当时警察显然用燃烧弹点燃了街垒。我想指出的是，在这段时间里，巴黎和这里最大的不同是这个地区的民众明确并坚定地同情学生们。他们从公寓的窗户扔出各种各样的东西，朝警察砸了过去。警察则向公寓投掷催泪弹作为还击。

学生试图逃跑，但却发现他们自己的街垒成了他们的障碍，因为他们在街道两头都建起了街垒，所以无路可逃。警察抓住他们轻而易举。那晚总共有 800 人受伤，其中大约有 350—400 个警察。

这并没有终结示威游行和抗议活动。他们年轻的领导者科恩 – 本迪特——组织安排街垒，并全程和他们在一起，直到次日早上 6 点——在丢了街垒后说："现在我们只有一件事需要去做，那就是大罢工。"下周一，罢工命令必定随之而来。

意味着什么

在这一点上，我想向你们说明我为什么认为这个事件如此重要。首先，它将一劳永逸地治愈那些自卑的知识分子。毫无疑问，在这里，学生们向工人们展示了可以做些什么，而工人们则循着学生们的提出的口号和树立的榜样去做。

学生是名副其实的先锋，但不是革命的先锋，因为这不是一场革命，而是一次自发地转变成了群众运动的行动。在我看来，这是决定性的一点。这几周我们在巴黎所看到的是传统的突然复苏和回归，这一次是自20 世纪 20 年代早期就已经在欧洲沉寂的革命传统的复苏和回归。

我们已经注意到示威活动正在自发地扩大和激烈化，已经从修筑街垒变为占领建筑物；一开始是占领大学里的建筑物，接着是占领剧院，然 [43]
后是占领工厂、机场、电视台——当然，它们已不再是被学生们所占领，而是被这些机构和企业的工人和雇员所占领。

整个抗议运动一开始遭到了共产党控制下的工会和共产党机关报《人道报》（*L'Humanite*）的粗暴谴责。他们不仅怀疑学生，还中伤学生，他们猛然想起了被共产党搁置了数十年的阶级斗争，因为他们谴责说学生只是资产阶级的后代。他们不想和资产阶级的后代有任何瓜葛——但如果我们谨记从一开始学生反对力量就不仅直接反对校园之外的法国资本主义社会还反对斯大林主义的社会主义建设，我们就会觉得它是可行的。

这一点非常重要。这些年来，它把矛头明确地对准了法国共产党。

当我们问学生运动为什么会变成群众运动时，我们发现很难回答。正如我所说的那样，这场运动最初仅限于大学，而它的要求最初也仅限于学术，即要求大学改革。但是后来人们认识到，大学毕竟只是更大的社会的一部分，即现行秩序的一部分，除非运动延伸至大学之外，攻击整个社会更脆弱的地方，否则它仍将处于孤立无援的状态。

因此，在这些事件爆发之前的很长一段时间里，为了说服工人反对工会不允许参加抗议运动的禁令，学生们做了系统的尝试。学生们被派到了巴黎及其郊区大大小小的工厂。在那里，他们与工人交谈，他们显然主要是在年轻的工人中间找到了同情和拥护者。

因此，当学生们真的走上街头，当他们开始占领建筑物时，这些工人把学生当成了榜样，并把他们对更高的工资和更好的工作条件的要求与学生们在学术上的要求结合了起来。两者以一种自发而非协调统一的方式再次团结在了一起，而以这种方式，学生运动实际上就变成了更大的社会运动，更大的政治运动。

在这种情况下，也就是说，在成千上万的工人加入到了罢工的队伍当中并占领了巴黎以及近郊的工厂的情况下，共产党控制下的工会——即法国总工会——决定支持这场运动，并把它变成了一场正式的罢工。这是他们已经遵循了数十年的政策。一旦他们看到运动有可能失控，不再处在共产党的控制之下，他们就会迅速支持并接管运动。

至于这一运动的政治要求，我们可以将其概括为反对法国的权威政
[44] 权和支持大学政治化，也就是说，支持在教室里教的东西与教室外面发生的事情之间建立一种可见的、有效的联系，以消除老式的、过时的教学模式与课程设置之间的差距，以面对教室外面的现实，即可怕而又悲惨的现实。

他们要求言论和表达完全自由，不过这种自由却有一个非常有意思的限制。科恩－本迪特曾多次宣称，宽容美国外交政策的主角和越南战争的捍卫者意味着滥用言论和表达自由。因此言论自由权不应被解读为宽容那些通过其政策和宣传致力于打击仍然残存于这个社会的最后一丝自由的人，宽容那些正在把世界或更确切地说世界很大一部分转变为新殖民主义，这场运动显然也是一场自发的社会主义运动，但我想再次强调的是，它一开始就拒绝直到今天仍然在社会主义国家普遍存在的压抑的社会主义建设。这可以解释学生当中所谓的毛主义倾向。

这让我们看到了学生运动另一个非常重要的方面，而我认为，在这里，美国学生运动和法国学生运动有一致的地方。它是一场总体的抗议，不仅是针对特定的罪恶和特定的不足，同时也针对现有社会所需要和所践

行的整个价值体系、整个目标体系和整个行为体系。换言之，它拒绝继续接受和信守现有社会的文化。学生不仅拒绝经济状况和政治制度，也拒绝他们觉得其核心已经腐烂的价值体系。

从这个意义上来说，我认为人们确实可以说这就是一场文化革命，因为抗议直接针对的是包括现存社会的道德在内的整个文化体制。

如果你现在问我们该如何解释法国的学生运动在部分人口中找到了自发的援助和同情，在有组织或无组织的工人阶级中找到了非常明确的支持，而在这个国家［美国］，情况则恰恰相反，我的答案包括两个方面。

首先，法国还不是一个富裕社会。大多数人的生活条件仍然远低于美国人的生活水平，那么毫无疑问，他们对现行体制的认同相比美国人来说也就更不牢固。

其次，法国工人阶级运动的政治传统在很大程度上仍然存在。我想再给出一个相当形而上的解释，那就是，只要谨记法国在 100 年的时间里毕竟经历了四次革命，我们就可以概括法国和美国的激进运动的前景的差异了。显然，它建立了一种革命传统，而一旦机会来临，这种传统就会被 [45]
点燃，被赋予生命并得到更新。

我认为这是总体性的抗议的一种外在表现，因为，正如你所了解的那样，传统的工人阶级策略不会正式表态支持占领工厂，因为在这个传统中，私人财产仍然神圣不可侵犯。这种情况发生时，它通常是违反工会政策的，并且在很大程度上是自发的。

因此我认为，这种自发性——借此，变革宣告了自身的存在——是新元素……它超越了所有的传统组织并且直接掌握了群众。现在如果我们假设法国继续瘫痪下去，并且这种状态蔓延开来，或者说，如果我们假设政府难以为继了，那么我们就会看到这样的制度是如何崩溃的。因为没有哪个社会能够长时间地容忍这种瘫痪。

我们可以有把握地说，传统的革命观念和传统的革命策略已经过时了；它们只不过是被我们社会的发展超越了。

之前我说过，这里我想再重复一下，因为我认为在这种情况下没有比保持一颗清醒的头脑更重要的了，这种观念——即某个群众性的组织、群众性的政党或随便哪种类型的群众一个白天或一个晚上就能够向华盛顿进军，占领五角大楼和白宫并建立一个政府——一点也不现实，简单讲，这根本就不符合现实。如果真的有这样的群众，并且真的发生了这样的事情，那么在 24 小时以内，另外一个白宫就会在得克萨斯州或北达科他州建立起来，整个事情很快就会结束。

因此，我们必须忘记这种革命观念，这就是我之所以认为法国所发生的事情如此重要并且很可能具有决定性的原因，这也是我之所以强调这种运动的自发性及其自发的传播方式的原因。

如今我讲自发性，并且我坚持这个概念，但你应该知道，任何真正的自发性都需要一定的帮助，这就是法国的情况，也是我之所以谈到学生们在工厂里开展准备性工作——比如，与劳动者讨论等等——的原因，但是，比起传统的反对组织，这已经是一场自发的运动了，因为只要有可能，它就不会去在乎现存的组织、政党以及工会，就会义无反顾地勇往直前。

换言之，由于或此或彼的原因，这样的时代已经来临了，在这个时代，成千上万的人甚至正如我们所看到的那样上百万的人已不再需要它的时候已经到了。他们不想早起，不想去工作，不想听从同样的指令，不想依从同样的工作条件，也不想亦步亦趋。他们已经受够了，所以如果他们不待在家里或不去散步，他们就会试着去做些别的事。

他们占领了工厂和商店，他们待在那里，但他们绝不是狂热的无政府主义者。例如，就在昨天，有一篇报道说，他们谨慎地照料着机器，努力使它不受到丝毫的损害。但他们不允许外人进入。在这次行动中，他们已经证明他们以某种方式将这项事业当成了自己的事业，他们还将证明他们知道这是他们自己的事业，或者说应该是他们自己的事业，而这也正是他们要占领它的原因。 [46]

学生抗议相比于社会本身是非暴力的①

当前的校园骚乱必须放在对现存社会、对它在越南不道德和不合法的战争、它扎眼的不公平和不公正、它普遍常见的攻击性和虚伪的难以消除的抗议的语境下来理解。接下来的评论仅涉及这一语境；因此我们不去讨论其他合法的警察介入事件（比如，强制执行反种族隔离的民权法案）。

有些警察介入校园的情况即使按照左派的标准来说也是正当的，比如，当人的生命受到威胁时，当有可能严重伤害身体时，再就是，当故意破坏服务于大学教育目的的设施和材料（图书馆等机构）时。据我所知，这样的破坏并不是新左派的策略和战术。

在我看来，占领建筑物、毁坏“照常营业”并不能成为警察介入的理由。对法律和秩序的暂时侵犯必须根据他们试图以此来引起人们关注的

---

① 《学生抗议相比于社会本身是非暴力的》是发表在《纽约时报》杂志上的一篇短文，文章指出，真正的暴力并不存在于学生抗议中，而是存在于社会中。马尔库塞还强调了他觉得什么样的新左派策略是合法地使用异议，以及应该避免哪些行为。参见“Student Protest is Nonviolent Next to the Society Itself,” *New York Times Magazine*（May 4, 1969）。

那些罪行来判断，即根据在越南持续不断的屠杀以及对少数人种和民族持续不断的压制来判断。相比这种很大程度上不受惩罚和不被注意的日常暴力，学生抗议是非暴力的。

查尔斯·赖希——负面的评价[①]

如果你在《纽约客》(*New Yorker*) 上读到了一篇评论，那么你至少
[47] 可以合乎情理地确定三件事：(1) 文字优美；(2) 接近真相；(3) 你很满意：没有理由害怕，一切都会相安无事，或者说超出了你（及他人）的力量。

以那篇经典的讨论“广岛”的文章为例：就我所知，它对所发生的事件做了最好的、最感人的描述，所发生的一切看起来就像是一场自然灾难，一场地震，就像是庞贝末日——根本就不存在犯罪、抵抗、拒绝的证据和可能。

最近的例子是查尔斯·赖希[②] 的那篇长文《美国的绿色化》（“The Greening of America”），它是同名书的删节本。我们应该钦佩编辑敏锐和

---

① 《查尔斯·赖希——负面的评价》最初在《纽约时报》上发表了出来，参见“Charles Reich – A Negative View,” *New York Times*（November 6, 1970）；后又以《查尔斯·赖希是一只革命的鸵鸟》重新发表了出来，参见“Charles Reich as Revolutionary Ostrich,” *The Con III Controversy*, ed. Philip Nobile（New York: Pocket Books, 1971），pp. 15–17。

② 查尔斯·赖希（Charles Reich，1928— ）是一位美国法学者、社会学者、作家，曾在耶鲁法学院担任教授，20 世纪 60 年代写了一系列的关于反文化和青年运动的文章。——中译者注

良好的直觉：他们必定是立刻就认识到了这篇文章的重要性。文章开头这样写道：

> 一场新的革命已经开始。它不像过去的革命。它源于个体和文化，如果它成功了，那么作为它最后的行动，它将改变政治结构。它不需要用暴力来获取成功，也不会被暴力成功地压制。

所以，我们被告知，我们正处在一场“以不可思议的速度传播”的革命之中，与此同时，我们深信不会有任何暴力发生。

如果这是真的，那么这种革命确实与过去的革命不一样。接下来必定会发生的（按照赖希的说法，现在正在放生的）是越来越多的人将形成新的意识（即意识 III，它不同于与早期美国传统相对应的意识 I 和与“公司国家”相对应的意识 II），而它拥有拒绝行将瓦解的公司国家的价值和目标的新的价值、新的目标、新感性。将来不会也不可能遇到什么抵抗，因为人们只要不再工作和买卖了，他们就会取得胜利。因为国家只不过是一台不受任何人控制的机器，如果机器不再被照料了，它就会停下来。

意识 III 当然是反抗现行秩序的年青一代的意识。什么才是反抗者的新的革命价值？作者从三个“戒律”出发对其做了界定：第一：“你不应对自己使用暴力”；第二：“没人能审判他人”；第三：“对他人要绝对诚实，不要把他人当作手段。”瞠目结舌的读者可能会问：这些从《圣经》延续至康德乃至以后的戒律为道德家的布道增色不少，但它们有什么革命性呢？

某种意义上，它们确实存在于意识 III 之中，而某种意义上，它们又 [48]
与承认并升华了它们以至于使其与压抑、悲惨、沮丧和谐相处的传统有着本质的不同。对那些富有战斗性的青年人来说，他们已经丧失了升华的能力，所以他们已经无法忍受压抑、痛苦和沮丧了。他们多少有点暴力：他们认为废除现有的制度体系是理所当然的，建立新的社会、新的生活方式也是理所当然的。

对赖希来说，这不是一个重要的问题。在可预见的未来的某一天，各行各业的男人和女人、男孩与女孩都会腻烦旧事物，都会离职。既然“没有人控制”，那么确实可以这样。

难道真的没有人控制军队、警察和国民警卫队吗？没有人控制外太空计划、预算和国会委员会吗？机器会自己照料自己吗？但是，机器不仅需要被照料，还需要被设计、建造、编程、指引。负责控制工作和指引整个社会这一技术、经济和政治机器的人、组织、阶层、利益都非常明确，清晰可辨。他们而不是他们的机器决定着生还是死，战争还是和平——他们确定优先要做的事。他们有足够的力量来捍卫它——但这种力量却不是机器的力量而是控制机器的力量，即人的力量，政治力量。

假如梦想成真——这一切是否真的有可能会在全国范围内自发地同时发生呢？真的不需要任何形式的准备、组织和动员吗？

暴力在这个社会中根深蒂固，在它的制度中、它的语言中、它的经验中、它的娱乐中，要么是防御性的暴力，要么就是攻击性的暴力。任何头脑正常的人都不会“鼓吹”暴力，但它确实存在。我们的任务是在人力所及的范围内通过全社会减少暴力。但是，鸵鸟政策是无法实现这个目标的。

赖希认识到，即将到来的革命性的变革将会有一种与之前历史上的革命完全不同的形式，它们的范围更广、更深入，而传统的观念无法满足各种力量的需要。他对嬉皮士亚文化的分析只是敏感的——尽管太敏感了——情感升华。

他对公司国家的描绘——而不是他对它的评价——这部分写得最好。但是，所有这些都被这一把社会政治的激进主义转变为道德重整运动的错误观点扭曲了。尽管《美国的绿色化》不乏深刻的洞见和批判，但它也只不过是当权派关于这场大叛乱的一个说法。

[49]

亲爱的安吉拉[①]

1970 年 11 月 18 日

亲爱的安吉拉：

当我被要求把 1969 年 10 月你在加利福尼亚大学洛杉矶分校就弗雷德里克·道格拉斯[②]所作的两次演讲发表出来时，我感到不安。我知道，“一般情况下”，你是不允许以演讲稿的形式把它们发表出来的。另外，它们讨论的是另一个世界，而我对此仍是一个门外汉——我到底能不能以一种可靠的方式来谈论它呢？最后，你曾是我的哲学学生，我也曾教过哲学；你的论文研究的是康德问题，但你毕生追求黑人解放，那么你现在的处境与德国唯心主义哲学之间有什么关系？

于是我拿出了你为论文所写的大纲，我读到了下面这句话：“力量提供了自由的理论和实践之间的联系，（康德的）这一观点可以追溯至卢

---

① 《亲爱的安吉拉》是一封写给安吉拉·戴维斯（Angela Davis）的信，参见“Dear Angela,” *Ramparts*, 9 (Berkeley, Calif.: February 1971), p. 22。

② 弗雷德里克·道格拉斯（Frederick Douglass，1818—1895）是一位非裔美国社会改革家、废奴主义者、演说家、作家和政治家。他原本是奴隶，后逃脱，成了废奴运动的领袖。——中译者注

梭……”那么，这是否意味着，自由的理论和实践之间、概念和现实（或更确切地说，实现）之间有一种联系，一种内在的联系？而我记得我曾批判过萨特的自由概念（他认为，自由确实不可剥夺，即使在监狱里、在集中营里也可以实践），即拒绝服从的自由，拒绝主人强加在奴隶身上的虚假身份的自由。我曾批判过这一概念，因为在我看来，在奴役和死亡或终身监禁之间进行自由的选择，这不是自由，而是对人类自由的嘲弄。现在，我在你的讲稿中读到，有一天，“弗雷德里克·道格拉斯鼓起勇气去反抗驯化和驯服他的那个驯奴者，去反抗这个比他之前的任何一个主人都更为残忍的驯奴者……”弗雷德里克·道格拉斯有一天做出了反击，他竭尽全力与驯奴者扭打了起来，而驯奴者没有任何招架之力，只是站在那里瑟瑟发抖；他招呼其他奴隶来帮忙，但他们却拒绝了。自由这个从未被剥夺的抽象的哲学概念突然间有了生命，并揭示了它具体的真理：自由不仅是解放的目标，同时，它**从**解放**着手**；它可以被“实践”。我承认，这是我从你那里学到的！奇怪吗？我可不这么认为。

还不止这一点。几年前，我们举办过关于黑格尔的研讨课。除了其他文本之外，我们还读了《精神现象学》中那个有名的讨论主奴辩证法的章节。它最后的结论是主人意识到了自己对奴隶的依赖远超过奴隶对主人
的依赖。在你的演讲中，你讨论了《现象学》，而黑格尔的哲学分析在黑 [50]
奴建立了**自身**的身份并因此摧毁了主人的暴力政权的斗争中有了生命。

人们一次又一次地要求我去解释，作为一个非常聪明、敏感的年轻女性，一个优秀的学生和教师，你为什么会卷入到圣拉斐尔的暴力事件当中。我不知道你有没有卷入到这些悲惨的事件当中，但是我知道你深深地卷入到了为黑人而战、为随处可见的被压迫者而战的事业当中，我还知道你不能将自己的工作局限于教室和写作。我认为，你的发展乃至事物的发

展都有一种内在逻辑，一种不难理解的逻辑。你成长的世界、**你的**世界（不是我的世界）是一个残酷的、悲惨的、受迫害的世界。认识到这些事实并不需要太过聪明和老练，但认识到它们可以被改变并且必须被改变却需要思考，需要批判性的思考：需要了解这些条件是如何产生的，到底是什么力量使它们延续了下来，以及自由和正义的可能性。我相信，这就是你在你多年的研究中所学到的。你还学到了其他的东西，也就是，几乎所有的西方文明——即奴役你的人民的文明——的著名人物说到底只关心一件事：人类的自由。就像任何一个好学生一样，你会认真地对待他们说了什么，并且很认真地思考他们的话，以及为什么这一切对绝大部分男人和女人来说仅仅是空谈。因此，你觉得除非哲学观念是一个谎言，否则它必须被转化为现实：它隐含着这样一个道德律令，那就是你必须离开教室和校园去帮助他人、去帮助你所从属的你自己的人民——尽管（或者说，因为）你是在白人的体制下取得成功的。

但你也是为需要自由而且希望那些仍然不自由的人都获得自由的我们而战。在这种意义上，你的事业就是我们的事业。

支持你的赫尔伯特·马尔库塞

反思凯利①

是不是罪恶感——这里所说的罪恶是社会罪恶，其中，大屠杀、杀戮和死亡人数已经成了正常的心理禀赋的一部分——已经变得太过强大了，以至于已经无法被传统的、文明的防御机制（个体的防御机制）所控制了？是不是罪恶感已经变成了它的对立面，变成了对犯罪和罪犯骄傲的、施虐受虐狂式的认同？

令人震惊的是，大部分美国人竟然轻率地急着去支持一个多次预谋 [51]
杀害男人、女人和儿童的罪犯，他们甚至自豪地认为自己与他血肉相连，这是一个罕见的历史事件，它揭示了隐藏的真相。

在电视上的那些领导人的面孔背后，在辩论中宽容的礼貌的背后、在广告中灿烂的幸福的背后，出现了真正的人，即疯狂地爱上了死亡、暴力和毁灭的男人和女人。

由于这次巨大的冲击并非起因于组织、管理和机器政治，而是完全

---

① 《反思凯利》发表在了《纽约时报》上，参见“Reflections on Calley,” *New York Times*（May 13, 1971）, p. 45。

自发的，也就是说，它是一次无意识的、灵魂的爆发。所以沉默的大多数有它自己的英雄：一个被判有罪的战犯，一个近距离地杀人、爆掉两岁儿童的脑袋的战犯；一个辩称自己当时没有觉得在杀“人”的杀手，一个没有因为他的行为感到后悔的杀手；他仅仅是遵从命令，杀的也只是“越南佬”“亚洲佬”或“越共”。这个大多数有它自己的英雄——它已经找到了自己的殉道者，它的霍斯特·威塞尔①——他的名字曾被开赴战场前的成千上万的纳粹所传颂。“凯利中尉的行军战歌”唱片三天内卖了 30 万张。

凯利② 的崇拜者是如何为他们的英雄正名的？

（一）“凯利被指控的行为是他对战争的承诺，因此应该特别对待。”经过漫长的商议，经过由他的同僚——人们可能会认为他的同僚知道他在战争中的所作所为——组成的军事法庭的审判后，现在凯利被定了罪。其实，他是在国际战争规则下被审判和定罪的。不过，他所在的军队的规则规定了军人有不服从非法命令的义务（正如听证会所展示的那样，不服从非法命令确实得到了其他在米莱③ 的美国士兵的实践）。

（二）“凯利的所作所为很普遍。”许多人公开指责自己，这是因为他们做了和凯利一样的事。现如今，其中一个杀人犯被抓了，受到了审判，而其他人却没有，这一事实不能赦免那个被审判的人的罪过。相反，自愿

---

① 霍斯特·威塞尔（Horst Wessel）是歌曲《霍斯特·威塞尔之歌》（又称《旗帜高扬》，*Die Fahne hoch*）的歌词作者，这首歌曲被纳粹德国时期的宣传部长戈培尔定为纳粹党的党歌，从 1933 年到 1945 年，被作为非正式的纳粹德国国歌。——中译者注

② 威廉·凯利（William Calley）是一名前美国军官，被控在 1968 年 3 月 16 日的米莱大屠杀中杀害了手无寸铁的南越平民。在几次减刑之后，凯利从终身监禁改为软禁，三年半后被释放。——中译者注

③ 米莱（My Lai），越南地名，1968 年 3 月 16 日在此发生了美国军人针对平民的屠杀，1969 年 11 月 12 日《纽约客》杂志刊出了屠杀丑闻，致使美国境内反战情绪高涨。——中译者注

坦白的其他人也应该受到审判。那个在汽车挡风玻璃上写下“我在越南杀了人，吊死我吧!!”的人很可能就是这个意思。人们疯狂地爱上了死亡，包括他们自己的死亡。

（三）“每个人都知道现如今的越南没有什么真正的平民。”这句话最能说明问题，因为它承认战争是在与全民作战：种族灭绝。

（四）“社会该受到谴责。”这可能是唯一有分量的论点。它从以下几个层面做了阐述：

（1）如果只有社会该受到谴责，那么任何人都不应该受到谴责。因 [52]
为“社会”是一个抽象的东西，它不能被审判。这个社会确实正在（而且必须）训练它的年轻市民去杀人。但实，这个社会却是在法治下运作，并且它承认个体的权利和义务。因此，它预设了个体的责任，也就是说，“正常的”个体有区分犯罪行为和非犯罪行为的能力（凯利被宣布是“正常的”）。

（2）如果这一论点暗含着社会的所有成员都应该受到谴责，那么这显然是错误的，而且这只会保护那些应负责任的人。

正如小弗朗西斯·塞尔[①]牧师所说的那样，“国家良心发作”的真正原因是，“简单地说，凯利就是我们所有人。他是我们这片恬不知耻的土地上的每一个公民”。但这显然是错误的，并且对贝里根（Berrigans）来说，对那些所有冒着失去他们的自由甚至生命的危险公开地、积极地加入到与种族灭绝作斗争当中的人来说是极大的不公。

① 小弗朗西斯·塞尔（Francis Sayre Jr., 1915—2008）是一位牧师，也是美国第28任总统伍德罗·威尔逊的长孙，常发表言论反对种族隔离、贫穷、麦卡锡主义和越南战争。——中译者注

诚然，在“形而上学”意义上，每一个参与到这种社会中的人确实都有罪——但是凯利的案例不是形而上学意义上的。在个体责任的总体框架内（有足够多的限制），有明确的层次，而这使具体的责任归属成为可能。如果凯利的行为不是孤立的，而是每天都在越南实实在在地发生着（这将证实罗素的战争罪法庭的调查结果，同时这也将要求我们对所有记录在案的案件进行起诉），那么责任在于战地指挥官，更确切地说，责任在于美国军队的最高指挥官。但是，这并不能抹去个体的责任。

（3）技术在发展杀伤力方面的进步带来了“抽象的死亡”，即不会弄脏你的手和衣服的杀戮，不会让你承受受害者的痛苦的杀戮，它是一种由远程遥控完成的看不见的死亡。但是技术上的完美并不能救赎那些违反文明的战争规则的人的罪行。

这一切说明了什么？也许马多克斯州长早已在支持凯利的集会上喊了出来：“感谢上帝赐予我们凯利，感谢上帝赐予我们像你一样的人。”这是亵渎神明还是宗教疯狂？被判有罪的战犯是耶稣的化身，是基督？“他已经被钉在了十字架上，”一个操着德国口音痛斥军事法庭的女人大声喊道（很奇怪?!），“凯利以一己之力杀了 100 个共产党人。他该得到一枚奖章。他应该被升为将军。”还有一位牧师（!）在集会上讲道：“两千年前一个名叫耶稣基督的人被钉在了十字架上。我觉得我们还不需要把另一个名叫鲁斯蒂·凯利的人也钉在十字架上。”

[53] 难道这位中尉把我们的罪都加在了自己身上？他要救赎我们的罪吗？但那又是什么罪呢？它是一种杀人的愿望，杀人不受惩罚的愿望吗？这位中尉是不是已经因为一种相比传统的超我不那么严格但却仍然表现出了“汝不可杀人”（thou shalt not kill）的痕迹的新的超我而变成了国家模

范呢？

即使是在战争中，旧的超我也没有忘记这条禁令。新的超我则契合目前的情形。它的禁令是：你可以杀人。不——你可以干掉和消灭人。凯利从来不用“杀人”这个词。他曾告诉一名精神病医生说，军人避免使用“杀人”一词，因为它“有可能在那些被教授‘汝不可杀人’的戒律的人当中引起极其负面的情绪反应。”凯利中尉用“消灭”这个词或“干掉他们”这个说法取代了它。有些人认为，赦免凯利——没有杀那些人，而只是消灭、干掉了那些人——是“建设性的一步，能够恢复我军和整个公众的士气”。

疯狂地逃避个体责任，随意地将罪行归咎于无名之辈，这是对可能会成为难以容忍的罪行的令人绝望的反应。这简直就是幼稚的退化：不应该惩罚比利，因为马克西、查理以及其他许多人都做了同样的事；他们每天都在做，但他们没有受到惩罚。人们甚至无法理解最简单的成年人的逻辑，即如果马克西和查理做了同样的事，他同样有罪，而比利也不是无辜的。

是不是罪恶感——这里所说的罪恶是社会罪恶，其中，大屠杀、杀戮和死亡人数已经成了正常的心理禀赋的一部分——已经变得太过强大了，以至于已经无法被传统的、文明的防御机制（个体的防御机制）所控制了？是不是罪恶感已经变成了它的对立面，变成了对犯罪和罪犯骄傲的、施虐受虐狂式的认同？

是不是歇斯底里也笼罩着左派，笼罩着从控诉凯利走向了控诉战争的和平运动？难道这种控诉不奇怪吗？它确实把战犯当成了替罪羊，当成了匿名者的替罪羊，当成了其他替罪羊的替罪羊。甚至是在纽伦堡审判中慷慨激昂发言的泰尔夫·泰勒（Telford Taylor）也认为这个判决可能太过苛刻了。本杰明·斯波克（Benjamin Spock）博士也认为因为残酷的战争而去惩罚一个人是不公平的。

同情。但是所有那些宽容和富有同情心的自由主义者有没有想过，对凯利的仁慈事实上有可能是在“增强军队的士气”，有可能是在用良心来杀人？他们有没有想过，同情可能是因为那些男人、女人和儿童，而他们是这种“士气”的受害者？我们又一次碰上了那个在肯特州立大学被宣布出来并极为明显地曲解了罪恶感的病态的正义原则：“有罪的不是凶手，而是被谋杀的那个人。”

以色列完全有能力做出让步①

[54]

这里的许多朋友，特别是学生，都要求我基于与这个国家不同地区的犹太人和阿拉伯人的交谈与对文件和二手材料的广泛阅读给出我自己的观点。我深知其局限性，所以我只打算拿它来促进大家的进一步讨论。

我相信，推动以色列建国的历史目标是防止集中营、大屠杀和其他形式的迫害与歧视的再次发生。我完全坚持这一目标，对我来说，这是为全世界所有受迫害的少数种族和民族争取自由和平等进行斗争的一部分。

在当前的国际形势下，实现这一目标的前提是存在一个能够接受和保护受到迫害或生活在迫害威胁下的犹太人的主权国家。如果这样一个国家在纳粹政权上台时就已经存在了，那么它确实能够防止数百万犹太人被屠杀。如果这样一个国家也对其他受迫害的少数民族开放，包括对遭受政治迫害的人开放，那么它就会挽救更多的生命。

鉴于这些事实，进一步的讨论必须基于对以色列这个主权国家的承

---

① 在马尔库塞第一次访问以色列之后，《以色列完全有能力做出让步》在《耶路撒冷邮报》上发表了出来，参见“Israel is Strong Enough to Concede”，*The Jerusalem Post* (January 2, 1972)。

认，必须充分考虑它之所以能够建立起来的条件，也就是说，对本地阿拉伯人的不公正的对待。

以色列的建立是一种政治行为，由于大国追求它们自身的利益而成为可能。国家建立之前的定居时期和国家建立时期在推进的时候根本没有充分地考虑本地人民的权力和利益。

这个犹太国家的建立从一开始就意味着巴勒斯坦人民的颠沛流离，而这部分是迫于武力，部分是迫于经济和其他方面的压力，部分是“自愿”。那部分留在以色列的阿拉伯人发现，尽管他们被赋予了公民权，但他们在经济和社会地位上却沦为了二等公民。国家、种族、宗教的差别变成了阶级差别：新社会内部旧有的矛盾因内部冲突与外部冲突的结合而加剧了。

从所有这些方面来看，犹太国家的建立与历史上几乎所有国家的起源没有本质的区别：通过征服、占有和差别对待来建立。（联合国的担保并不能改变这种情况。这种担保**事实上**承认了征服。）

[55] “如果接受这一既成的事实，接受以色列为自己设定的基本历史目标，那么问题就来了：就以色列目前的状况以及目前的政策来看，它能否实现其自身的目标，同时成为一个与邻国保持和平关系的进步社会。”

我将通过参照 1948 年开始出现的以色列的边界问题来讨论这个问题。在我看来，任何形式的吞并都应该**被否定**。因为那将意味着以色列只能在一个巨大的充满敌意的环境里作为一个军事堡垒才能保全自身，意味着必须调整它的物质和精神文化来适应不断增长的军事需求。如果这是现在唯一的解决办法，那么它这一充满危险的不稳定性和临时性就太明显了。一个超级大国（或它的卫星国）在这样的条件下很可能会继续存在很长一段时间，但是，国家太小，以及超级大国的军备政策排除了以色列的这种可能性。

从目前普遍存在的情况出发，解决的首要前提是与阿拉伯联合共和国[①]签订和平条约，其中包括承认以色列、自由进出苏伊士运河与海峡以及解决难民问题。我认为现在完全可以就这样的和平条约进行谈判，并且埃及对雅林[②]的答复（1971年2月15日）为立即谈判提供了一个可接受的基础。

埃及最主要的要求是以色列承诺从西奈半岛和加沙地带撤出武装力量。那种认为这将有可能使以色列遭到阿拉伯毁灭性的打击的观点可以通过建立一个由中立的联合国部队保护的非武装地区来解决。在我看来，相比当前条件下长期存在的战争风险，所涉及的任务根本就不值一提。以色列是强国，完全有能力做出更大的让步。

耶路撒冷的地位很可能成为和平条约最大的障碍。根深蒂固的宗教情绪——不断地被领袖所利用——使耶路撒冷成了阿拉伯人（以及基督徒？）无法接受的犹太国家的首都。我认为，作为一种替代方案，我们可以将这个统一的城市（两个部分）置于国际组织的管理和保护下。

---

① 阿拉伯联合共和国（U.A.R）是1958年2月1日由埃及与叙利亚合组的泛阿拉伯国家。原来的计划还包括伊拉克在内，但伊拉克因为局势不稳而未加入。1958年3月8日，也门穆塔瓦基利亚王国（后来的阿拉伯也门共和国）加入，整个联盟因此更名为“阿拉伯合众国”（United Arab States）。1961年9月28日叙利亚宣布退出，12月北也门也退出，阿联虽然解体了，但埃及仍然保留这个国号直到1972年，阿拉伯埃及共和国、阿拉伯叙利亚共和国、伊拉克、阿拉伯也门共和国、南也门5国的国旗与国徽非常相似，都是从阿拉伯联合共和国的国旗及国徽演变出来。——中译者注

② 贡纳尔·雅林（Gunnar Jarring，1907—2002），瑞典外交官、突厥语专家。1967年阿以战争之后，他被任命为联合国秘书长中东地区特别代表，承担起了在阿拉伯人与以色列人之间斡旋的重任。——中译者注

公正的解决

埃及此外还要求"根据联合国决议公正地解决难民问题"。这些决议的措辞（包括联合国安理会决议 242 号）有待进一步解释，并在此范围内有待进一步谈判。接下来我想简要地概述两种可能性（或它们的组合），而这也是我在与犹太和阿拉伯知名人士的讨论中提出的：

（1）**那些背井离乡、希望返回家园的巴勒斯坦人在以色列重新定居。**[56] 这种可能性从一开始就受到了限制，因为阿拉伯人的土地已经变成了犹太人的土地，阿拉伯人的财产已经变成了犹太人的财产。这是另一个历史事实，如果不以另一个错误来纠正这一错误的话，它是不可能被简单地取消的。不过，通过将这些巴勒斯坦人重新安置在仍然闲置的土地上，并(或)给予他们充足的设施和赔偿，这个问题可以得到缓解。

这个解决方案被官方拒绝了，他们的观点（本身没有问题）是，这种返回会迅速地把犹太人从多数变成少数，从而使犹太国家的目的落空。但我却认为，弄巧成拙的**恰恰是这个以犹太人永远占多数为目标的政策**。在阿拉伯国家广阔的领土范围内，犹太人注定是少数，他们不能无限期地将自己与阿拉伯人隔离开来，除非他们恢复到了一个更高水平的犹太区条件。诚然，以色列可以通过激进的移民政策来维持犹太人占多数的情况，而这反过来又会不断加强阿拉伯人的民族主义。如果以色列继续把它的邻国视为敌人，视为**死敌**（Erbfeind），它是不可能作为一个进步的国家而存在的。对犹太人的持久保护不在于创造一个自我封闭的、孤立的、恐惧的多数，而在于作为拥有同样的权利和自由的公民的犹太人和阿拉伯人的共存。这样的共存只能是一个长期的反复试验的过程的结果，但是**现在**已经给出了走出第一步的前提条件。

巴勒斯坦人生活了几个世纪的领土现如今部分被以色列人占领了。这些人的大多数现如今生活在以色列政府管辖的领土上。这种情况使以色列成了占领国（即使在以色列也是如此），也使巴勒斯坦解放运动成了民族解放运动——无论占领国多么自由。

巴勒斯坦人民的民族愿望可以通过在以色列旁边**建立一个巴勒斯坦民族国家**来满足。无论这个国家是一个独立的实体，还是与以色列或约旦结成同盟，都将在联合国监督下的公投中留给巴勒斯坦人民自决。

最理想的解决方案是以色列人和巴勒斯坦人、犹太人和阿拉伯人作为平等的合作伙伴在一个由中东国家组成的社会主义联盟中共存。这仍然是一种乌托邦式的愿景。前面讨论的可能性都是一些不会带来什么后果的暂时性的解决方案——完全拒绝它们很可能会带来无法弥补的损失。

二

暴力问题和激进反对派[①]

① 《暴力问题和激进反对派》是马尔库塞于 1967 年 7 月在西柏林自由大学发表的一场演讲的译文，由杰里米 · 夏皮罗（Jeremy J. Shapiro）与希利 · 韦伯（Shierry M. Weber）翻译成英文并发表在了《五次讲座》（*Five Lectures*）上。关于讲座后面的《问与答》，参见 *Das Ende der Utopie*（Berlin: Verlag Peter von Maikowshi, 1967）；英文译者对问题做了删节，但给出的回答都是完整的。

现如今我们只能在全球化的框架下来考虑激进反对派。如果我们把它当成了一个孤立的现象，那么它的本性从一开始也就被歪曲了。我将在全球化的语境下通过重点强调美国来与你们讨论这一反对派。你们都知道，我认为今天的学生反对派是变革的决定性因素：它当然不是一种直接的革命力量（但人们却总是指责我，说我认为他们是这样的力量），而是一个最强有力的因素，一个也许有可能变成革命力量的因素。因此，不同国家的学生反对派之间建立联系成了这些年以来最重要的战略需求之一。美国和德国的学生运动之间几乎没有任何联系；美国的学生反对派甚至没有一个有效的核心组织。我们必须为建立这样的联系而努力。在讨论这个话题时，我将主要以美国为例，而我这么做是为了帮助大家做好建立这些联系的准备。美国的学生反对派是一股更大的反对派——人们通常称之为“新左派”——的组成部分。

我必须从简要地概述新左派和老左派之间的主要区别开始。除去一些例外，新左派都是新马克思主义者，而不是正统意义上的马克思主义者；它不仅深受所谓的毛主义（Maoism）的影响，也深受第三世界革命运动的影响。此外，新左派有着新无政府主义的倾向，因为它的特点就是对老左派政党及其意识形态极度不信任。同样，除去一些例外，新左派已
[58] 不再把老工人阶级当成唯一的革命推动者。新左派本身不能根据阶级来定义，因为它由知识分子、民权运动团体、青年团体（特别是年轻人中最激进的部分）构成，不但如此，它还把乍看起来毫无政治性可言的嬉皮士——稍后我再回来讨论这些人——也纳入了进来。非常有意思的是，这

场运动的代言人并不是传统的政治人物，而是一些可疑的人物，比如诗人、作家和知识分子。如果你仔细思考这个简短的概述，你会承认这种情况对“老马克思主义者”来说简直就是一场噩梦。在这里，你会看到反对派显然与“古典的”革命力量无关：一场噩梦，但却是一场与现实相符的噩梦。我认为这种完全非正统的反对派星丛是权威主义的民主政治“赢得胜利的”社会的一个真实反映，而这种社会也就是我曾试着描述的“单向度的社会”[1]，它的主要特征是被统治阶级在非常物质和非常现实的基础上，即在受操控与被满足的需要——反过来再生产了垄断资本主义，再生产了受操控与被压抑的意识形态——的基础上完成了与社会的一体化。最终结果是，这个星丛缺乏激进变革的主观需要，但其客观需要却变得更加彰明了。在这种情况下，反对派主要是现存秩序内部的那些局外人。首先，我们可以从贫民窟的“弱势群体”那里看到反对的力量，因为他们的基本需要即使是在高度发达的资本主义社会不能也不会得到满足。其次，我们还可以从社会另一极的那些其意识和本能打破或避开了社会控制的特权阶层那里看到反对的力量。我的意思是，那些社会阶层——出于自身地位和教育的原因——还是能够获取事实以及事实的整个结构，当然，获取这些东西是很难的。这些阶层还是能够对不断加剧的矛盾和所谓的富裕社会向它的受害者敲诈了多少东西有所了解和意识的。简言之，在这个社会的两极，我们都可以看到反对的力量，而我想对它们做些简要的描述：

弱势群体　在美国，弱势群体主要由少数民族、少数种族构成，毫无疑问，他们基本上没有政治组织，并且往往相互对立(比如，在大城市，黑人和波多黎各人之间就存在着大量的冲突)。他们大多是在生产过程中

① Herbert Marcuse, *One-Dimensional Man* (Boston, Mass: Beacon Press, 1964).

不处在决定性位置上的群体，因此从马克思的理论来看，他们不能被视为潜在的革命力量——至少在没有结盟的情况下是如此。但在全球化的框架下，那些必须承受整个制度的重压的弱势群体正是第三世界反新殖民主义
[59] 和美国反殖民主义的民族解放斗争的群众基础。在这里，资本主义社会宗主国的少数民族、种族与新殖民主义世界早已参与到同这个社会作斗争的群众之间同样没有建立有效的联系。这些群众现在或许可以被认为是新无产阶级，因此他们是资本主义世界体系现如今真正的威胁。在何种程度上，欧洲的工人阶级仍然可以被归入这些弱势群体，关于这个问题，我们必须单独讨论；在我今天所说的这个框架下，我还不能这么做，不过，我想指出一个基本的区别，那就是，美国工人阶级绝大多数已经与这个制度一体化了，所以他们不需要**激进的**变革，但我们或许还不能这么认为欧洲的工人阶级。

特权阶层　我想将这一反对发达资本主义制度的群体分成两个部分来考虑。首先，我们来看一下所谓的新工人阶级，① 它被认为由那些虽处在特殊的位置上但仍然参与生产过程的技术人员、工程师、专家、科学家等构成。由于他们处在关键的位置上，这个群体看上去像是客观的革命力量的核心，但与此同时，它也是现存制度的宠儿，而现存制度也塑造了这个群体的意识。因此“新工人阶级”的说法至少是不成熟的。

其次，实际上我今天唯一想讲的主体是最广泛意义上的学生反对派，包括所谓的辍学者。据我看来，后者是美国学生运动和德国学生运动的一个重要区别。在美国，许多积极反对的学生已不再是学生了，而是完全投身到了组织反对派的工作当中。这很危险，但也可能是一种优势。我将从

① 关于这一点，参见 Serge Mallet, *La Nouvelle Classe ouvrière* (Paris: Editions du Seuil, 1963)。

三个方面来讨论学生反对派。我们首先想问的是，反对的目标是什么；第二，它有哪些形式；第三，这个反对派的前景怎样？

第一，反对派的目标是什么？我们必须非常严肃地考虑这个问题，因为我们正在讨论的是反对一个民主的有效运转的社会，至少在正常情况下它不会以恐怖的方式运作的社会。还有一点，我们在美国非常清楚，那就是，它反对的是大多数人，包括工人阶级。它反对的是制度无处不在的压力，正是后者通过压抑性和破坏性的生产力以一种越来越非人的方式使一切降格为了商品——正是商品买卖使生活得到了维系和满足；它反对的是制度虚假的道德和“价值”；它反对的是宗主国之外实施的恐怖政治。
这种对制度的反对是由民权运动以及后来的越南战争引起的。作为民权运 [60]
动的一部分，北方的学生为了帮助黑人登记投票来到了南方。那时他们才真正看清这个自由民主的制度的本来面目，才真正看到地方的治安长官都在忙些什么，以及这些众所周知的杀害黑人和对黑人处以私刑的罪犯又是如何免于处罚的。这是一次痛苦的经历，但却促使美国的学生和知识分子都参与到了政治活动当中。后来，越南战争加剧了这种反对。对这些学生而言，战争第一次揭示了现存社会的本质：它天生就需要扩张和侵略，它会残酷地镇压一切解放运动。

抱歉的是，我没有时间去讨论越南战争是否是一场帝国主义战争。但是，我想在此做一个简短的评论，因为这个问题被反复地提了出来。如果按照老的观念来理解帝国主义，也就是说美国正在为了投资而战，那么它就不是一场帝国主义战争，尽管帝国主义这个有限的方面现如今已经再次变成了一个严重的问题。例如，在 1967 年 7 月 7 日的《美国新闻周刊》上，你可以读到越南有 200 亿美元的商业价值，并且这个数字每天都在增长。即便如此，我们也不需要在这里推测新的帝国主义的定义的适用范围，因为美国政府的主要发言人已经对它做了阐述。他们把越南当成目标是为了防止世界上最重要的战略和经济地区落入共产主义的手中。这是一场反对世界各个角落的民族解放意图的攸关生死的斗争，之所以攸关生死是因为越南解放斗争的成功有可能为世界上其他更靠近宗主国并且宗主国在此有巨额投资的地区这样的解放运动释放信号。如果从这个意义上讲，越南就绝不仅仅是一个关乎外交政策的事件，而是与这个制度的本质联系在了一起，它或许也是这个制度发展的一个转折点，也许意味着末日快要到来了。因为在这里我们看到的是人类的意志和人类的身体通过最简单的武器就可以牵制一直以来都极其有效的破坏性的制度。这在世界史上都是一件奇闻。

现在我要谈一下我想讨论的第二个问题，即反对的形式。我们说的是学生反对派，我想从一开始就指出，我们并不是在讨论大学的政治化，因为大学早就政治化了。你只需考虑一下自然科学乃至像数学这样的抽象学科现如今在何种程度上可以被立即应用于生产和军事战略，自然科学乃至社会学和心理学现如今在何种程度上依赖于政府和大型基金会的财政支
[61] 持，以及社会学、心理学这两个领域在何种程度上服务于人为管控和市场规范，你就明白了。在这个意义上，我们可以说大学早就是一个政治机构了，学生反对派充其量只是为了反对大学的政治化，而不是使大学政治化。在强调实证主义的中立性（虚假的中立性）的同时，我们有必要在课程和知识分子讨论的框架内为批判这种中立性留出空间。正因为如此，美国的学生反对派的其中一个主要的要求就是课程改革，以便使批判性思维和知识而不是宣传鼓动充分运用于知识性的讨论。在不可能的情况下，所谓的“自由的大学”和“批判性的大学”在大学以外建立了起来，比如，在伯克利和斯坦福以及现在东部一些较大的大学外建立了起来。在这些

自由的大学里，课程、研讨班给出的是常规课程未讨论或未充分讨论的主题，比如，马克思主义、精神分析、帝国主义、冷战时期的外交政策以及贫民窟。

学生反对的另一种形式是我们众所周知的宣讲会、静坐抗议、闲坐聚会以及友爱大聚会。在这里，我只想指出这种反对形式的界限与张力。它的界限是批判性的教与学。而它的张力表现在它一方面关注理论，但另一方面我们只能说它就是“生存论意义上的共同体”或“做自己的事”。我想先谈一谈这种矛盾的意义，因为在我看来，它体现了政治反叛与性—道德反叛的融合，这是美国反对派的一个重要因素。在示威游行中，它找到了最引人注目的表达方式，即非武装的示威游行，并且无须为这种示威游行寻找机会。仅仅为了自身的利益而寻求对抗不仅是不必要的，也是不负责任的。对抗就在现成地摆在那里。无须去煽动对抗。想方设法地寻找对抗的只能说明反对派变虚假了，因为现如今，它处在防御而不是进攻的位置上。机会就摆在那里，比如，越南战争的每一次升级，战争政策代表的到访，在生产汽油弹和其他的化学武器的工厂门口抗议（如你所知，这是美国的一个特殊形式的示威）。这些示威活动不但有组织，而且合法。这些合法的示威活动有没有与被释放出来以遏制反对力量的体制性暴力形成对抗呢？我的回答完全基于美国的情况，但你会发现，你可以轻易地从中推断出什么是适合于你自己的。如果这些示威活动处在合法的框架当中，它们就不是对抗。当它们这么做的时候，它们也就接受了体制性暴力，而后者自动地决定了合法的框架并将其限制在了一个令人窒息的最低限度内，比如，通过法律的手段禁止侵犯私人或政府财产、干扰交通、扰乱治安等。因此，如果一场完全和平的示威活动扰乱了治安或有意无意地侵犯了私人财产等，那么合法的活动瞬间就会变成不合法的活动。在这种 [62]

情况下，与国家权力对抗，与体制性暴力对抗在所难免——除非反对变成了无害的仪式，反对派变成了良心的抚慰者，以及现状下的权利和自由的主要证人。这正是民权运动的经历：他者搞暴力，他者就是暴力的，但反对这种暴力的合法性从一开始就悬而未决。只要制度觉得受到了威胁，这也有可能成为学生反对派的经历。那时反对派必须作出命运攸关的决定：反对要么就变成仪式性的事件，要么就变成抵抗，即公民不服从。

关于抵抗权，我想说几句，因为当我发现这种认识——抵抗权，即公民不服从，是西方文明中最古老和最神圣的元素——几乎没有成为人们意识的一部分的时候，我一次又一次地感到震惊。存在着高于成文法的权利或法律，这一观念和这种文明本身一样古老。这是每个反对派而不是私人都要面对的权利冲突。因为当权派在法律上对暴力拥有垄断权，拥有在自卫中使用这种暴力的主动权，甚至是义务。与之相比，承认和行使更高的权利，抵抗的义务，即公民不服从的义务，才是自由历史发展的一种动力，才是一种潜在的解放性的暴力。如果没有这种抵抗权，没有激活与现行法律相对立的更高的法，那么我们今天仍将处在最原始的野蛮状态。因此我认为暴力概念有两种不同的形式：现存制度的体制性暴力和对成文法来说必然不合法的抵抗的暴力。谈论抵抗的合法性毫无意义，因为任何社会制度，即使是最自由的社会制度，本质上都不可能使那些针对它本身的暴力合法化。这两种形式的暴力的功能相互抵触。它们分别是压制性的暴力和解放性的暴力；保护生命的防御性的暴力和进攻性的暴力。这两种形式过去是历史性的力量，将来仍然是历史性的力量。因此反对派从一开始就被放置在了暴力的领地当中。权利反对权利，这不只是抽象的主张，也是行动。同样，现状也有权利决定合法性的限度。这两种权利的冲突，即抵抗权与体制性暴力的冲突，使它处在了与国家暴力持续冲突的危险境地，除非为了现存秩序的权利而牺牲解放的权利，或者不是像我们在以往的历史中所看到的那样，遭到当局迫害的人数仍旧多于革命的人数。然而，这意味着宣扬非暴力在原则上再生产了现有的体制性暴力。在垄断性的工业社会，这种暴力在空前的程度上集中在了打入社会总体的管理层的手中。与这个总体相比，解放的权利乍看起来就是一种特殊的权利。因此，暴力的冲突表现为一般暴力与特殊暴力之间的冲突，或公共暴力与私 [63]
人暴力之间的冲突，而在这场冲突中，私人暴力在它能够作为一种新的共同利益来面对现有的公共权力之前必将被打败。

反对如果缺少拥有新的共同利益的社会力量的支持，那么暴力问题就主要是一个策略问题。不过，在某些情况下，与当局的对抗——在这个过程中，抵抗失去了挑战力——能够改变支持反对派的权力星丛吗？在讨论这个问题时，有一个经常被引用但却无效的论点，那就是通过这样的对抗，强化了另一方，即对手。撇开这样的对抗不谈，这种情况无论如何都会发生。每一次反对派被激活了的时候，这种情况就会发生，而问题是把对手的这种强化变成一个过渡阶段。不过，对局势的评估依赖于对抗的时机，尤其依赖于成功而系统地实施了教育方案，以及团结的组织。我想讲一个美国的例子。反对派把影响整个社会并证明全面防御权合理的越南战争经验为对自由的攻击，对生命本身的攻击。但大多数人却仍然支持政府和战争，而反对派只是被分散地、局部地组织了起来。这种局势下仍然合法的反对形式自发地发展成了公民不服从、拒绝服兵役以及组织这样的拒绝活动。然而这却是不合法的，所以如此一来，局势就变得更加紧张了。另一方面，示威游行与在民众当中展开教育工作——即“社区工作”——越来越系统地结合了起来。学生们走进贫民窟是为了激活居民的意识，首先是为了消除最明显的需要，比如，缺乏最基本的卫生条件等。学生试图把人们组织起来，以便去追求他们自己的切身利益，同时又唤醒这些地区的政治意识。然而，这样的教育工作并不仅仅发生在贫民窟。再就是著名的“按门铃运动”（doorbell-ringing campaign），其中就讨论了家庭主妇的真实情况、她们什么时候在家以及她们的丈夫。这在选举前尤为重要。我强调与妇女的讨论是因为事实证明，正如人们所料想的那样，一般而言，女性比男性要更容易接受人道主义的观点。这是因为妇女还没有完全融入到生产过程当中。这种教育工作非常艰辛而且效果非常缓慢。它会取得成功吗？成功是可度量的，例如，在地方、州和全国性的选举中，所谓的“和平候选人”获得的票数。

现如今，我们看到反对派正在转向理论，这一点尤为重要，因为正如我所强调的那样，新左派是从完全怀疑意识形态开始的。任何一种改变
[64] 制度的尝试都需要理论的领导，我认为这一点已变得越来越明显。我们从现如今的美国的学生反对派那里看到他们不仅要弥合老左派和新左派之间的鸿沟，还要在新马克思主义的基础上提出当代资本主义社会的批判理论。

作为反对派的最后一个方面，我现在想讲一下抗议的新维度，它以道德一性反叛与政治反叛的统一为主要特征。我想给你们举一个我亲眼所见的例子，通过该例子，你们将看到美国与这里正在发生的事情的区别。它就发生在伯克利举行的大型反战示威活动当中。警察确实允许示威游行，但却禁止接近示威的目标，即奥克兰的军事火车站。这意味着，超出了具体而又明确界定的点，示威活动就会因为违反了警方的命令而变得不合法。当成千上万的学生邻近戒严道路的时候，他们遇到了由大约十排穿着黑色制服、头戴钢盔、全副武装的警察组成的路障。游行队伍走到了警戒线跟前，像往常一样，游行队伍前头几个人高呼着示威游行不应该停止

而是应该冲破警戒线，如果真这么做了，那么这自然就会带来一场血腥的失败，而且任何目标也都无法实现。游行队伍自身也形成了一条警戒线，这样一来，示威者就只有先冲破自己的警戒线，然后才能冲破警方的警戒线。当然，这并没有发生。在可怕的两三分钟之后，成千上万的游行者在街上坐了下来，拿出了吉他和口琴，人们开始“亲吻”和“爱抚”，然后示威就结束了。你们可能会觉得这很可笑，但我却认为，一个统一体以自发的、无政府的方式涌现了出来，它最终会给敌人留下深刻的印象。

我想再用几分钟来谈一下反对派的前景。我从来没说过今天的学生反对派本身就是一股革命力量，我也从来没有把嬉皮士看成是“无产阶级的继承人”！现如今，只有发展中国家的民族解放阵线正在进行革命斗争。但是，即使是他们仅靠自身也无法对发达资本主义制度构成有效的革命威胁。一切反对力量现如今都在做着准备性的工作，当然，也只能做些准备性工作——但却是为可能出现的制度危机做必要的准备性的工作。正是民族解放阵线和贫民窟的反叛促成了这场危机，而他们不仅是军事上的反对者，也是政治和道德上的反对者——活生生的人对制度的否定。或许，这一准备性的工作以及这样一场危机可能出现的后果同样有可能使工人阶级在政治上激进化。但在这种情况下，我们必须直面的一个问题是，这种激进化将来向左还是向右转仍然悬而未决。法西斯主义或新法西斯主义的威胁还没有被完全克服。

我谈到了一场有可能爆发的危机，谈到了制度的这一危机可能出现的后果。所以接下来我要详细讨论一下促成这场危机的力量。我认为，我 [65]
们必须将这场危机看成是东西方的经济、政治、道德本质上截然不同的主客观倾向的汇合。这些力量至今尚未在团结的基础上被组织起来。他们在发达资本主义国家没有群众基础。即便是美国的贫民窟也只是处在试图政治化的初始阶段。在这种情况下，我认为，反对派的任务首先是解放意识，使其超出我们自身的社会群体。因为事实上，每个人都处在危险当中，每个人都是凡勃伦(Veblen）所谓的“底层人口”的一员，即被统治者。他们必须意识到这个制度——它的权力和压力随着全球毁灭的威胁的增加而增加——的可怕的政策。他们必须认识到，可利用的生产力被用到了再生产剥削和压迫上，而所谓的自由世界为了保护自己的剩余用军事专政和警察专政把自己武装了起来。这种政策绝不能证明另一方的极权主义是合理的，我们完全可以反对它，而且应该反对它。但这种极权主义既没有扩张性，也没有攻击性，它仍然由匮乏和贫穷所决定。这并没有改变必须与它斗争的事实，不过，要由左派来进行。

刚刚我所讲的解放意识绝不只是高谈阔论。从字面的意义上讲，它意味着——而且在目前的情况下必定意味着——示威抗议。完整的人必须示威抗议，以表达他的参与性和他的生活意愿，即他们渴望生活在一个和平的人类世界里的意愿。但是，现存秩序却被动员起来反对这种真实的可能性。而如果说它害得我们产生了幻想，那么宣扬失败主义、寂静主义同样有害，甚至更加有害，因为这只会给那些操控制度的人以可乘之机。事实上，我们发现自己面对的是这样一种制度，从法西斯主义时代开始到现在，它通过自身的行动否定了历史进步的观点，它内部的矛盾不断地在不人道、不必要的战争中体现出来，它的生产力不断提高，同时它的破坏和浪费也愈演愈烈。这样的制度不可能不会灭亡。它已经在保卫自己，抵御来自世界各个角落的反对力量，甚至是知识分子。即使我们看不到变革，我们也必须继续努力。如果我们仍然希望像人一样生活、工作和快乐，我们必须抵抗。一旦与这种制度结盟，我们就不可能再这么做了。

暴力问题——问与答

问：如果你说第三世界的无产阶级是摧毁帝国主义的主要力量，你就必须把它也纳入到你的理论结构当中。但你却没有那么做，因为你在《单向度的人》中坚称理论缺乏革命的推动者，然而在谈话中，你却说学生运 [66] 动没有群众基础，反对派必须把第三世界的无产阶级变成它的群众基础。

马尔库塞：这种关系早已在客观现实中建立了起来。我把这个观念当成了我的出发点，即在如今的形势下，任何东西都不“外在于资本主义”。甚至是社会主义和共产主义制度同样与今天的资本主义有着密切的联系，无论怎样，它们都在一个世界体系之中。因此我们只能在非常相对的意义上说“外在于”。第三世界的民族解放运动本身并不是一股强大到了足以推翻发达资本主义制度的革命力量。这样一股革命力量只能期待从发达资本主义和第三世界的变革力量的汇合中涌现出来。这确实是一项艰巨的任务。当然，知识阶层的反对在第三世界的民族解放阵线中有其群众基础或必定有其群众基础，这话说起来容易。但如何结盟，这仍然有待于我们去完成，而我们现在甚至还没有开始。我们面临着很大的困难。除了距离的问题外，还有语言的问题、整个文化的差异等等。这都是些新的要素，必须在理论和实践中予以充分的考虑。

整体而言，我认为，只有第三世界正在发生的事件与高度发达的世界的中心的爆炸性力量结合在一起，才有可能产生一股有效的革命力量。

问：学生反对派知道在发达资本主义国家很难获得民众的支持。在与工人的讨论中，学生们时常听到这样的回答：“我不知道你在说什么——我过得还算不错，比以前好多了。”这种工人在意越南的恐怖活动吗？人道主义的理由不能解决问题，因为是人类制造了恐怖。

马尔库塞：如果一个工人在非革命的情况下不像一个革命者那样去思考和行动，他说自己比以前过得好多了，这没什么问题。你所能做的就是让他意识到他为那点（可怜的）幸福所付出的代价——他一生的辛劳和别人的痛苦。事实上，我们必须牢记的一点是，在发达资本主义阶段，推动革命的力量可能并不来源于贫穷和痛苦，而是来源于对更好的生活条件的更高的期望，以及高素质、受到良好教育的工人——新工人阶级的先驱或老工人阶级的新的组成部分——的成熟意识。资本主义的内部矛盾以更为野蛮的全球化的形式表现了出来，而新的意识有可能成为它们爆炸和解决的催化剂。关于你对人道主义的理由的怀疑，我认为我们不应该相信我们现如今再也不能利用人道主义的理由了。我想问你们所有人一个问题。如果我完全排斥人道主义的理由，那么我在何种基础上可以反对发达资本主
[67] 义制度呢？如果你只在技术理性的框架内活动，从一开始就排斥历史性的超越的概念，即制度的否定（因为这个制度不人道，而人道主义的理由是制度的否定），那么你就会发现自己总是处在一直被问及但却无法回答这个问题的境遇，即这个不断扩大社会财富因而使之前生活在极度贫穷和痛苦中的社会阶层现如今也有了手机、电视机、独家住宅的制度的真正可怕之处是什么？这个我们敢冒着巨大的风险鼓动大家去推翻的制度到底有什么不好的地方呢？如果你满足于物质性的理由，排斥所有其他的理由，那么你会发现自己无所适从。我们最后必须重新学习我们在法西斯主义时期遗忘的东西，或者你们这些在第一个法西斯主义时期之后才出生的人还没有完全意识到的东西：人道主义的理由和道德上的理由并非仅仅是虚假的意识形态。毋宁说，他们可以而且必须成为主要的社会力量。如果我们一开始就将它们从我们的理由中排除了出去，那么当我们面对现状捍卫者最

强有力的理由时，我们就会陷入窘境，就会缴械投降。

问：假如美国的反对派在与现存的权力结构斗争的过程中取得了胜利，那么你觉得反对派——那时国家权力的拥有者——应该如何开展建设性的工作呢?

马尔库塞：你的意思是我觉得在既定条件下该如何建设自由的社会吗？回答这个问题可得花些时间。我只讲一点。我们不能让自己觉得学生反对派的成功会把形势推进到一个我们可以问自由社会的建设的阶段。如果学生反对派仍然是孤立的并且无法成功地突破自己有限的范围，如果它不能成功地动员那些由于在社会生产过程中的地位而在革命中能真正起到决定性作用的社会阶层，他们就只能起辅助作用。我们有可能把学生反对派看成是革命的核心，但如果我们只有一个核心，那也不是革命。学生反对派很有可能打破这个囚禁它的狭窄的框架，改变知识分子，即“资产阶级”知识分子——它从“骂人的话”变成了“夸人的话”(parole d'honneur)。但这意味着要打破或扩大这个框架，使其将各式各样的能够从物质和精神上服务于革命的力量都包括进来。

我会试着具体一些。如果你觉得我是从肯定性的力量的角度来理解这个问题的，那么我很抱歉；我仍然相信否定性的力量，同时我还相信我们总是能很快地回到肯定性上去。

在我的演讲中，我已经提到了学生们能做什么。首先，他们必须向那些提出这个问题——即我们真的不可以问这个社会真正的问题在哪里——的人明确地指出这个问题太不人道、太残忍了。必须让他们看到、听见和感觉到他们周围发生的一切，以及他们的主人——得到了被统治者 [68]
或无声或有声的准许——对帝国主义宗主国脚底下的国家的人民做了什么。接下来的步骤要根据社会或地区的不同而有所不同，换句话说，这要看你们拥有的是美国那样的“民主”还是柏林那样的“民主”。每一种情况都需要自己的第一步。比如，如果越南战争以美国军队的撤退宣告结束，我会认为这在今天的美国是建设性的；换句话说，我会将其看成是反对派的一项成就。但是，这与社会主义社会的建设无关；不过这仍是一个非常积极的、建设性的步骤。因此，我们必须一步一步地推进。如果你今天对美国人说：“我们想要的是社会主义，没收作为生产资料的私有财产和集体控制”，那么人们就会纷纷离你而去。这并不意味着社会主义观念错了，而是恰恰相反。但这确实意味着我们没有成功地唤醒人们对社会主义的需要，同时这也意味着，如果我们不想返归野蛮，不想被毁灭，我们就必须为社会主义的实现作斗争。

问：如果劳动人民不需要这些潜能，如果我们必须首先唤醒需要，而这在制度中似乎又是不可能的，那么我们该如何实现它们呢？此外，人们似乎正在用你对压抑的宽容的批判来说明一切宽容都是压抑性的，以至于关于你的观念的后果的分歧则完全被这种声音淹没了。

马尔库塞：关于实现：你无法理解如此有凝聚力和力量的制度怎么可能被推翻，因为它会用自身全部的力量来应对最小的挑衅。如果确实如此，那么它将是世界历史上第一个永恒的社会制度。但我觉得现如今它的裂缝已经足够深了。制度内部的矛盾比以往任何时候都尖锐：首先，巨大的社会财富与其压抑性的破坏性的使用之间存在着矛盾；其次，自动化趋势，如果资本主义想要继续扩大再生产，它就不得不发展自动化。但自动化倾向于在生产过程中消灭对体力劳动力的使用，因此，正如马克思所理解的那样，从长远来看，这与资本主义的延续是不相容的。因此，我们没有理由说这种制度不会灭亡。

我希望我那篇讨论宽容的文章不会给大家留下我拒绝任何形式的宽

容的印象。在我看来，拒绝一切形式的宽容是愚不可及的行为，我不知道这种解释到底是怎么来的。我的意思以及我想说的是，那些不仅通过行动而且还通过宣传来展示自己的运动，我们可以确定无疑地预言它们将带来更大的压抑和破坏。在民主的框架下，这些运动是不应该被宽容的。这里有一个经典的例子：我认为，如果在魏玛共和国时期，纳粹运动在它很早就露出本性的时候没有被宽容的话，如果它没有得到那种民主的应允，那 [69]
么我们可能就不会经历第二次世界大战及其他类似的恐怖事件。这里有一个明确的标准，按照这个标准，我们可以说，“如果人类的生活要想改善和平静，这些运动是不应该被宽容的。”因此，我无法理解为什么那些人声称我认为宽容本身是一种罪恶。

关于第一个问题：今天我们面对的问题是，变革是客观必要的，但对它的需要却并不存在于被视为这一变革的推动者的那些社会阶层之中。必须首先消除抑制这种需要的机制，而这又以有消除这些机制的需要为先决条件。这就是辩证法，我并不觉得它有什么问题。

问：你认为欧洲的工人阶级能否在未来的变革中扮演重要的角色？或者我们是否可以得出这样的结论，即由于资产阶级的机能丧失了，所有人都可以被看成是潜在的革命者，所以未来的革命不是无产阶级的革命而是人类的革命？

马尔库塞：欧洲工人的政治传统至少在几个欧洲国家看起来仍然很强大，但这种传统在美国——一度存在过——现在已经被扼杀了。

你那个问题的答案除了取决于政治传统这个不明确的概念之外，还取决于另一个问题，即美国的这些主流趋势有没有变成欧洲的主流趋势，以至于一切以欧洲工人阶级的政治传统为基础的相反的趋势在欧洲也被扼杀了。这取决于活动——即政治活动——开始的时机。如果它在美国化已彻底结束的时候开始，我们可能就不会再讨论欧洲工人阶级在革命中扮演的角色的问题了。如果它在这样的形势下开始，即在这种趋势尚未取得优势，欧洲资本主义的发展阶段正如它们现在那样明显不同于美国资本主义的形势下开始，那么机会就会很大。欧洲的经济，即欧洲的资本主义是否会完全跟随美国的趋势？美国经济对欧洲的渗透是否会有更进一步的发展，还是说会在某个特定的时刻停止呢？

问：你谈到了资本主义制度危机可能的后果，这是你所希望的，也是你所担心的，之所以担心是因为这可能会把工人们动员起来，使他们变成法西斯主义者。我认为这种情况不可能发生，因为 1933 年的法西斯主义运动与这样一种社会联系在一起，它不同于今天的社会，而是深受历史遗迹的影响。另一方面，资本主义最近的发展，特别是通过凯恩斯政策所取得的发展，表明即使是把自动化考虑在内，我们也没有理由去期待危机的到来。危机理论建立在古典帝国主义理论的基础上。这个理论和立足于它之上的希望似乎都很可疑。再就是，我们的对手怎么是群众而不是制度呢？人类的力量难道不站在我们这一边吗？

[70] **马尔库塞**：每个人都潜在地站在我们这一边。但我们能不能把这种潜能变成现实呢？新法西斯主义——如果出现了——将与旧法西斯主义有着极大的不同。历史不会如此轻易地重演。当我谈到法西斯主义的崛起时，我的意思是，就美国来说，比如，那些支持削减现有的公民自由和政治自由的人的力量将会发展到足以使国会制定出非常有效的压抑性的法规的地步。换句话说，群众基础并不一定要由走上街头、殴打他人的民众组成，这也意味着，群众已越来越积极地支持这样一种限制民主的范围并因此渐渐地削弱反对派的趋势。

人们都指责我，说我太过悲观。但我必须说的是，听到你说的这些之后，我觉得自己就像是一个长期脱离了真实的现实的不负责任的乐观主义者。我认为，即使是最好的资本主义制度也无法永恒地延续下去。你就自动化提出的异议是正确的，但前提是你把自动化从其他使其成为一股革命力量的社会趋势中分离出来，比如，首先，意识的启蒙；其次，特别是“新工人阶级”的教育；再次，道德心理的瓦解（这也是我觉得道德已不再仅仅是意识形态的原因之一）；最后，我们今晚没有讨论的话题，那就是还有一个由苏联阵营构成的第二世界，它将与资本主义展开更尖锐的经济竞争。这些力量应该都被考虑进来。

问：我们不应该试着将否定现存秩序具体化吗？如果不去这么做，我们不是仍有成为少数人的危险吗？因为如果这种秩序被摧毁了，多数人确实会损失惨重。我们该在多大程度上容忍改革主义者和修正主义者呢？社会民主在转型过程中能起到积极的作用吗？

马尔库塞：关于具体的替代方案：在柏林，你该如何制定这个方案，我不得而知，因为我在这里的时间太短了。如果有人在美国问我这个问题，我的学生和我就会说：必须建立这样一个国家，在那里，你不再需要把自己的儿子送到越南去被屠杀；必须建立这样一个社会，在那里，黑人和波多黎各人不再被视为二等公民（事实上，他们通常根本就不被当成公民），任何人都能接受良好的教育，而不仅仅是富人的孩子。我们还可以为实现这样一个国家指定必须采取的步骤。你可能仍然不认为这是积极的。但我却认为这是积极的，是一种替代方案，特别是对于那些真正受到越南战争影响的人来说。

我认为在“发达工业社会”的名下把苏联等同于发达资本主义社会这一做法是不妥的，因为这个概念无法对基本趋势做出公正的评价。不过，我今天确实看到苏联与美国之间有了实际的合作，而这超出了暂时的 [71]

现实政治（Rearpolitik），并且似乎符合这种完全非马克思的理论，即存在着一个与贫穷国家相对而立的富裕国家的利益共同体，它克服了资本主义社会与社会主义社会之间的差异并把它们都包括了进来。

关于社会主义是不是替代方案的问题，在美国，你自然会一次又一次地听到："那是你的替代方案，我们不想与它有任何瓜葛。无论你对现存社会有什么看法，毫无疑问的是，我们比苏联或其他社会主义国家的人民都要富裕。"即使你说那里并不是社会主义，他们也听不进去。

事实上，有很大一部分群体，和他们的讨论简直令人感到绝望，简直就是浪费时间和精力。我的意思不是我们应该不宽容或攻击他们，而是我们应该避免与他们交谈。这真的不是不宽容，因为我们不但知道而且也可以想象这种讨论是不会有结果的。

我应该将精力和时间放在那些我们认为他们会聆听并且仍然可以思考的阶层和群体身上。真正的教育工作是可能的，但不能随意：灌输走得太过了。

问：关于前一个问题中提到的修正主义的定义：修正主义者是一些认为自己可以在现存体制下改变这个社会的某些方面的人，而很多学生却认为有必要建立反体制的、议会外的反对派。

马尔库塞：有必要去留意它们之间重要的差异并做出明确的区分。请允许我说点个人的事情。如果你所说的修正主义指的是德国社会民主党，那么我只能对你说，从我对自己进行政治教育开始，即自 1919 起，我就开始反对这个党了。1917 年到 1918 年，我是社会民主党的一员，在罗莎·卢森堡和卡尔·李卜克内西被谋杀之后我退了党，从那时起我一直批判这个政党的政治纲领。不是因为它认为它可以在现存秩序的框架下运转，因为我们都是这么做的，我们都在利用哪怕是最小的可能性从现存秩序的内部来改变它，所以这不是我之所以与社会民主党作斗争的原因。真实的原因是它与反动的、破坏性的、压抑性的力量结盟了。

自1918年以来，我经常听到关于社会民主党内部左翼力量的一些事，我不断地看到这些越来越多的左翼力量转向了右翼，到后来，我们再也看不到左翼的身影了。你看我是不太相信这个政党会有什么激进的行动的。

问：即使是重大社会变革，比如，从斯大林主义到苏联目前的形势，也并不内在于这种制度？美国应该不是这样吧？比方说，如果越南战争结束了。难道暴力问题只是战术问题，而不是策略和人道主义的原则的问题 [72]
吗？像列宁主义这样的进步思想会不会被扭曲呢？

马尔库塞：在我的演讲中，我已经强调了这一点，即在防御和进攻中存在着大量的不同种类的暴力。例如，警察使用暴力制服杀人犯无论是从外在表现还是从本能结构和本质来看都与警察使用暴力来殴打示威者有极大的不同。虽然都是暴力行为，但它们却有着完全不同的功能。

这不仅适用于个别案例，也适用于社会和历史。例如，革命恐怖的暴力与白色恐怖的暴力大不相同，因为革命恐怖本质上在创造自由的社会的过程中暗含着自身的废止，它不同于白色恐怖。北越在防御中运用的恐怖与那些侵略中运用的恐怖有着本质的不同。

人们如何防止革命恐怖变成残酷的暴行是另一个问题。在一场真正的革命中，总是有办法阻止这种事情发生的。

问：还有几个问题：

首先，难道我们不应该利用机会加入现有的组织，从而把骚动和意识引入较低的层次吗？

其次，关于抵抗权：在你那篇讨论宽容的文章中，你给这种权利打上了双引号，但现在你却把它解释成了一个古老的原则。这种权利的基础是什么？它是自然法的浪漫遗留物吗？还是说，它是一种自我设定的权利呢？如果是这样的话，反对派怎么可能诉诸这一自身必须首先形成的权利呢？

最后，诚然，意识的启蒙必须通过示威和讨论来实现。但在官僚机构试图进行肉体毁灭的时候，我们该如何组织手无寸铁的反对派并采取本质上非暴力的行动呢？我们的反对本质上是捍卫不断受到国家暴力和操控侵犯的现有权利。也许我们应该这么说，即我们为了捍卫宪法牺牲了更低的法，而不是诉诸“抵抗权”。此外，反对非暴力原则的理论理由与支持非暴力原则的人道主义理由相矛盾。

马尔库塞：我只能简短地回答你的问题。

最后一个矛盾完全是基于误解。我并没有宣称非暴力应该作为策略的一个原则来应用和宣传。我从未将人道主义与非暴力等同起来。相反，我曾谈到过一些情况，在那里，正是人道主义的兴趣带来了暴力。

[73] 是否会出现这种情况，即旨在实现激进变革的工作可以在现有的政党内部进行呢？如果问题以这种方式提出来，那么我会说，有可能出现这种情况。实际上，这是一个可行性的问题。如果通过评估形势，你从经验中得知，存在着开放和愿意倾听的团体和地方组织，那么当然，你应该在这些组织中工作。而我只能说，从我的经验来看，我认为从内部改变主要的政党的可能性为零，就像四十年前那样，我还是很悲观。

关于抵抗权的问题：在那篇讨论宽容的文章中，打双引号只是为了表明它是一个旧的政治理论术语。

在这个问题中，有一个非常有意思但却令人疑惑的事，那就是，我们无法确定那些以自己的利益为目的而诉诸抵抗权的人是否也没有形成他们自身抵抗成文法的原则。换句话说，我们无法确定对抵抗权的诉求是否不是相对的，是否不只是特定群体的特殊利益。我想指出的是，历史地看，这不是抵抗权理论的意义。抵抗权理论素来主张对抵抗权的诉求就是对具有普遍有效性——即超越了某个特殊群体自我定义的权利和特权——的更高的法的诉求。抵抗权与自然法确实存在着密切的联系。现在你可能会说这样一种普遍的更高的法根本就不存在。但我认为它确实存在。虽然我们今天已不再称之为自然法了，但我认为，如果我们如今说我们抵抗这个制度的理由并不来源于某个特殊群体的相关利益，也不来源于我们自己所定义的某种东西，我们是可以证明这一点的，即如果我们呼吁人类享有和平的权利，呼吁人类享有消灭剥削和压迫的权利，那么我们就不是在谈论自我定义的特定群体的利益，而是事实上被证明为普遍权利的利益。这就是我们今天之所以可以宣称并且应该宣称抵抗权不仅仅是一种相对权的原因。

关于这个论点，即在特定形势下，宽容必须转化为具体的行动，我完全赞同。我在演讲中曾断言，我们一直以来都知道我们自己就处在这样一种可以使讨论变成示威游行和其他形式的行动的形势下。不论我们的示威游行现在或将来多么非暴力，我们都要预料到它们肯定会遭遇体制性暴力。我们不应该用这种想法来安慰自己，即我们是和平示威，因此是合法的，也不会发生什么不幸。从这层意义来讲，不存在“本质上非暴力”的一般性组织。我们必须时刻做好准备，以防现存秩序随时将体制性暴力付诸实践。这并不是说我们不能找到也没必要寻找能够避免与这种暴力对抗的示威形式，因为如果真的对抗，就目前的情况来看，我们注定失败。如果我昨天得到的消息准确的话，这些形式已经在柏林发展了起来，甚至在这里进行了测试。你知道我指的是什么，就不用我多讲了。 [74]

在我看来，有一件事是危险的。你说得很对，实际上我们就是那些捍卫现有的成文法的人。如果在一个民主国家，我们捍卫公民自由，那么我们事实上就是捍卫当权者的法律。但遗憾的是，这种说法太简单了。例如，警察和他们的法令也是成文法。一般而言，我们可以这么说：我们是那些捍卫民主的人。但是，这并没有改变这一我们必须补充的事实，即我们已经充分意识到我们违反了成文法，而我们认为我们这样做是有道理的。

问：关于某些具体问题的看法和疑问：

关于工人——欧洲工人阶级的角色不同于美国工人阶级的角色，欧洲的阶级冲突不能被转移到少数种族身上，因为这里没有少数种族。这意味着这里的工人阶级可以变得激进。

关于大学——在我们现在所的处历史形势下，学术自由是压抑的宽容的一部分，因为它现在的本质是，任何有意愿的人都可以收买大学的教职人员和研究机构。因此，我们有责任去建立一个批判性的大学，使它成为一个对立的大学，也有责任去清楚地讲明我们已经忍无可忍了，我们将对那些出于破坏性和非人道的目的而滥用知识的具体形式提出指控。你可否谈一谈你就建立一个关于滥用知识和科学的文献中心的所提出的建议?

关于学生和各行各业的激进分子——你认为学生们的革命潜能在他们离开大学并踏上融入资产阶级生活的道路之后还有可能吗？目前，学生们如何在国际范围内被组织起来并不重要，我们已经在西欧尝试了——重要的是他们在获得学位之后如何被组织起来。

马尔库塞：这确实是最重要的问题之一。在美国，甚至比在这里重要得多。在这里，人们可以学习数年而不需要获得学位，然后还可以去另一所大学，而这在美国是不可能的。相反，人们不得不找一份工作，所以学生反对派快乐的时光就这么草草结束了。因此，找到一些途径，让那些曾经的学生反对派以后仍然是反对派，这非常重要。如何做到这一点就要看具体情况了。但正是因为知识分子在未来的社会生产过程中扮演着极其重要的角色，所以从学校走出来之后如何保持反对的连续性确实是一个至关重要的问题。

我已经概述了欧洲和美国工人阶级之间的区别。我同意提问者的看法。我认为，我们不能说美国资本主义已经把它的矛盾转移到了少数种族
身上。这与资本主义当前的形势关系不大。从长远来看，资本主义的本质 [75]
矛盾不能转移到少数种族身上。

一方面，我们捍卫现存的权利，包括学术自由。我们必须坚持学术自由，而其中的一个要素就是学生不仅有在教室进行讨论和示威的权利，也有在整个校园进行讨论和示威的权利。至少在美国，这仍然被认为是一种权利，是学术自由的一部分。

但也确实存在着滥用学术自由的情况：为了破坏而滥用科学，尤其引人注目的一个例子就是为了越南的军事目的而滥用科学。在美国几所大学的推动下，大学将不再与生产生化武器的政府机构和工业签订合同。顺便说一下，这是那些在没有任何帮助的情况下开始工作、搜罗资料并组织团队的少数人努力的结果。尽管难度极大，但人们还是在努力记录这种滥用科学的行为，因为防止这种滥用是一项非常重要的任务。

三

从富裕社会中解放出来①

① 《从富裕社会中解放出来》是马尔库塞向 1967 年“解放的辩证法”会议提交的报告论文。这场会议试图把马尔库塞、《每月评论》的编辑保罗·斯威齐这样的政治理论家与斯托克利·卡迈克尔这样的政治活动家、生活剧场负责人朱利安·贝克这样的反主流文化代表、诗人艾伦·金斯伯格聚集在一起。1967 年 7 月 15 日至 7 月 30 日，会议在伦敦乔克农场的圆屋剧场举行，把大量的知识分子、活动家和反主流文化人士汇聚在了一起，让他们参加了演讲、辩论、诗歌、音乐、电影及其他文化活动。1969 年，该文本在克里尔出版社平装版的《解放一代人!》中发表了出来。

很高兴在这里看到这么多花，所以我想提醒你们的是，除了那些保护、爱护花，使其免受攻击和破坏的人的力量之外，它们本身没有任何力量。

作为一个对他来说哲学已经变得与政治密不可分的绝望的哲学家，我今天在这里恐怕不得不作一个相当哲学性的演讲，还望诸位多包涵。我们接下来要讨论的是解放的辩证法（实际上，这是一个重复性的短语，因为我相信所有的辩证法都是解放性的），而它不仅仅包括理性的解放，也包括心灵和肉体的解放，乃至整个人类存在的解放。这让我们想到了柏拉图：解放就是不再生活在洞穴里；这让我们想到了黑格尔：要从历史性的进步和自由的角度来理解解放；这还让我们想到了马克思。那么究竟什么是辩证的解放呢？它的意思是从压抑的、坏的、虚假的系统中解放出来，而且要靠这个系统内部发展起来的力量实现解放，不管它是一个有机系统，一个社会系统，还是一个精神或思想系统。这一点很关键。正是因为这个系统，确切地说正是因为这个坏的、虚假的系统产生的矛盾，所以才需要解放。

我故意在这里用到了道德性的、哲学性的术语与价值，比如，“坏的”“虚假的”。因为如果没有一种对更好的、自由的人类存在来说客观合
[77] 理的目标，那么所有的解放必定都毫无意义，充其量只是在奴役中取得了进步。我认为，在马克思那里，社会主义同样是应该怎样。这个“应该”是科学社会主义的本质。它应该怎样；我们甚至可以说，这是一种生物需要、社会需要、政治需要。这是一种生物需要，是因为按照马克思的说

法，社会主义社会一定要与生活的**逻各斯**一致，与人类存在——不仅包括精神存在，也包括理性存在，以及有机体的存在——的基本可能性一致。

至于现如今我们自己的状况，我想我们面对的是一个新的历史局面，因为现如今我们不得不从一种相对运转良好的、富裕的、强大的社会中解放出来。我这里所说的从富裕社会中解放出来，也就是从发达工业社会中解放出来。我们目前所面临的问题是我们不需要从一个贫穷的社会、一个分裂的社会中解放出来，甚至多数情况下也不需要从一个恐怖主义的社会中解放出来，而是需要从一个人类的物质和文化需要高度发达的社会中解放出来——用一个口号来说，那就是，从一个把商品配送给更大人群的社会中解放出来。这意味着，我们所面对的是从一个解放显然没有群众基础的社会中解放出来。我们清楚地知道，社会的操控、灌输、压抑机制造成了群众基础的缺乏，并使大多数反对力量都被整合进了现存的社会体制当中。但我必须再次强调，这并不仅仅是一种意识形态整合；也不仅仅是一种社会整合；整合就发生在这一使社会相比以前更能够发展和满足物质和文化需要的强大而又富裕的基础上。

但是，认识到操纵或压抑的机制已经进入了人类的无意识，这还不够。我认为，我们（我将通篇使用"我们"一词）一直以来都太过犹豫，都太过羞愧（可以理解），以至于我们不能坚持社会主义社会的整体的特征和激进的特征，以及它与一切现存社会的质的区别：不管这些现存的制度实际上或看上去多么有生产能力，多么强大，正是因为这种质的区别，我们才说社会主义是对现存制度的否定的。换言之，我们的错误并不是我们过去太不谦虚，而是我们过去太过谦虚了，这也是我不同意保罗·古德曼（Paul Goodman）的一个地方。可以说，我们压抑了大量的我们本应说和本该强调的东西。

如果说这些整体的特征、这些真正激进的特征现如今使社会主义社会成了对现存社会的有规定的否定，如果说这种质的区别现如今显得有些乌托邦、理想主义、形而上学，那么只要这些激进的特征真的是对现存社会的有规定的否定，即社会主义确实是历史的断裂，彻底的决裂，向自由王国的飞跃，也就是说，完全的断裂，这也恰好就是这些特征所必须呈现出现的形式。

我们对这样一种完全的断裂的需要的意识（部分意识）以何种方式存在于我们这个时代的伟大的社会斗争中，关于这一点，我想举例说明一
[78] 下。通过引用报告，瓦尔特·本雅明指出，在巴黎公社期间，在巴黎这个城市的每一个角落，人们都在向着教堂、宫殿或其他建筑物的塔楼上的时钟射击，从而有意识或半有意识半无意识地表达了他们的需要，即以某种方式阻止时间，至少是阻止当前普遍存在的时间连续体，并开始实行一种新的时间——这极大地强调了新旧社会之间质的区别以及它们是完全断裂的。

在这个意义上，我想在这里和大家讨论一下质变的那些受到抑制的先决条件。我有意说“质变”，而不是“革命”，是因为我们知道，太多的革命都只是把压抑延续了下来，革命就是用一种统治制度取代另一种统治制度。我们必须意识到这些把自由社会刻画为对现存社会的有规定的否定的全新的特征，并且不管这些特征多么形而上，多么乌托邦，我甚至要说，不管在各派阵营(左派和右派）里的那些正常人看来，我们多么荒谬，我们必须现在就要开始清楚地阐释它们。

我们在这里讨论的解放的辩证法讲的是什么？它讲的是构建一个自由的社会，而这种构建首先有赖于废除现存的奴役制度这一迫切需要能够普遍盛行起来；其次，也是具有决定意义的一点，它有赖于意识乃至潜意

识和无意识对有着质的不同的以强调自由的人类存在为特征的价值的不可或缺的忠诚与追求。如果没有这些新的需要和满足，如果没有这些隶属于自由之人的需要和满足，那么无论社会制度的一切变革多么巨大，它们最终也只是用一种奴役制度取代另一种奴役制度。我想强调的是，这些新的需要和满足的出现也不能被设想为仅仅是社会制度变革的副产品或结果。我们已经注意到了这一点，这是一个经验事实。新制度的发展原本就应该由有着新需要的人来贯彻实施。顺便说一下，这就是隐含在马克思的作为革命的历史推动者的无产阶级概念下的基本理念当中。他认为工业无产阶级是革命的历史推动者，不仅是因为它是物质生产过程中的基本阶级，也不仅是因为它在那时占人口的绝大多数，还因为这个阶级是“自由的”，它摆脱了资本主义社会压抑性的、攻击性的竞争需要，因此，它至少有可能成为本质上全新的需要、目标和满足的载体。

我们也可以用一种更为野蛮的方式把这种解放的辩证法说成是一种循环论证。从甘受奴役（这在富裕社会中大量存在）到自由这一转变以废除压抑的体制和机制为先决条件。但是，废除压抑的体制和机制却又要以从奴役中解放出来、对解放有普遍的需要为先决条件。至于需要，我想我们必须把改变无法忍受的生存条件的需要与改变整个社会的需要区分开来。它们并不尽同，也并不和谐。**如果**需要是为了改变无法容忍的生存条件，而随着现存社会的发展和进步，这种需要在现存社会内部至少有实现的机会，那么这就只是量变。质变则是整个制度发生改变。 [79]

我想指出的是，量变和质变之间的区别并不等同于改革和革命之间的区别。量变有可能就是革命，也有可能导致革命。我认为，从史前跃入人类历史这一本质意义上讲，只有两者的结合才算得上是革命。换言之，我们面对的问题是，量到了哪个地步会变成质，以及社会条件和制度的质变何时可以变成影响人类存在方方面面的质变。

我刚才提到的革命的两个潜在因素现如今脱节了。第一个因素普遍存在于不发达国家，在那里，量变——也即是说，人类生活条件的创造——本身就是质变，但还不是自由。革命的第二个潜在因素，解放的先决条件，潜在地存在于发达工业国家，但却被资本主义的社会组织遏制和扭曲了。

我认为我们面对的形势是，这个发达资本主义社会已经发展到了能够通过技术手段把量变转化为质变、转化为真正的解放的程度。这恰恰与在各条战线上把国内外的富裕社会——发达资本主义社会——动员和组织起来这样一种真正致命的可能性相冲突。

在我继续演讲之前，我想简单地定义一下我所说的富裕社会。毫无疑问，富裕社会的典型就是今天的美国社会，然而，即使是在美国，它也仍然只是一种趋势，还没有完全转变成现实。首先，它是一个资本主义社会。就这一点来说，我觉得我们似乎有必要提醒一下我们自己，因为有些人，甚至有些左派，他们认为美国社会已经不再是阶级社会了。我可以确定无疑地说，它就是一个阶级社会。它是一个经济和政治权力高度集中的资本主义社会；它的生产、分配和流通的自动化和协调程度已经有所扩大并且还在不断扩大；它的生产资料归私人所有，但它却越来越依赖政府空前积极的、空前规模的干预。王如我前面所讲的那样，它是一个能够在前所未有的规模上满足底层人口物质和文化需要的社会——但是这些需要却是按照各个机构以及控制机构的势力的要求和利益来加以满足的。它还是一个以加速浪费、有计划报废和破坏为条件来谋求发展而下层人口却继续生活在贫穷和痛苦中的社会。

[80] 我认为这些因素内在地相互关联，构成了晚期资本主义的全部症候：

生产与破坏，满足需要与压抑，解放与奴役制度（也就是说，人屈从于机器），以及合理性与不合理性因为制度明显不可分割地统一了起来。或许我们可以说这个社会的合理之处可能就在于它的疯狂，而就这个社会的效率而言，就它配送商品的能力而言，这个疯狂的社会是合理的。

现在我们必须提出的问题是：如果这个社会能够——也许在遥远的未来能够，但显然是能够——比以往任何一个时候都更大程度地克服贫穷，能够减少劳动的辛苦和时间，能够提高生活水平；如果配送所有商品的代价，享受这种舒适的奴役的代价，取得所有这些成就的代价，都由那些远离宗主国及其富裕社会的人来偿付；如果这个富裕社会本身几乎没有意识到它现在的所作所为，没有意识到它正以何种方式散布恐怖和奴役，没有意识到它正以何种方式在全球各个角落与解放作斗争，那么我们为什么还要从这样一个社会中解放出来呢？

我们知道，面对这样的技术成就，面对这样一种力量的不合理的合理性，情感的、道德的和人道主义的理由有其传统的弱点。这些理由似乎无力抗衡这个社会及其生产力的残酷的事实（我们还可以称之为残酷的现实）。然而，只有坚持——不仅在实践和理论上坚持，也在示威和讨论中坚持——自由社会被富裕社会所阻塞的真实的可能性，才能阻止人类完全沦为全面管理的客体，更确切地说，全面管理的主客体。只有坚持这种可能性，才能阻止人类逐渐走向野蛮化和痴愚化。我想强调的是，因为资本主义福利国家同时也是一个战争国家。它必须有一个敌人，一个大写的、绝对的敌人；因为在这个社会，面对自由的新的可能性，奴役的延续以及痛苦的生存斗争的延续在前所未有的程度上激活并强化了原始的攻击性。为了避免这种攻击性引爆这个制度本身，它必须以对社会有用的方式被动员起来。因此，必须要有一个敌人，如果没有，必须创造一个。幸运的是，我敢说，敌人确实存在。但是，为了能够以对社会有用的方式来动员富裕社会的这种攻击性，在这个社会，敌人的形象和力量必须被无限制地夸大。

最终带来的是一种残缺的、瘫痪的、受挫的人类存在：它狂热地捍卫着自身的奴役状态。

我们可以总结一下我们所面对的这一致命的形势。激进的社会变革从这两层意义上来讲有其客观必要性：首先是因为它是拯救人类自由的可
[81] 能性的唯一机会，其次是因为实现自由的技术和物质资源已经准备好了。尽管这一客观需要显而易见，但是，对这样一种变革的主观需要却没有占据上风。它并没有在那些传统意义上被视作历史变革的推动者的人群中占据上风。这种主观需要同样在两层意义上被压抑了：首先是因为各种各样的需要得到了实际的满足，其次是因为各种各样的需要在前所未有的规模上受到了科学的操纵和管理——也就是说，因为人类的意识，乃至无意识，都受到了系统性的社会控制。这种控制之所以可能，是因为我们这个时代最伟大的解放科学所取得的成就，心理学领域主要是精神分析和精神病学。它们同时有可能成为或者说早就成了强有力的压制工具，最有效的压制手段之一，这是解放的辩证法中又一个可怖的方面。

我认为，客观需要与主观需要之间的这一不一致完全改变了解放的基础、前景和策略。这种形势预示着会出现与目前普遍存在的攻击性、压抑性的需要有着质的不同甚至相反的新的需要，即出现一种新人类，他拥有追求解放的充满活力的生物冲动，拥有能够突破富裕社会的物质与意识形态面纱的意识。换言之，解放似乎取决于人类存在的深层次维度的开放与激活，这个维度在传统的物质基础之下，也就是说，它并不是一个在物质基础之上的理想主义的维度，而是一个比物质基础更物质的维度，一个

在物质基础之下的维度。接下来，我想阐明一下我的意思。

强调这个新的维度并不意味着用心理学来取代政治学，而是完全相反。它意味着人们终于考虑到了这一事实，即社会甚至已经侵入到了个体存在最深层的根基，甚至是人类的无意识。**我们**必须在个体——由于社会工程，他们一直都在不间断地甚至是通过大革命来再生产压抑的连续统一体——身上找到社会的根基。

我认为，这种变化并不是一种意识形态的变化。它是由工业社会的发展决定的，而后者引入了一些我们的理论以前完全忽略的因素。它是由这个工业社会的实际发展决定的，是由它的物质和技术生产力的巨大增长决定的，而这种增长已经超越了传统的目标和解放的先决条件，并宣告了它们的终结。

在这里，我们面对的问题是：从富裕社会中解放出来等同于从资本主义过渡到社会主义吗？我的答案是：如果社会主义仅仅被定义为生产力的有计划发展和资源的合理配置（尽管这是所有解放的先决条件），那么它们并不等同。如果社会主义以其最为乌托邦式的术语来定义，比如，废除 [82]
劳动，终止生存斗争（也就是说，把生活本身当成目的而不是实现目的的手段），解放人类的感性和感受性，使其不再是一种私人因素，而是成为改变人类生存及其环境的一种力量，那么从富裕社会中解放出来就等同于从资本主义过渡到社会主义。我认为，把感性和感受性自身的权利归还给它们，这是完整的社会主义的基本目标之一。这些都是自由社会本质上不同的特征。正如你可能已经看到的那样，这些特征以对价值进行彻底重估为先决条件，以一种新的人类学为先决条件。这些特征以出现这样一种新人类为先决条件：他拒绝那些支配着现存社会的绩效原则；他摆脱了现存社会组织及其虚伪的、清教徒式的道德内在固有的攻击性和残忍；从生理上讲，他没有能力打仗和制造苦难；他有一颗快乐善良的心，所以无论是以集体的方式还是以个人的方式工作，他都是为了创造一种能使这里所说的这样一种人类存在成为可能的社会和自然环境。

所以，我想再说一遍，当解放的辩证法从量变转化为质变时，它必须打破这一已经进入有机体自身深层维度的压抑的连续统一体。或者我们可以说，今天的质变和解放，必须在进行政治和社会变革的同时也进行有机体的、本能的、生物的变革。

正如我已经指出的那样，这些新的需要的满足同样建立在物质基础上。它们并不是凭空想出来的，而是合乎逻辑地从发达工业社会的技术、物质和思想的可能性中推导出来的。它们内在于发达工业社会的生产力，是生产力的外在表现；这种生产力早已使犹太基督道德树立于其上的各种各样的世俗的禁欲主义和整个的工作纪律过时了。

为什么这个社会会超越并否定这种类型的人，这种传统类型的人，他的存在的各种形式以及作为其起源与发展的根据的道德呢？这种新的、前所未闻的、未曾预料到的生产力使解放性的技术这个概念成为可能。这里，我只能简单地阐释一下我所想到的这些令人惊奇的确实带有明显乌托邦色彩的趋势，比如，技术和艺术的融合，工作和游戏的融合，必然王国与自由王国的融合。这些趋势何以可能变成现实呢？只要不再受资本主义盈利原则与效率原则的支配，不再受现如今通过资本主义的社会组织被延续下来的稀缺原则的支配，社会必需的劳动和物质生产就有可能变得越来越科学化（我已经看到了这种趋势），技术试验、科学和技术就有可能变成一种运用人和物、社会和自然迄今为止被有方法地隐藏和阻塞的潜能的游戏。

[83] 这是所有激进理论和实践的最古老的梦想之一。这意味着创造性的

想象力而不仅仅是合理的绩效原则将成为应用于社会和自然环境变革的生产力。这意味着有可能出现一种作为人类不断发展的感性和感受性的成果和媒介的现实形式。

现在我想提出一个令人望而却步的观点，那就是，这种现实其实就是一种“审美的”现实——社会成了一件艺术品。这是解放在今天看来最乌托邦的、最激进的可能性。

具体而言，这是什么意思呢？我曾说过，我们在这里关心的并不是私人的感性和感受性，而是成为变革的力量的那些感性和感受性，创造性的想象力和游戏。它们本身能够指引，例如，我们重建城市和乡村；在资本主义工业化的暴力和破坏消除之后，恢复自然；为隐私、个人的自律、宁静创造内部和外部空间；消除噪音、囚徒般的观众、强制性的团结、污染以及丑陋。这并不是些势利的、浪漫的需求，这一点我不管怎么强调都不过分。今天，生物学家一直强调，这些都是人类有机体最低标准的需要，但它们却遭到了资本主义社会的抑制、歪曲和破坏，所以实际上，人类有机体不仅仅是在比喻的意义上变成了残疾，而且在真实的和字面的意义上也变成了残疾。

我认为，只有在这样一个环境下，人类才能变得真正自由，才能真正建立起自由之人之间的人际关系。我认为，关于这样一个环境的理念也指引着马克思的社会主义理论，所以这些审美需要和目标必须从一开始就包含在社会重建的过程中，而不只是放在最后或遥远的未来。否则，再生产压抑社会的那些需要与满足就会被带入新社会。压抑的人类就会把他们的压抑带入新社会。

现在，在这一最深远的意义上，我们的问题是：我们怎么可能设想这些作为有机体的生物需要和目标而不是附加的价值的本质上完全不同的需要和目标的出现呢？我们怎么可能在现存社会内部设想这些反对现存社会的需要和满足的出现——也就是说，先于解放呢？这就是我开始时所说的那种辩证法，从一个非常明确的意义上讲，我们必须自由，才能创造一个自由的社会。

不用说，现存制度的解体是这样一种质变的前提。富裕社会的压抑性机构的运转越是有效，从奴役逐渐地过渡到自由的可能性就越小。现如今我们不能将任一特定的阶级或任一特定的群体视为革命力量，这个事实不能作为我们不利用一切可能性和方法来阻止存在于个体身上的压抑的引擎的借口。潜在的反对派在整个下层人口中间不断扩张，这恰好与我们发达资本主义社会的总体性相一致。这个制度的内部矛盾仍然很严重，而且
[84] 很可能会因为资本主义国家的帝国主义的暴力扩张而加剧。不仅在巨大的社会财富和对财富的破坏性的、攻击性的和浪费性的使用之间存在着最一般的矛盾；还存在着很多更为具体的矛盾，比如，在社会再生产过程中，系统实现自动化的必要性，体力劳动中人力基础的持续减少，与由此而来的超额利润的来源走向了枯竭之间的矛盾。再就是，还存在着技术性失业的威胁，即使最富裕的社会也有可能失去通过创造更多的寄生性的、非生产性的劳动来进行弥补的能力：所有这些矛盾都确确实实存在着。而作为对它们的回应，压制、操控和整合很有可能加剧。

但它已经走到了尽头；我们能够也必须提前为其做好准备。残缺的意识和残缺的本能必须被打破。有着新的超越性的、对抗性价值的感受性和意识就摆在我们眼前。它们无处不在，确切地说，它们就存在于尚未被整合的社会群体当中，在那些凭借其特权地位能够刺穿大众传播和灌输的意识形态和物质的面纱的知识分子当中。

我们都知道劳工运动几乎从一开始就有这样一种反对把知识分子当

成历史变革的催化剂的致命的偏见。我们已经到了该问一下，对知识分子的这种偏见，以及由此产生的知识分子的自卑情结，是不是影响资本主义和社会主义社会发展——即对手的发展和衰退——的一个重要因素的时候。知识分子通常是走出去组织他人，到社区去组织他人。但毫无疑问，他们没有利用他们所拥有的潜能去组织他们自己，他们没有在地区和国家层面上组织起来，更没有在国际层面上组织起来。在我看来，这是今天最迫切的任务之一。我们是否可以说知识分子是历史变革的推动者吗？我们是否可以说知识分子现如今是一个革命阶级呢？我的回答是：不，我们还不能这么说。但是我们可以这么说，并且我认为我们必须这么说，即知识分子能起到一种决定性的准备作用，仅此而已；而我认为这已经足够了。它本身并不是也不可能是一个革命阶级，但它有可能成为催化剂，并且它能起到准备作用——当然这不是第一次，事实上，这就是所有革命开始的方式，而它现如今可能比以往任何时候都更能起到准备作用。因为——这种情况的发生同样有非常具体的物质基础——在生产过程中占据关键职位的那些人，正是出自这一群体，而将来更是如此。我这里的意思是，由于正如我们所讲的那样物质生产过程表现出了越来越明显的科学性，知识分子的角色发生了改变。关键职位上的关键人物正是出自这个群体：科学家、研究人员、技术人员、工程师，甚至心理学家——因为心理学将仍是社会必需的奴役或解放的工具。

[85] 我们一直以来都把这个阶级——即知识分子阶层——称作新工人阶级。我认为这个术语还不够成熟。我们不应忘记这一点，它的成员是现存制度宠爱的受益者。但他们也是科学的解放能力与它带有压抑性、奴役性的使用之间的突出矛盾的根源。激活这种被压抑、被操纵的矛盾，使它起到变革的催化剂的作用，这是现如今反对派的主要任务之一。它仍是而且

必定仍是一项政治任务。

教育是我们的工作，但它必须是一种新的意义上的教育。无论是作为理论，还是作为实践，作为政治实践，今天的教育都不能仅仅是讨论，不能仅仅是教学、学习和写作。除非它超出了课堂，超出了学院、学校、大学，否则它将仍然没有任何力量。由于我们的整个存在已经变成了政治和社会工程的主客体，所以如今的教育必须同时把心灵和肉体，理性和想象力，以及理智的需要**和**本能的需要都考虑进来。我要强调的是，这并不是一个使学校和大学政治化，使教育系统政治化的问题。教育系统早就是政治性的了。对此，你只需留意一下这一点就够了，即大学在令人咋舌的程度上卷入了政府和各种准政府机构的巨额研究经费。

这种教育系统是政治性的，因此并不是我们想要把它政治化。我们需要的是一种与现有的政策对立的相反的政策。从这个意义上来讲，我们必须在这个社会本身完全被动员了起来的基础上对付它。我们必须以自由状态下的教化来对抗奴役状态下的教化。我们每个人都必须促使我们自己并且努力促使他人产生对没有恐惧、残忍和愚昧的生活的本能需要。我们必须意识到，我们可以对在全世界散播侵略和压抑的富裕社会的价值产生一种本能的、理智的反感。

在我总结之前我想说一下我对嬉皮士的看法。在我看来，这是一件很严肃的事。如果我谈论的是本能有没有对富裕社会的价值产生厌恶，我认为这是一个值得我们发掘的地方。对我而言，嬉皮士就像任何左派的不顺从的运动一样是分裂的；其中有两个部分，或两个党派，两种倾向。其中的大部分仅仅是私人层面上的伪装和滑稽表演，因此它们的确如杰拉西（Gerassi）所言，是完全无害的，甚至在许多情况下很好、很迷人，但仅此而已。不过这并不是事情的全部。但是，在嬉皮士身上，特别是在像

“挖掘者”（Diggers）和“普罗沃党”（Provos）这种嬉皮士身上出现的那些倾向中，我们却看到了一种内在固有的政治元素——也许在美国比在这里［英国］表现得更明显。这实际上是新的本能需要和价值的外在显现。人们确实有这样的体验。人们有了一种反抗有效率的、疯狂的合理性的新感性。人们已开始拒绝遵守僵化的游戏规则，开始拒绝从一开始就知道是 [86] 僵化的游戏规则，并且已经开始反抗清教徒式的道德中强迫性的洁癖以及从这种道德中所滋生的攻击性——正如我们今天在越南所看到的那样。

至少嬉皮士的这一部分——其中，性反叛、道德反叛、政治反叛以某种方式统一了起来——确实是一种非攻击性的生活方式：一种攻击性的非攻击性的表现，它至少潜在地展示了有着质的不同的价值，实现了价值的重估。

现如今，所有的教育都是疗方，即在利用一切可行的手段把人从这个他迟早会变成一个畜生的（即使他根本没有注意到）社会中解放出来的意义上的疗方。从这个意义上来讲，教育就是疗方，而如今所有的疗方都是政治理论和实践。是哪一种政治实践呢？这完全取决于形势。我们不可能在这里详细地讨论这个问题。我希望大家注意一下示威的各种可能性，找到灵活的示威模式，以有效地应对体制性暴力，抵制，等等——如果真能这样，它确实有可能增强反对派的力量。

作为教育者、作为学生，我们可以为它做准备。但我想再说一遍，我们的作用是有限的。我们不是群众运动。我不认为我们在不久的将来会看到这样一场群众运动。

对于所谓的第三世界，我想多说几句。我之所以一直没有讨论第三世界，是因为我的主题严格地说是从富裕社会中解放出来。我完全同意保罗·斯威齐的观点，即不把富裕社会放在第三世界的框架下是不可理解的。但我仍然认为，我们现在的重点必须放在发达工业社会上，同时不要忘记无论是在理论上还是实践上都尽我们所能地支持新殖民主义国家的解放斗争，即使它们不是解放的最终力量，至少它们也会为帝国主义世界体系潜在的削弱和瓦解作出自身约贡献——不小的贡献。

作为知识分子，我们的作用是有限的。我们决不应该屈服于任何幻想。但比这更糟的是，我们有可能臣服于我们亲眼看到的四处弥漫的失败主义情绪。准备作用在今天不可或缺。我认为，当我说我们已经可以看到这个体系衰退的迹象了，但这并不仅仅是因为**他们**开始感到恐惧和担忧，而是因为出现了更具体、更明显的表现时，我并没有太过乐观——我可从未得到过太过乐观的名声。因此，让我们继续做我们所能做的一切——不要有幻想，更不要有失败主义的情绪。

四

民主有没有未来或者说现在①

① 《民主有没有未来或者说现在》节选自 1968 年在纽约格拉梅西公园（Gramercy Park）的教友聚会厅举行的观念剧场专题讨论会。马尔库塞、诺曼・梅勒（Norman Mailer）、纳特・亨托夫（Nat Hentoff）、小阿瑟・施莱辛格（Arthur Schlesinger）参与了讨论，罗伯特・洛威尔（Robert Lowell）、伊丽莎白・哈德威克（Elizabeth Hardwick）、苏珊・桑塔格（Susan Sontag）及其他人发表了自己的看法。本文载于《纽约时报》杂志 1968 年 5 月 26 日。

亨托夫：第一个问题大概与民主程序的重新肯定有关，因为尤金·麦卡锡（Eugene McCarthy）和肯尼迪参议员，许多年轻人坚信——有人说，无论奏不奏效，这都是最后一次了——这种政治程序是可行的，你们可以这样变革。你们参与专题讨论的三位成员是否同意这个评估，即根据政治上所发生的一切，我们有理由对民主程序持合理的乐观的态度吗？它有没有使你对民主的未来充满希望？

诺曼，你想先说吗？

梅勒：好的。如果六个月前有人提出这个问题，那么一致的看法——如果我可以用得克萨斯的这位绅士最喜欢的词来讲——可能会更加悲观。事实上，六个月前，几乎很难想象在纽约可能会有这种公开讨论会形式的论坛。

很明显，事件的节奏发生了非同寻常的转变。当麦卡锡开始竞选时，没有人会觉得他有机会。但我们却被挫败感浸透了。人们按照通常的习惯展示了他们的民主姿态、民主举动、民主立场。他们试图在这个或那个形式中表达异议。但最终一事无成。

突然之间，我们看到了这种不可思议的现象。尽管麦卡锡没有在新罕布什尔州赢得多数选票，但他却差点拿到参选资格。肯尼迪出现了。而约翰逊并非一无是处，因为正是他向我们宣称肯尼迪是一个有着不可思议的政治想象力的人的。

[88] 即使他辞掉总统是出于权谋的考虑，或者说，至少他是一个有权谋的政治家——这是你之前不能说的。但我仍然相信这个坚实可靠的理论，

即一个民主国家有赖于一个非凡的人来掌舵——即使他们是恶棍，因为非凡的恶棍有时也能创造出非凡的英雄。正如医生并不比病人强，英雄也不一定比他的对手好。

所以，我认为这个问题的答案必须是肯定的。接下来，我们要考虑的是美国人的真实生活状况。我认为，技术世界往往会创造出一种与塑料相当的精神状态。正如塑料制品那样，它们非常好用，直到它们无法再用了之前，它们都看不出任何老化的迹象，所以它们不会发出任何警告；它们就是在没有任何警告的情况下分裂的——所以美国社会的某些东西也正在破裂。

亨托夫：我想知道马尔库塞教授是不是这么乐观。

马尔库塞：我没这么乐观。我不同意诺曼·梅勒的观点。我认为，现在和六个月前没有区别。如果这个问题是美国的民主程序能否持续下去，那么我是乐观的。但是，我并不认为美国的民主程序是一种真正的民主程序［鼓掌］；至少它不符合西方伟大的理论家对民主的理解。

我们看到了转变，甚至看到了重大的转变。但它们都是在同样的混乱中发生的。我们说，支持民主程序的民意使自身感受到了自身的存在。它甚至于觉得它自身会对社会既定的制度和文化框架产生威胁。因此我们确实发生了改变，不过，只是在既定框架内发生了改变。

因此我想说的是民主肯定有未来。但以我看来，它肯定没有现在。

施莱辛格：我想对所谓的实践的民主程序与纯粹的民主程序做一下区分。

实践的民主程序应对的是存在于西方发达国家的普遍盛行的那种工业社会的可能性。我想说的是，由于实践的民主程序已经在政治程序中确立了自身的地位，所以它暗含着比如说《宪法第一修正案》。它暗含着自由和讨论，尤其是暗含着你无法以决定性的方式改变事物，除非你得到了大多数人的支持。

总的来说，在我看来，相比那些为了这一个或那一个团体认为是绝对正确的利益而做出的短期决策相关的价值，那些与公民自由相关、与努力说服大多数人从一种立场转向另一种立场相关的价值对社会来说更有用。我认为，那些强烈反对越南政策但愿意依靠民主程序来改变这一政策的人的观点得到了一定的证实。因为正如梅勒指出的那样，现在的情况
[89] 是，今年的 1 月，这个国家似乎动弹不得了，就像 11 月的总统竞选那样，它竟然要在 20 世纪最令人厌恶、最让人怀疑的两个政客之间做出选择。在那之后的几周里，政治形势发生了变化。约翰逊总统接受了他的批评者的主张，所以我们现在有了最好的选择，而不是在最糟糕的总统候选人之间做出选择。[嘘声]

现在让我来区分一下民主的实践模式和纯粹模式。我认为，纯粹模式是一种民主制度，它会立即产生绝对可靠的结果。但这种纯粹的民主模式却从未在世界上存在过。

你必须做出选择。比如，我们有这样一种制度，它总是有很多傻瓜和白痴，而你必须带动他们发展。要么你就在这个制度中生存，并通过各种各样的施压和说服从制度中获得最大的收益，要么你就抛弃这种制度。马尔库塞曾就替代性的制度有过一番高论。它是这样一种制度，比如说，它将废弃《权利法案》，它将剥夺那些持马尔库塞所认为的反公众的观点的人的表达自由。

马尔库塞：这里我要纠正一下。我从来没有说过那些持有我不同意或我认为损害公众事业的观点的人不应该有表达自由。我曾提议，宽容应该有底线——也即是说，那些有着明显而又客观的攻击性和破坏性的运动，

不是从我个人的角度，而是从客观的角度来讲，不应该被宽容。我认为这和你说的完全不同。

亨托夫：你用的术语是“客观”决定的？

马尔库塞：是的。

亨托夫：我们如何做到这一点？

马尔库塞：举个例子，那是我在希特勒当政之前早就有的一种切身感受。不容怀疑的是，如果这场运动掌权了，将会发生世界大战，犹太人将会被消灭。那不是个人意见，而是完全客观的。如果魏玛共和国从一开始就不宽容希特勒的运动，而不是等到它强大到无法被镇压下去，我们就能避免第二次世界大战和 600 万犹太人的灭绝。我认为，在这种情况下，你可以说我们不只是出于个人的价值判断才认定这场运动不应该得到民主政治的宽容的。

同样，你也能很好地判断今日在 [越南] 谁是侵略者、谁不是侵略者。这也不是根据个人的喜好，而是客观的。

施莱辛格：我不反对马尔库塞对越南战争所作的实质性的判断。我们 [90]
有分歧的地方是民主社会该如何面对这样的问题。我认为，一个民主社会应该像我们以前那样伴着各种各样的缺陷和混乱来面对这种问题，也就是说，通过某种公开辩论和政治施压的方式，而不是通过某种排斥性和控制性的制度来面对这种问题。

马尔库塞 [曾这样写道]，真正的民主社会应该“不宽容那些促进侵略性的政策、军备竞赛、沙文主义、种族歧视和宗教歧视或反对扩大公共服务、社会保障、医疗保健等的团体和运动的言论和集会”。这些人不应受到比如说《第一修正案》的保护。他还写道：“恢复思想自由可能需要对教育机构的教学和实践进行新的严格的限制。”这一切在我看来代价都太高了。

我想再举一个例子，比如，马尔库塞曾提议，种族主义的观点和教义应该被自动地压制。如今，这对任何人而言都是完全可以接受的，因为我认为我们都是反种族主义者。但这里有两个问题。首先，如果你接受这一点，你就必须有一种实施压制的机制，而这意味着我们社会的权力高度集中；你无法保证这种权力会被公正无私地使用，无法确定它是为了压制种族主义的教义还是为了那些操控机制的人的利益。其次，我们做一个实际的判断：即使你深信所有的中央权威都是公正无私的，但是，按照这种主张，斯托克利·卡迈克尔或拉普·布朗（Rap Brown）会是什么下场呢？

亨托夫：我想请问诺曼，作为一个保守主义者，一个极其独特的保守主义者，你对出自那篇关于恶的文章的那段引文有何感想。

梅勒：是不是马尔库塞博士的那篇文章？哦，我想那里边这样的话简直太多了！［笑声］我想阐明一下我的观点。

民主包括由各种力量角逐所产生的解决方案。一旦人们通过立法规定了什么是游戏的组成部分和什么不是游戏的组成部分，那么人们也就进入了最危险的境地。毫无疑问，现如今，每个社会都是这么做。它通过立法作出了规定。它切掉了一部分领域。比如，它说，你不能杀人，你不能偷盗，等等。所以每个人的欲望在那里根本不可能进行自由的游戏，如果你愿意那么说的话。到了这样的程度，社会就不是民主的了。

如果我们去谈论民主的本性、民主是否有未来，我们必须去考虑这个更有深度的问题，而不是我们应该立法反对这个或那个，因为我可以给马尔库塞一个直接的答案，那就是并非每一个种族主义者都缺乏理念、缺乏人性。有时深刻的理念会被特别丑陋的概念埋葬。

一旦我们开始去抹除白板上所有的意识形态，不给它们任何进入文明的对话的机会，那么我们可能就会失去对未来而言无穷的精神肥料，而我们却浑然不知。认为一个人知道什么应该和什么不应该是这个游戏的组成部分，这是一种难以置信的傲慢。因此在这个意义上，我完全反对马尔库塞的说法。 [91]

另一方面，我认为马尔库塞在这一点上是绝对正确的，即在过去的六个月里所发生的那种事情都是在所谓的民主国家发生的。这个游戏的迷人之处并不在于我们在过去的六个月里所拥有的真正的民主表达。它的迷人之处在于那些过去一直被用来控制我们，使我们远离任何类型的民主表达的老把戏不再起作用了。换句话说，我承认现在使用的形式不是民主的。但有意思的是，那些能够控制我们的旧形式自第二次世界大战以来就根本不起作用了。现在出现了一些松散的东西，但它们却可以持续不断地打破旧的形式，创造新的形式。

这让我们回到了当我讨论民主时我整个的看法。你们可能会说萨德侯爵①是最伟大的民主人士，因为他说每个人都应该对其他人拥有绝对的权利。这是什么意思？这意味着，当一个男人走在大街上的时候，他走到一个女孩面前，然后说，“我想拥有你。”按照萨德侯爵的说法（这也正是萨德侯爵作为一个民主人士有点不单纯的地方），她应该说，“好的，你可以拥有我。”而萨德的理论是这个女人可能会使自己变得足够令人讨厌，这样男人就永远不会再去接近她了。而我们美国人更喜欢直接还击，我们更喜欢女孩说，“滚开，不要脸的家伙！”现在，我想说的是，如果你走在

① 萨德侯爵（Marquis de Sade）是一位法国贵族和一系列色情和哲学书籍的作者，他尤其由于他所描写的色情幻想和他所导致的社会丑闻而出名，代表作《索多玛的一百二十天》。——中译者注

大街上，你这样对待一个现实生活中的女孩，会发生什么？如果她非常有魅力，她很可能有男朋友，而且他还是一个大块头，那么你就有麻烦了。换句话说，民主包括各种力量的角逐，而其中有些力量并没有完全脱离暴力。

如果我们打算思考民主，我们必须从一开始就把它看成是一个程序，但它不仅仅是人民聚在一起以及接下来他们想去哪里投票。民主是一场公开的人类力量的角逐，但它的目的却不为人知。它在本质上肯定的是善的社会而不是恶的社会最终将会出现。因为多年来，这是我第一次觉得美国有希望出现这种社会。

马尔库塞：嗯。这很有启发性。我完全接受这个民主概念——它是各种力量的公开博弈。我之所以批评它恰恰就是因为它不公开。

“游戏”——“玩游戏”——这个词一次又一次地出现在了诺曼·梅
[92] 勒的表述中，而恰恰就是在这里，在我看来，我和我朋友所代表的东西与他所代表的东西之间有着不可逾越的鸿沟。我们不想再玩这种游戏了。我们认为这是一场受操纵的、残忍的游戏。我羞于把它称作游戏。

梅勒：真是太不可思议了，马尔库塞完全误解了我的意思。我说的是，在某种意义上，社会是一场游戏，但它并不是民主的。因为民主力量被切断了。你完全误解了我说的话。

马尔库塞：我听错了。

梅勒：听错了。我们还是太武断了：好吧。

施莱辛格：我可以说两句吗？

今天我们面临的问题并不是美国所特有的。我们只需读一下报纸就知道，世界各地的社会，无论它们是资本主义、共产主义、社会主义还是其他别的社会，在工业发展的特定阶段，都会出现各种形式的挫败感，比如，学生抗议，对人类的价值贬值感到心酸。

这个问题并不是美国特有的，也不是军工联合体或其他任何一种人们喜欢视之为一切原罪的根源的那个东西特有的，而是一个世界性的现象，它存在于所有高度有组织的社会。

提问：如果哥伦比亚大学…… [嘘声] 很抱歉，我又提到了哥伦比亚大学。在我看来，你显然是质疑那些诉诸力量而不是坐下来讨论的人。有些人没有任何权力，也不掌控任何力量，但他们却确立了一种形势，在这种形势下，他们终于有了对抗那些通常在社会中有权力的人的力量。这也正是各种力量全部参与讨论之所以不现实的原因。各种力量之间根本就没有平等。

亨托夫：诺曼，你要不要按照你的各种力量角逐的观点来谈一谈在哥伦比亚大学所发生的一切？

梅勒：好的。我完全支持哥伦比亚大学的罢课。我支持它，因为它与人类的存在有关，因为这些孩子走上了街头，做了一些他们以前从未做过的事，他们并不知道结果会怎样。

如果他们最终把这样一种罢课制度确立了下来，并且每年都要扰乱这个学校，那么我最后很可能会反对他们。

但有趣的是，这是一种新的迫使政府意识到他们根本没有认识到学生对许多问题的感受到底有多么强烈的方式。这些学生已经意识到不管多少礼貌性的反抗对哥伦比亚政府来说都毫无意义。显然，这么多年来，他们一直都在这么做。因此，他们打破了一系列的规则，给政府带来了极大的震动，他们也因此遭到了警察的殴打。因此他们又认识到了一些与他们有关的东西。

你必须对自己有更多的了解，这对民主来说必不可少。有时，在民 [93]

主国家，人们需要和平的方式，因为没有什么比没完没了的罢课更无聊，更容易逐渐削弱整个学生干部队伍的真正资源的了。一小时又一小时、一周又一周、一年又一年地听那些毫无意义的演讲，只能使人荒废大学教育，没办法读更多的东西。要是就这么干一次，就这么出色地、充满力量地、满怀信念地干一次，那就太了不起了。

只是他们下一次就得去做些别的事情了。我想其中有一些人会觉得他们早已忍无可忍了，而另一些人则想着带回更多的东西。但问题的关键是，如果这个统治我们、给我们洗脑的技术社会像我们说的那样糟糕，我们是没有办法绕开它的。在这个社会破裂到我们可以呼吸得更深一些之前，暴力仍将继续存在。

[哥伦比亚大学] 罢课事件就是一个很好的例子，因为它出人意料，勇敢无畏，充满激情，又有着良好的动机。其他学校的其他罢课事件则可能只是一场灾难，一场愚蠢的灾难，比如，在哈佛的罢课事件中，700个孩子将一个来自陶氏化学公司（Dow Chemical）的人关在了一个房间里。我的意思是，这不是向政府表明你已经受够了他们的好方法。

马尔库塞：我感兴趣的是，显然，诺曼·梅勒认为，至少在这种情况下，如果不时常地通过民主以外或非民主的行动打破民主程序，它是不会起作用的。

我认为，人们只能通过注入民主以外和议会外的行动来改变我们今天的民主程序，原因很简单，借由“游戏”这个词，我想说的是，民主是一场受操纵的游戏。力量的角逐并不是同等力量的角逐。我很难想象还有哪个国家比我们这个国家更为集权的了。

亨托夫：马尔库塞在此引入了术语“民主以外”“议会外”。那么请问施莱辛格博士，在这种语境下，你怎么看待哥伦比亚大学的罢课事件呢？

施莱辛格：哥伦比亚大学的学生所做的一切与美国式的民主完全一致。

马尔库塞：那么警察为什么还会大打出手呢？

施莱辛格：这与警察无关。我再重复一次，“哥伦比亚大学的学生所做的每一件事都不在民主以外。”在美国，我们并没有将民主程序等同于议会程序。我们的民主概念既丰富又复杂，而工人罢工、学生罢课的权利是它的基本组成部分。

历史学家无论如何都要涉及的民主程序包括各种各样的施压手段。[94]
我认为任何一名认真对待民主程序的学生都不会说［20 世纪 30 年代的］静坐没有对民主程序产生积极的影响。

民主程序有一个很伟大的特质，那就是它拥有各式各样的手段，正是通过这些手段，民主程序把公众抗议吸收了进来，并使其转化成了政策的改变。我不愿意勉强接受一个太过严格的民主程序的定义，因为这样一来会把哥伦比亚大学的学生所做的一切、静坐罢工者所做的一切或废奴主义者所做的一切排除在外。对民主程序下一个如此贫乏而又墨守成规的定义，这与美国民主传统的本质相悖。

马尔库塞：我可以问一个问题吗（因为我认为我们在这一点上有可能完全一致）？你认为强行占领建筑物和侵犯私人财产是民主程序的一部分吗？

施莱辛格：是的。

马尔库塞：那么我同意你对民主的定义。

提问：我对梅勒和施莱辛格能达成一致感到震惊。我认为梅勒没有道德，而施莱辛格反道德。

我可以举几个例子。梅勒说，他很喜欢哥伦比亚大学的这次行动，他不断提到的是它的新颖性、它的新奇性和它的大胆无畏。他完全没有就问题来谈论哥伦比亚的行动。如果这是右翼的一次行动，如果它是反动的，如果它反对学生的权利，如果它只是比较新颖，我想他也会喜欢。但我认为这是无道德的。

我认为施莱辛格极端反道德、极端不诚实。比如，你关于马尔库塞的民主讨论的言论。必须讨论的是允许或不允许的活动的类型，而不是谁有权利。

梅勒：我认为这种指控太过了。极权主义国家的特点是它们毫无生趣。亲俄超不过几个星期的其中一个原因是，我们一直以来都要面对这样一个事实，即苏联肯定是国家史上最无趣的国家。

这位年轻的女士，像许多呆板的左派（这是一个老的说法）一样，她的控诉同样极其不准确，因为我关心这些问题。我曾多次指出我认为这都是一些很好的问题。如果一些右翼的孩子站起来说他们不希望有黑人出现在晨边公园（Morningside Park），你真的认为我同样会为他们鼓掌吗？如果你这样认为的话，那么一些左派人士早就疯了。

只要我们都支持肯尼迪，我很乐意与施莱辛格一起坐在漏水的小舟上沉没，但我必须告诉大家的是，施莱辛格和我根本没有达成任何深刻的一致。

[95] 他说的是我们所拥有的机构，他认为这些机构的生命力超出了你们大多数人的想象。但我却并不认为它们有那么大的生命力。

如果我们都没有道德，我们也只是以各自不同的方式没有道德。

提问［提问者罗伯特·洛威尔，他曾获得过普利策诗歌奖］：我想问施莱辛格一个简短明了的问题，但我要先说几句，做个申明。

对我来说，唯一有意义的民主的定义是你有投票将那些人赶下台的权利。这是一个意义深远的规则。而民主程序是某种更深层次的东西，我想问施莱辛格的是，你认为，在哥伦比亚大学事件中，警察是在民主程序的范围内采取的行动，还是说他们应该接受审判？

施莱辛格：恐怕我不能回答这个问题。我那时在外地出差。[嘘声]好吧。这个问题完全正当而且发人深省，我想下一次碰上《纽约时报》、吉米·韦克斯勒（Jimmy Wechsler）、纳特·亨托夫（Nat Hentoff）并了解过真实的情况之后再回答这个问题［嘘声]，如果不了解真实的情况，我只是为了取悦听众而贸然回答问题，那么我就太该死了。

亨托夫：我们继续讨论下一个问题。马尔库塞曾写道，美国社会“爆发了精神错乱”。梅勒也写道，他开始渐渐地觉得“美国的中心可能出现了精神错乱”。所以，在一个疯子的社会，民主还有可能吗？该如何认真地看待这些诊断啊？你们如何将它们应用到我们所讨论的问题上？

梅勒：所谓的精神错乱就是把主要结构建立在不存在的基础之上。我认为美国社会已变得越来越疯狂，因为它已经渐渐地成了一个技术社会。技术社会假定，如果问题有一个合乎逻辑的解决方案，那么它也就是全部的解决方案。比如，如果技术社会认为问题是以六个月之后还可以拿出来吃的方式来保存食物，那么它就会把食物冷冻起来，然后它向你指出，六个月后，只要你把食物解冻了，你仍然可以吃。技术社会无法从科学上确定——尽管它假装这是一种科学的操作——这些食物的哪些部分被破坏了，哪些未知的疾病可能会影响未来的子孙后代。

这只是一个很小的例子。但是，如果你仔细观察美国社会的每一个表现，你就会发现这是一个无休止的系列。在这个系列中，你会发现建筑物，食物，以及这样一个难以置信的事实，即在一个所谓的理性的社会，我们已经到了几乎无法在城市里呼吸的地步。这是社会疯了的一个标志。

问题是，你如何从疯子手中夺回这个社会？当然，通过获取武器、攻击疯子们为了自身防御和恐吓乡下人而建立的城堡，你可以从他们的手中夺回社会。

[96] 但是，我们却发现自己陷入了僵局，没人知道城堡在哪里，也没人知道疯子到底是谁，因为每次我们认为我们找到了一个疯子，他就会在电视上否认自己是疯子。

比如，我们满怀信心地认为理查德·尼克松很可能就是疯子。但他上了电视：他也讲道理，就像你或我一样。他不可能是疯子。

难道我们亲爱的州长洛克菲勒（Rockefeller）是疯子？但他却从来没有说过任何能让我们记住的有趣的话。当然不可能是我们的市长杰克·阿姆斯特朗（Jack Armstrong）。他可不是疯子。也许通用汽车是疯子？是的，可以想象。现在我们离疯子越来越近了。它在通用汽车公司的什么地方呢？

需要指出的是，我们要做的并不是进行一场接管权力宝座的革命，而是进行一场勘察权力所在的革命。这就是所有这些行动的意义。这就是我赞同哥伦比亚大学罢课的原因，因为现在哥伦比亚大学的每一个人对权力所在有了更多的了解。

因此，正如我所说，发现疯子的方法就是进行一场缓慢的持续的革命，就是采取一些巧妙的手法，把疯子或他们掩藏自身权力、技术、秘密和恐惧——因为他们非常害怕——的地方揭露出来。

马尔库塞，你可能不相信，但这的确是我们在这六个月里所取得的成就。那些拥有权力的人非常害怕。我们中间有谁曾想到林登·约翰逊（Lyndon Johnson）会屈服？事实是，他受到了我们猛烈的攻击。我们的炮火如此的猛烈，超出了他的想象，也超出了我们所有人的想象。这简直太不可思议了。

亨托夫：马尔库塞教授，你是不是觉得很难弄清楚这些相关人员到底在什么地方？

马尔库塞：不。我认为我们不需要为了找出如今这个国家的权力所在而进行一场革命。问题并不在于“谁是疯子”。因为这个社会疯了。

如果一个社会利用现有的技术、物质、知识资源，不是为了增加浪费、破坏和不必要的消耗或导向毁灭，而是为了消除全世界的贫穷、异化和痛苦，那么我就会认为它是一个健全的社会，或更确切地说，一个精神健全的社会。由于我们这个社会比以往任何时候都更有能力处理资源，但与此同时却比以往任何时候都更加扭曲、滥用和浪费这些资源，所以我认为这个社会疯了——而不是这个社会中的人。

提问［伊丽莎白·哈德威克，她是一位作家，《纽约书评》的顾问编辑，洛威尔的夫人］：作为曼哈顿的居民，我对梅勒和施莱辛格的观点没有太大的兴趣，但我对我们这位来自西方的客人很感兴趣。

我不想问愚蠢的问题，因此我努力想了一个有说服力的问题，以便他可以就此谈一下。 [97]

嗯，马尔库塞教授，当你谈论我们社会中的不平等时，这是否会让你感到困扰，即正如我们所想的那样，也许真正的左派在美国社会起不到多大的作用？也许它拥有的权力和人们希望它拥有的权力一样多，甚至有可能比人们希望的还要多一点。

马尔库塞：嗯，我认为这是你在这种背景下所能问的最重要的问题了，因为在我看来，这涉及了现如今民主真正的问题，即我们是否还可以问心无愧地说大多数人是对的。我想我们不能再这么说了。

在当今社会，我们早就没了以个人见解和意识完全自由的发展为基础构建起来的大多数。我们早就没了以自由、平等地获取一切事实为基础构建起来的大多数。我们早就没了以全民公平教育为基础构建起来的大多数。

然而，我们却有一个这样的大多数，它不仅被标准化了，而且还受到了操控，我们甚至还可以说，它通过标准化的受管制的信息、交流和教育被构造了出来。换句话说，这样的大多数并不自由，而这与民主的本质有关，即拥有最高权力的人民是自由的人民。这是卢梭、约翰·穆勒的观点。这也是那些伟大的民主斗士最开始理解民主的方式——他们所说的人民并不是作为人民的人民，而是真正自由的人民，即可以独立思考、亲身感受、形成自己的意见，不屈从于游说团体、政党以及现存的整个权力结构的巨大压力的人民。

施莱辛格：马尔库塞的意思是，曾经有一个民主的黄金时代，那时的大多数人纯洁、无拘无束、明智，这个黄金时代……

马尔库塞：如果你想让我清楚地表明这一点，那么我承认这样的民主从来没有存在过，在现如今的任何一个社会中也都不存在。但我确实相信我们可以拥有这样的民主。

施莱辛格：好吧。马尔库塞清楚地表明，他对 20 世纪 60 年代美国民主制度的控诉同样适用于美国历史上的任何一个阶段的民主制度，包括杰斐逊时代或任何其他时代的民主制度。

马尔库塞：不，因为那时我们没有大众媒体。而技术社会却拥有各式各样的前所未有的控制手段。

施莱辛格：如果没人介意的话，我想温和地讲两点。其中一点就是马尔库塞所说的，一个完美的多数人的民主从未出现，现在也没有出现，但他希望它可以在将来的某个时刻出现。是这样吗？

马尔库塞：我不只是希望它可以在将来的某个时刻出现。我想说的是，所有的资源早已都准备就绪，它现在就能变成现实。

施莱辛格：为了实现这种完美的多数人的民主，我认为你所倡导的过 [98]
渡时期的政策是压制那些你认为不合时宜的观点。

马尔库塞：不。

施莱辛格：嗯，那我是误解你了？

马尔库塞：我想是的。

施莱辛格：我不想再去读那段引文了，但我想你知道谁“反对扩大社会服务”……

马尔库塞：是的，但是，这与现如今大多数人是否自由有什么关系呢？

施莱辛格：我的第二点是，可能它是一个不同或更深层次的问题：如果有这样一个社会，它不傲慢，不残暴，但却混乱不堪，道德败坏，受不了争吵，而且事实上，它还会因为可怜兮兮地渴望与批评家达成妥协而遭到他们的谴责，那么它一定就是马尔库塞所说的这个社会。就连你也会因为《时代》和《纽约时报杂志》的称颂而感到窘迫。因为批评家极其厌恶他们自己被社会热捧。

梅勒：这个技术社会的危险在于，它占有一切新鲜的事物。它没有占有马尔库塞的思想，但却割了马尔库塞一块肉，并将其丢进了机器。它对马尔库塞的占有竟然到了即便是那些完全无法理解他的人也可以在鸡尾酒会上对他的名字信口拈来的地步。

马尔库塞：你的名字也是如此。

梅勒：是的，这是对本质的贬低，是对马尔库塞先生哥特式的错综复杂的风格的贬低。

马尔库塞：你写的东西要好得多。

梅勒：谢谢。

马尔库塞：而我写的东西也更深刻一些。

梅勒：是的，你写的东西更深刻一些……我想说的是：有人问现如今的左翼是否反映了拥护民主制度的多数人的愿望——我说的是正统的左翼。但正统的左翼并不重要，因为我认为它并不是目前人们正在谈论的真正的左派。给美国人的生活带来这一特殊的、奇怪的、尚处萌芽阶段的革命的不是左翼。美国人的生活的这一尚处萌芽阶段的革命出乎所有人的意料。它来自青年人，是一种非常基本的反应。无数的这样的年轻人都在说："他们正在欺骗我们，他们正在埋葬我们。"他们还说："我们再也受不了了。我们要推翻它。"如今有这样两种观点。一种是革命应该从顶层开始，事实上，考虑到美国人的生活现状，不太可能发生这种革命。只有共产主义在世界范围内大获全胜时，这种革命才会发生，那时你们中的一些
[99] 人就会继承这里的衣钵，就会像那些叫诺沃提尼（Norodny）或诺沃托尼（Novotnick）或其他什么名字的家伙一样不快乐。

正在美国人的生活中上演的这场真正的革命是在座的各位无法预测的。没人知道它会变成什么样子。我承认，这场革命来自最深处的人类生存处境——这也正是它令人兴奋的地方。它无法被镇压的原因是，没有人理解它。这也正是它的力量所在。

技术社会的恐怖之处在于，一旦它理解了某种行为，它也就有了某种行为。一旦它理解了怎样冷冻食物，它也就有了冷冻食物的行为而无须知道接下来会发生什么。一旦它知道了如何兜售自己的想法，它就会去兜售，而不在乎这个想法的其余部分或这个想法的后果。

对这场革命来说，推翻这个社会的其中一个方法就是直接与大众媒

体对抗。比如，占领几个电视台？［鼓掌］占领几家报社？［这时，一个年轻人走近梅勒，好像是给他递了一根大麻烟。］你要加入我的队伍吗？谢谢。我不抽。你揭穿了我。我要告诉你我为什么没有抽那根烟。我没理由在我极度兴奋时把警察招来。那位先生这一向我走来的举动真是妙不可言。他揭露了我本性中保守的一面。谢谢你。

亨托夫：我们一直都在谈论新机构、新结构，把它们当成了实现根本变革的唯一途径。马尔库塞先生，就大学而言，就哥伦比亚大学而言，这对你来说意味着什么？

马尔库塞：我就担心会这样，因为我现在终于发现自己是一个令人厌恶的人了。我从未建议、倡导或支持破坏现有的大学，建立新的反机构。我总说，无论学生的要求多么激进，多么合理，它们都应该在现存的大学中竭力推行和实现。

我认为——这也正是我令人厌恶的地方——美国大学至少有相当一部分今天仍然是相对批判性的思想和相对自由的思想的飞地。因此我们没必要考虑用新的机构去取代它们。而这是一个极其罕见的我认为你可以在现存的机构中实现你的目标的地方。

五

马尔库塞对新左派路线的定义①

① 《马尔库塞对新左派路线的定义》根据他完成了大量的文章和作了大量的演讲因而使他成为新左派主要人物一年后的1968年夏末在法国里维埃拉对他的访谈整理而来。它最先在法国周刊《快报》上发表了出来，随后它的英译文在1968年10月27日的《纽约时报杂志》上发表了出来。

先生，六个月前，你的名字在法国几乎不为人知。但是，现如今却因与柏林的学生抗议、美国的学生示威游行以及紧接着与这里［法国］的五月示威游行的联系而声名鹊起。现在，突然间，你最新的一本书成了畅销书。你怎么看待你自己在世界各地的学生暴动中所处的位置？

马尔库塞：答案很简单。我一直都在深切地关注“愤怒学生”的运动，但我并不是他们的代言人。媒体和宣传给了我这个头衔并把我变成了一件畅销品。我特别反对将我的名字与切·格瓦拉、德布雷、鲁迪·杜切克等人的照片放在一起，因为这些人确实是在冒险，并且一直都在冒着生命危险去为一个更人性化的社会而战斗，而我只是通过我的话语和思想加入了这场战斗。这是完全不同的。

但是你的话语走在了学生行动的前面。

马尔库塞：哦，我想，很少有学生真正读过我的书……

确实是这样，特别是在法国；但也很少有学生为他们的抗议选择一种教义。对于这些学生而言，难道我们不能说你是一个理论家吗？

[101] **马尔库塞：**如果是这样，我非常高兴。不过，这更多的是一种遭遇而非直接的影响……在我的书中，我一直都在试图以避免一切意识形态——甚至是社会主义的意识形态，甚至是马克思主义的意识形态——的方式对一切社会做出批判，而不仅是对资本主义社会做出批判。我已经揭示了这一点，那就是，当代社会从各个方面来讲都是一个压抑的社会，即使是舒适、繁荣、所谓的政治和道德自由也都是为了达到压迫的目的。

我曾指出，任何变革都需要总体的拒绝，或者用学生的话来说，都需要与这个社会持续的对抗。而这不仅仅是改变制度，更重要的是，要彻底地改变人类的态度、本能、目标和价值。

我认为这是我的书和世界范围内的学生运动之间的联系的关键所在。

但你觉得他们不需要你，他们自己就能得出这些观点，是吗？

马尔库塞：学生运动的一个基本特征是，学生要将他们从大师的作品中学来的理论运用于现实。那些大师促进了西方文明中的伟大的价值的发展，比如，自然法的地位高于成文法，神圣不可侵犯的反抗暴政和所有非法的权威的权利……他们简直无法理解为什么这些伟大的原则应该停留在观念层面而不是付诸实践。这正是他们目前在做的。

你是不是想说这其实就是一场人道主义运动？

马尔库塞：他们反对这个说法，因为，根据他们的观点，人道主义是一种资产阶级的个人性的价值。它是一种与破坏性的现实密不可分的哲学。但是，在他们看来，完全没必要担心少数人的哲学；关键是要给整个社会带来翻天覆地的变化。因此他们不想与"人道主义"有任何联系。

当然，你是知道的，法国还远不是你所提到的有破坏性的"富裕社会"，不管怎么说，这种社会目前只存在于美国。

马尔库塞：我一直以来都因为我的批判只关注美国社会而饱受指责，事实也确实如此。我自己也这么说过。但这不仅仅是因为我比起其他国家来更了解这个国家；还因为我相信或我担心美国社会有可能成为其他资本主义国家的榜样，甚至是社会主义国家的榜样。不过我也相信这条道路是可以避免的，但同样，它的前提是发生一场彻底的变革，即从总体上与人们现如今习以为常的需要和渴望决裂。

决裂……也就是说，革命。 [102]

马尔库塞：正是。

你是不是认为工业社会中存在着一种革命的冲动？

马尔库塞：你应该很清楚学生运动包含着强大的无政府主义的元素。十分强大。而这是全新的。

无政府主义——全新的？

马尔库塞：从 20 世纪的革命运动来看，我认为这是全新的。至少在这个范围内，它是全新的。这意味着学生已经意识到了传统政治组织的死板、僵化，意识到了它们已经扼杀了所有的革命冲动。因此只有在这些组织之外，反叛才能自发地发生。

但只有自发性是不够的，还必须要有一个组织，一个新的又灵活的组织，一个不会把严格的原则强加于人的组织，一个为运动和主动性留出空间的组织。一个没有旧党派或政治团体的“大佬”的组织。这一点非常重要。今天的领导者是宣传的产物。在实际的运动中，根本就没有像布尔什维克革命中那样的领导者。

换言之，它是反列宁主义的？

马尔库塞：是的，事实上，科恩－本迪特已经在此基础上对列宁主义的马克思主义做了严厉的批评。

这是否意味着你想要依靠无政府主义来实现你渴望的革命？

马尔库塞：不。但是我认为，无政府主义的元素是一种非常强大和非常进步的力量，有必要把这种元素当成一个更大的、更结构化的过程的一个因素保存下来。

然而你却站在无政府主义者的对立面。

马尔库塞：这可能是事实，但我希望你能告诉我为什么。

难道不是因为你的作品是辩证的吗？你的作品是精心构建的。你认为自己是一名无政府主义者吗？

马尔库塞：不。我不是无政府主义者，因为我无法想象一个人如何对抗一个总体上被动员起来、被组织起来反对任何革命运动和任何有效的反抗的社会；我不知道一个人在没有任何组织的情况下该如何对抗这样一个社会、这样一种集中的力量，比如，军事力量、警察力量等等。这是行不通的。

是，这行不通。共产主义者会引用列宁对“左倾”的分析。根据他的说法，左倾是“小资产阶级在资本主义的恐怖面前战胜了愤怒的外在表现……是一种不稳定的、没有实效的革命态度，它很容易迅速转变为顺从、冷漠或因资产阶级短暂的狂热而起的疯狂”。 [103]

马尔库塞：我不同意。现如今的左派早已不再像列宁时代那样只是小资产阶级对革命政党的回应，而是革命的少数派对成熟的政党——共产党已经变成了成熟的政党，它已经不再是列宁式的政党，而是变成了一个社会民主党——的回应。

如果无政府主义不奏效了，如果共产党不再具有革命精神了，那么你希望从这种只会加剧压制的表面上混乱的学生动乱中得到什么呢？

马尔库塞：所有激进的反抗都冒着压制不断加剧的风险。这从来都不是中止反抗的理由。否则，任何进步都是不可能的。

这一点毋庸置疑。但是，难道你不认为可能产生于革命的“进步”这个概念应该得到更好的定义吗？你对那些沉重地压在现代社会市民身上的不易觉察的限制提出了谴责。难道革命不会带来另外一种系列的限制吗？

马尔库塞：当然会。但有的限制是进步的，有的则是反动的。比如，强加在人的基本的攻击性、破坏本能、死亡本能之上并把这种基本的攻击性转化为能够用来完善和保护生命的能量的限制——对于最自由的社会来说，这些限制必不可少。再比如，不允许工业污染空气，不允许“白人公民委员会”像如今他们在美国所做的那样散布种族主义或持有枪支……毫无疑问，它们都是限制；但它们都是进步的限制。

你提到的这些随处都可以看到。在法国，持有枪支是被禁止的，但在美国，却是允许的，所以说，这并不是富裕社会的产物。让我们一起来思考一下对我们来说意义重大的表达自由吧！在你所提倡的自由社会中，这种自由消失了，难道不是吗？

马尔库塞：我曾经说过，我认为不应该给予像纳粹运动那样具有明显攻击性和破坏性的运动以新闻自由。但除了这一特殊情况之外，我并不反对表达自由……

[104] **即便只是宣传种族主义、民族主义和殖民主义观念也不行吗？**

马尔库塞：我的答复是不行。我不赞成给予种族主义、反犹主义和新纳粹主义运动以表达自由。绝对不行；因为现如今话语和行动之间的间隔太小了。至少在我所熟悉的美国社会是如此。你知道大法官霍尔姆斯的那句名言吧，他说公民权利只有在一种情况下可以被取消，那就是在出现紧迫的危险的情况下。而现如今这种紧迫的危险到处都是。

这种说法难道不会使你成为学生、革命分子或共产主义者攻击的靶子吗？

马尔库塞：你们总喜欢这么来问。我的答案从来都没变过。我不认为那些伟大的马克思主义理论家所构想的共产主义本质上具有攻击性和破坏性；我认为恰恰相反。

但在特定的历史条件下，情况却并非如此。在 1956 年苏联对匈牙利的政策中，或者在今天苏联对捷克斯洛伐克的政策中，不是也有攻击性和破坏性的要素吗？

马尔库塞：有。但那不是共产主义，那是斯大林主义。我当然会使用所有可能的限制来反对斯大林主义，但那不是共产主义。

为什么你在批判美国背离民主理想上要比你在批判共产主义国家背离共产主义理想上更加严厉呢？

马尔库塞：我对共产主义国家背离共产主义理想做了同样的批判。但是，我认为垄断资本主义的制度和整个文化妨碍了民主社会主义的发展。

你是不是认为我们总有一天会看到一个理想的共产主义社会的到来？

马尔库塞：嗯，至少理论上是这样。现在我们有一整套的马克思主义理论。就摆在我们面前。我们还有古巴、中国，以及布尔什维克革命那段英雄主义时期的共产主义政策。

你的意思是共产主义社会做出这些应受谴责的事是因为身不由己？苏联入侵捷克斯洛伐克是因为身不由己？

马尔库塞：那不是因为共产主义理念，而是因为苏联。入侵捷克斯洛伐克是社会主义史上最该受谴责的行径。这是苏联在与资本主义的政治和经济竞争中长期以来一直实行的实力政策的一种野蛮的表达。我认为共产 [105]
主义国家发生的许多应受谴责的事情都起因于与资本主义的竞争性共存，与此同时，我还认为贫穷却仍然主宰着共产主义国家。

这里你触及了一个很重要的问题，那就是，如果没有一个极端强制性的组织，就不可能减少贫困。因此我们再次发现限制是必要的。

马尔库塞：当然。就此来说，它们也有可能是进步的限制。比如，一个贫穷与奢侈、浪费和因特权而生的舒适并存的国家……有必要遏制这种浪费以消除贫穷、痛苦和不平等。这些都是必要的限制。

不幸的是，它们在经济上没有关联。遏制浪费无法消除贫穷，但生产却可以。

马尔库塞：那倒是真的。但我的观点是，确定无疑地存在于古巴的限制与那些我们在资本主义经济中感受到的限制不一样。

古巴也许并不是一个成功的社会主义经济的例子，因为古巴完全依赖苏联每日运送的石油。如果苏联停运两周的话……

马尔库塞：我不知道会发生什么。但是，即使在依赖苏联的情况下，古巴也取得了巨大的进步。

与之前相比确实取得了进步。你去过那里吗？

马尔库塞：没有。我去不了那里。

难道你不认为在美国的民主的框架内也可以取得进步吗？

马尔库塞：你真的认为民主在美国取得了进步吗？

比起“愤怒的葡萄”那段时期，还是取得了进步。

马尔库塞：我不同意。看看选举，看看由巨大的政治机器制造出来的美国总统候选人。谁能发现这些候选人之间的区别呢？如果这就是民主，那么民主就是一场闹剧。人民从来都不置一词，也没人问他们。

确实。但与此同时，近几个月来，成千上万的美国年轻人却纷纷表示他们反对越南战争，他们愿意为消除贫民窟而努力，在政治领域采取行动。

马尔库塞：这场运动正遭到越来越有效的压制。

[106] **那么你是否觉得我们是美国社会遇到了决定性的障碍的见证者？**

马尔库塞：答案要比这复杂一些。美国有朝着民主的方向进步的可能，但只能通过越发激进的运动来实现。它根本不可能在现存程序的范围内实现。这种程序只是一种游戏，美国学生早已失去了玩这个游戏的兴趣。他们早就对这种所谓的民主程序失去了信心。

你认为美国有爆发革命的可能吗？

马尔库塞：绝对没有。完全没有。

为什么没有呢？

马尔库塞：因为学生和工人之间没有合作，甚至没有达到5、6月份法国学生与工人之间的合作的水平。

如果是那样的话，你觉得学生有什么作用呢？

马尔库塞：他们是能够清楚地说出沉默大众的需要和渴望的激进的少数派。但他们本身并不是革命者，也没人说他们是革命者。学生很清楚这一点。

因此他们唯一的作用就是揭露？

马尔库塞：不仅仅是揭露。只有学生称得上是真正的发言人。

如果学生不与工人阶级接触，那么谁会在美国、德国和法国发动革命呢？

马尔库塞：我想不出来。尽管已经说了这么多，但我仍然无法想象没有工人阶级的革命。

目前不利的条件——至少从革命的角度来看是如此——是工人阶级更希望能归属于这个富裕社会而不是消灭它，尽管工人阶级也希望改变它的某些方面。至少在法国是这样。在其他国家有什么不同吗？

马尔库塞：你的意思是法国的工人阶级尚未被整合但它愿意被整合……美国的工人阶级已经被整合了而且它也希望被整合。这意味着革命的先决条件是出现一种新人类，而它的需要和渴望与现存社会攻击性和压抑性的需要和渴望有着质的不同。事实上，今天的工人阶级在很大程度上也有了统治阶级的需要和渴望，而如果不打破目前的需要，革命是不可想象的。

因此，未来似乎不太可能发生革命。攫取权力比改变人们的需要要 [107]

容易得多。但是你所说的攻击性的需要是什么意思？

马尔库塞：比如，持续不断地进行激烈的生存斗争的需要，每两年买一辆新车的需要，买新电视机的需要，每天看五六个的小时电视节目的需要。这已经成了相当大一部分人口的迫切需要，但这却是一种具有攻击性和压抑性的需要。

看电视具有攻击性？但乍看起来，看电视似乎只是一种消极的活动。

马尔库塞：你熟悉美国的电视节目吗？除了枪杀，它们什么都不关心。此外，它们总是刺激消费，让人们接受资本主义的生产方式。

电视也可以有不同的用途。

马尔库塞：当然。一般而言，所有这一切都不能归咎于电视，不能归咎于汽车，也不能归咎于技术。这一切只能归咎于由技术进步造成的滥用。电视也可以被用来对人们进行再教育。

这么说是什么意思？是要让人们相信他们并不需要汽车、电视、冰箱和洗衣机吗？

马尔库塞：是的，如果这些商品阻止奴隶从“甘受奴役”中解放出来，那就不需要它们。

这不是给那些从事生产汽车、冰箱等工作的人制造麻烦吗？

马尔库塞：他们将停工一到两周。然后每个人都参与选举。那时真正的工作，即消除贫困的工作、废除不平等的工作，而不是消费社会所进行的挥霍性的工作，才会开始。例如，如果美国的通用汽车和福特不是生产私人轿车，而是生产公共交通用车，那么公共交通将会变得人性化。

要说服工人阶级发动一场会降低他们的工资、废弃他们的汽车、减少他们的消费的革命，需要大量的电视节目。同时，我们有理由担心，事情可能会朝其他方向发展，所有受经济困难影响的人都有可能成为法西斯

分子。通常来说，法西斯主义不就根源于经济危机吗？

马尔库塞：确实是这样。革命进程总是从经济危机开始。但是，经济危机有可能带来两种后果：一种可能是所谓的新法西斯主义，即群众转向 [108] 一种更加专制和压抑的政权；另一种可能是，群众可能会看到建设一个使这样的危机得以避免的自由社会的机会。总是存在着这两种可能。我们不能因为害怕看到第一种可能的出现，就失去了希望，就不再去通过群众教育为第二种可能的出现而努力。不过，这不能仅仅停留在话语上，还要行动起来。

就目前来说，难道你不怕这些行动，特别是当它们充满了暴力的时候，会产生相反的后果吗？难道你不害怕社会为了自卫而变得更加压抑吗？

马尔库塞：不幸的是，这种情况很有可能会出现。但这个理由还不足以让人放弃。相反，我们必须增强反对力量，不断地强化它。总会有反对任何根本性变革的特权阶级。

在法国，表示反对的不是特权阶级，而是中产阶级和部分的工人阶级。特权阶级已开始乐于利用这种不满了。

马尔库塞：接下来你会告诉我革命性的激进分子应该对这种反应负责。在德国，他们早就开始纷纷议论说新纳粹主义是学生行动的后果了。

在法国，选举的结果毫无疑问地反映了这个国家中的多数人对令他们恐惧的五月运动的看法。

马尔库塞：嗯，我们必须与这种恐惧作斗争！

你认为人们可以用暴力来对抗恐惧吗？

马尔库塞：我承认，对于那些最软弱的人而言，暴力是非常危险的。但首先我们应该审视一下我们这个术语。人们总是在谈论暴力，但却忘了暴力有很多种，而它们的功能也不尽相同。有攻击性的暴力，也有防御性的暴力。有警察、武装部队或三 K 党的暴力，也有与这些攻击性的暴力相对抗的暴力。

学生们说，他们反对社会暴力、法律暴力和体制性暴力，他们自身的暴力是防御性的。他们曾经这么说过，而我相信这是真的。

正是因为政治语言学，所以我们从不使用暴力这个词来描述警察的行动，我们也从不使用暴力这个词来描述越南特种部队的行动。但这个词却很容易被应用到那些保护自己不受警察伤害、焚烧汽车或砍树的学生的行动上。这是政治语言学被现存社会当成武器来使用的一个典型的例子。

在法国，人们对焚烧汽车有很大的争议。但是，不仅在法国，甚至在世界各地，任何人都不会因为每天高速公路上大量的汽车被毁掉而激
[109] 动。在美国，每年有 5 万人死于高速公路交通事故。

在法国，大约是 13000 到 14000 人。

马尔库塞：但这并不重要。然而，一辆被烧毁的汽车却令人感到害怕，因为这是最严重的侵犯财产罪。其他的犯罪并不重要！

你怎么解释这种现象？

马尔库塞：因为其他的犯罪都有生产作用，都能够给社会带来利润。

但人们不会为了获利而自杀。你如何将社会与构成它的人分离开来呢？社会并不是这样一些人的特别法庭，这些人只能秘密见面，对彼此说：我们将看到人们在高速公路上自杀，这么一来，我们就能卖出很多车了！社会是大家的，每个人都同意这一点。你有车，你就可以开……

马尔库塞：但这一切都是有原因的。那就是，这个社会在它所处的现阶段必须高度地动员我们的攻击本能，以抵消每天的生存斗争所带来的挫败感。这个每天在工厂工作 8 小时并做着不人道的、令人昏沉的工作的小

人物周末坐在了一台比他强大得多的巨大机器上，而在那里，他可以利用他所有的反社会的攻击性。这是绝对必要的。因为如果这种攻击性没有在汽车的速度和动力中得到升华，它就有可能针对统治力量。

这看上去只是周末交通中发生的事！

马尔库塞：不。只有学生们在反抗和疾呼，“我们都是德国犹太人”，换句话说，我们都是被压迫者。

为什么你认为学生对这种蔓延开来的压迫的体验和表达更加准确呢？为什么看上去摇摇晃晃的——至少在工业国家是这样——革命火把交到了他们的手中？

马尔库塞：因为他们没有被整合。这一点非常有趣。比如说，在美国，社会科学的师生不仅与人文科学的师生在行为上有很大的不同，与自然科学的师生在行为上也有很大的不同。我所说的那些学生的大多数都来自社会科学。在法国，我认为情况不太一样……

是的，是不一样。

马尔库塞：在这些科学研究中，他们学到了很多东西，包括权力的本 [110]
质，事实背后的力量的存在。他们早就清醒地意识到了社会上所发生的一切。这种意识对于绝大部分人来说是根本不可能的，因为他们在某种意义上内在于社会机器。如果你愿意的话，我们可以这样来理解，即学生正在扮演法国大革命之前知识界专业人士的角色。

你知道，托克维尔曾就作家在1789年革命中所扮演的角色提出了批评，他指出，正是因为他们处在政治生活的边缘，缺乏公共生活的经历，所以给出了一个武断的纲领。

马尔库塞：很好！如果让我来回答托克维尔的话，我会说，正是因为学生和知识分子没有体验过今天所谓的政治，所以他们才是先锋。因为今天的政治体验就是对一场既虚假又血腥的游戏的体验。

政治一直以来都只是国王和国家元首之间玩的一场血腥的游戏。你的意思是现如今的政治很虚假，因为人们产生了错觉，他们以为自己参与到了这个游戏中？

马尔库塞：是的。谁真正参与了政治？谁参与了？任何重要的决定都是由极少数人作出的，比如越南战争。谁真正参与了那个决策？要我说，也就十来个人。后来政府征得了民众的支持。但就越南来说，即使是国会也没有机会了解事实的真相。是的，人们不参与决策。我们不参与。或者说，我们只参与不太重要的决策。

但是，如果美国政府明天停战了，当然他们会在某一天停战，那么这难道不是因为舆论吗？这难道不是因为舆论的反抗吗？

马尔库塞：确实是。那么到底是谁带来了舆论的这一转变呢？

美国的电视节目。

马尔库塞：不，不！应该是学生。反战运动开始于大学。

你的话有点矛盾，因为你之前曾经这样说过，即这种反对是可以被容忍的，因为它没有力量。

马尔库塞：它可能有改变美国政策的力量，但却没有改变制度本身的力量。社会的框架仍然保持不变。

你觉得，那种试图摧毁这个充满暴力的社会的暴力是合法的，也是
[111] **可取的。这是不是意味着，你认为这个社会不可能在民主的框架内以和平的方式向一个没有压迫的、更自由的社会演变？**

马尔库塞：学生们曾经说过：革命往往和它打击的暴力一样暴力。我认为他们是对的。

尽管弗洛伊德——你在《爱欲与文明》中多次提到了他——有了定论，

但你却仍然认为我们有可能创造一个自由的社会。这难道不是显而易见的乐观主义吗？

马尔库塞：我乐观，因为我认为，在人类史上，从来没有过如此充足的建立一个自由社会所必需的资源；我悲观，因为我认为，现存社会——特别是资本主义社会——为了抵制这种可能性被整个地组织和动员了起来。

或许是因为人们害怕自由？

马尔库塞：确实，很多人都害怕自由。他们习惯性地害怕自由。他们往往会自言自语道：如果人们每周只工作5小时，那么他们将如何利用这种自由呢？

这种习惯与资本主义无关。整个犹太—基督教文明都建立在工作的基础上，是工作的产物。

马尔库塞：这种说法可以说对，也可以说不对。看看封建社会。那是一个真正的基督教社会，但工作不是它的价值所在；而是相反。

因为那时有奴隶和村民，而这对封建领主来说非常方便。

马尔库塞：是有奴隶，但价值体系完全不同。正是在这个体系当中，文化被创造了出来。那时没有资产阶级文化这样的东西。或者说，每一种真正的资产阶级文化都是反资产阶级的。

换言之，我们应该回归封建制度，但是要用机器取代奴隶？

马尔库塞：我们必须用机器取代奴隶，但是不用回到封建制度。因为用机器取代奴隶意味着工作的终结，同时也意味着资本主义制度的终结。马克思曾在一个著名的段落中提到过这一点，他指出，随着技术的进步和自动化，人类会渐渐地与生产工具分离开来，脱离物质生产，只作为一个真正的主体对机器客观存在的可能性进行实验。而这也意味着以交换价值为基础的经济的终结，因为产品将失去它作为商品的价值。这就是困扰着现存社会的幽灵。

[112] **你会不会把工作和努力视为一种压抑的价值？**

马尔库塞：这取决于它的目的。努力本身并不压抑，比如，为艺术付出努力，为每一个创造性的行为付出努力，为爱付出努力……

如果你不再被迫去工作了，你还会工作吗？

马尔库塞：当然会。如果我不再被迫去工作了，我还会工作。

你认为自己是一个自由人吗？

马尔库塞：我？我认为这个社会里没有人是自由的。没有人。

你有没有对自己做过精神分析？

马尔库塞：从来没有。你认为我需要吗？

很有可能需要，但这不是重点。令人好奇的是，你对弗洛伊德的作品以及他关于所有文明都有着不可避免的压抑性的观点进行了如此彻底的研究，但你却从不过问自己在行使个人自由方面的障碍。

马尔库塞：我只是在理论层面上讨论了弗洛伊德，没有在治疗层面上讨论。

难道你不认为欧洲文明能够创造它自身的价值以回应美国文明，与此同时吸收美国文明中积极的元素，即你提到的对人类的解放而言绝对必要的技术进步吗？

马尔库塞：现如今，欧洲文明已经几乎无从谈起。甚至西方文明也已经无从谈起。我认为东方文明和西方文明正以前所未有的速度同化。而且今天的欧洲文明早已吸收了太多的美国文明。因此除了一些十分孤立的知识文化领域还可以想象，例如，诗歌，我们无法想象一个摆脱了美国影响的欧洲文明是什么样子。

因此你认为这场战斗已经失败了。我们都成了美国人？

马尔库塞：不能这么说。我们可以改变，利用美国文明的可能性来造福人类。我们必须利用一切能够方便我们日常生活的事物，使其变得更容易被忍受……例如，我们如今已经可以不再污染空气了。我们有各种各样的手段。

既然从定义上来讲，艺术是否定和挑战，那么你认为艺术在你梦寐以求的自由社会中扮演什么样的角色呢？

马尔库塞：我不是先知。在富裕社会里，艺术是一个有趣的现象。一 [113]
方面，它拒绝、谴责现存社会；另一方面，它却在市场上出售。任何一种艺术风格，无论它多么前卫，都要在市场上出售。至少可以说，这意味着艺术的功能是有问题的。一直以来就有议论，认为艺术已经终结了，而艺术家们也确实觉得现如今艺术已经失去了它的功能。富有的家庭有博物馆、音乐会和名画，但艺术却早已失去了它的功能。所以它想成为现实的一个重要组成部分，去改变现实。

例如，看看那些涂鸦。对我而言，这可能是五月事件里最有趣的一面，马克思和安德烈·布勒东结合了起来。让想象力夺权：这是真正的革命。这很新颖，也很有革命性，因为它试图将想象力最先进的理念和价值转化为现实。这证明人们学到了重要的一课：真理不仅在理性之中，还在想象之中，甚至更有可能在想象之中。

想象是最重要的领域，在想象中，人的自由始终是完整的，没有什么能够束缚它。梦想可以为此作证。

马尔库塞：是的。正因为如此，所以我认为，无论学生抗议的直接后果如何，它都是当代社会发展的一个真正的转折点。

因为学生正将想象与现实重新结合起来吗？

马尔库塞：是的，有一幅我十分喜欢的涂鸦，它这样写道："脚踏实地，追求乌有。"说得太好了。还有一幅写道："当心，隔墙有耳。"这就是现实！

你不想回德国吗？

马尔库塞：不想，我只想回去作讲座。但我非常喜欢德国的学生，他们太棒了！

他们与工人阶级的合作是不是比其他国家的情况更好？

马尔库塞：不。他们的合作更不稳定。

你是不是在美国收到了三 K 党的死亡威胁？

马尔库塞：他们署名三 K 党，但我认为那些信不是三 K 党寄来的。

你是不是在收到死亡威胁后搬离了原来的住处？

马尔库塞：是的。不是因为恐慌，不过我还是离开了。坦白讲，我并不害怕。因为我的学生为了保护我用他们的汽车把我的房子包围了起来……从某种意义上讲，他们认为存在危险这一观点是对的。

[114] **现如今，你的"恶名"使你进入了公众的视野，你觉得你还能在美国继续生活下去吗？**

马尔库塞：我不确定，一点也不确定。在大学里没有问题。大学一直以来都是我的避难所。

你认为现在所创办的美国大学可以成为法国大学的榜样吗？

马尔库塞：我们必须区别看待美国的大学。规模比较大的大学一直以来都是自由思想和扎实教育的圣殿。比如，以我们的加利福尼亚大学圣迭戈分校为例。这里可能是美国最反动的地区，因为这里有一个庞大的军事基地，有一个所谓的国防工业中心，还有大量的退役的陆军上校和海军上将。我与学校、政府及同事之间没有任何问题。但在社会上，在善良的中产阶级市民那里，我却遇到了很大的困难。我与学生们之间也没有问题。我认为，美国的教授和学生之间的关系要比法国和德国随意得多。

你知道，就这方面而言，美国确实有平等主义的传统。教授并没有什么神圣不可侵犯性。而不允许这种神圣不可侵犯性存在的正是美国的物质主义。教授是领薪水的，他们经过一段时间的研究，学到了一些东西，然后去教学生。教授并不是一个等同于上帝的神话般的人物，绝对不是。他的政治立场取决于他在大学中的地位。如果你得到了一个永久职位，他们几乎不可能解雇你。我的处境很危险，我不确定我能不能保住我在大学里的职位。

你说的这件事很严重。如果美国不再有表达自由了，那么其他任何地方就更没有了……也许英国还有？

马尔库塞：是的。英国可能是最后一批自由的国家之一。大众民主不利于不顺从的知识分子……

这是问题的关键。你经常因为想建立一种柏拉图式的精英专政而受到批判。是这样的吗？

马尔库塞：约翰·穆勒并不是一个专政的拥护者，但他却说过一段很有意思的话，他指出，在文明的社会，受过教育的人必须要有政治特权，以便对抗未受过教育的群众的情绪、态度和观念。

我从来没有说过有必要建立一种柏拉图式的专政，因为没有一个哲学家能够做到这一点。但坦率地说，我不知道到底是政治家、管理者、将军的专政更糟，还是知识分子的专政更糟。

就我个人而言，如果必须选择，而且没有实现真正的自由民主的可能性，那么我更愿意选择知识分子专政。不幸的是，这个选项目前并不存在。 [115]

必须首先建立知识分子专政，以教育和改造群众，然后，在遥远的未来，等到人们改变了，民主和自由就会占据主流。是这样吗？

马尔库塞：是这样，但这并不是真正意义上的知识分子专政，而是知识分子更重要的角色。我认为工人运动对知识分子的愤恨是这场运动现如今陷入停滞的其中一个原因。

就他们因为害怕行动而常常会变得残忍而言，知识分子专政非常令人不安。

马尔库塞：真的是这样吗？历史上只有一个残酷的知识分子，那就是罗伯斯比尔。

还有圣茹斯特。

马尔库塞：我们有必要拿罗伯斯比尔和圣茹斯特的残忍与艾希曼式的残忍和官僚化的暴力做一番比较，甚至与现代社会的体制性暴力做一番比较。纳粹的残忍是一种管理技术。纳粹不是知识分子。知识分子的残忍和暴力往往更为直接，更为短暂，并且不那么残忍。罗伯斯比尔没使用过酷刑。酷刑并不是法国大革命的一个重要的方面。

你很清楚，知识分子不接触现实，或者说很少接触现实。你能想象一个在他们的直接统治下运转的社会吗？比如说，这会给列车的准点运行带来什么样的影响呢？或者说，给组织生产带来什么样的影响呢？

马尔库塞：如果你将现实看成是既定现实，那么你就是对的。但是知识分子不会也不应该将现实看成是既定现实。考虑到真正的知识分子具有想象力和理性，我们可以期望他们会取得了不起的成就。不管怎么说，闻名于世的知识分子专政还从未存在过。

也许是因为知识分子就他们的本性来说都是个人主义者。列宁也这么说过。你更喜欢哪一种形式的专政？比如说，是像苏联那样直接进行操

纵的专政还是戴着民主面具的专政？

马尔库塞：我们完全没有必要将给定的形势与其发展趋势割裂开来。有的社会和政治压抑可以促进人类的进步，使人类走向真正的民主和自由，有的压抑则恰恰相反。我不止一次说过，我完全抵制斯大林式的压抑 [116] 和共产主义的压抑政策，尽管我承认这些国家的社会主义基础包含着走向自由化并最终走向自由社会的可能性。

很难不去怀疑这种结果……

马尔库塞：我对这两种结果同样持怀疑态度。

你认为人类能在自由的同时相信上帝的存在吗？

马尔库塞：人类的解放不依赖于上帝的存在与否。阻碍人类解放的不是上帝的观念，而是一直以来对上帝的观念的利用。

但是为什么一直以来利用它呢？

马尔库塞：从一开始，宗教就与社会统治阶层结成了联盟。就基督教而言，它不是从一开始，而是在很早的时候就与统治阶层结成了联盟。

简言之，我们必定隶属于社会统治阶层！这是我们可以讽刺地从你的话中得出的一个可悲的结论。其余所有人都只是在从事或多或少注定要失败的冒险活动。当然，在巴黎或柏林，人们更喜欢冒险，需要冒险，而且渴望成为格瓦拉。

马尔库塞：格瓦拉并不是纯粹在冒险，他把冒险和革命政治结合了起来。而且如果革命不包含冒险主义的元素，它毫无价值，它也就只是组织、工会、社会民主、权势集团的活动。冒险往往要超越……

你所谓的冒险主义，其他人都称之为浪漫主义……

马尔库塞：随你怎么说。冒险是对既定现实的超越。你可以说那些不再希望把革命局限于既定现实框架内的人是冒险主义，浪漫主义，你也可以说他们有想象力，随你怎么说，反正它是一切革命所必需的元素。

这一点毫无疑问。但是，对那些其人民想要进行革命的国家的形势进行具体分析，这似乎也是一个不可以完全忽略的因素。当然，前提是人们想实现它，而不仅仅是停留于梦想。还有一个问题。你对现代社会强加于我们的这一剥夺我们独处和沉默机会的令人痛苦的压迫形式提出了控诉。这难道不是集体主义社会特有的灾难吗？

马尔库塞：首先，我们必须破除集体主义社会这个概念。集体化有多种模式。有的集体主义建立在真正的人类团结的基础上，有的集体主义则
[117] 建立在强加于个人的权威政体的基础上。对自律、沉默与独处的破坏不仅发生在所谓的集体主义社会，也发生在所谓的自由社会。关键的问题是要确定强加于个人的限制是为了进一步支配大众，以及对大众进行洗脑，还是相反，是为了人类的进步。

如果只是为了能面带微笑地忍受噪音而去学着认识哪些噪音有进步的意义，这将十分有趣。对不起……我们是在开玩笑。

马尔库塞：我也爱开玩笑。如果没有沉默，没有使个人自由得以发展的内在和外在的独处的空间，就没有自由社会。如果人们在一个社会主义社会中既没有私人生活，也没有自律、沉默和独处的机会，那么很简单，它不是社会主义社会！至少现在还不是。

六

声　明

马尔库塞论捷克斯洛伐克和越南[①]

1968 年 9 月 12 日

美国

加利福尼亚州拉荷亚市，92038

加利福尼亚大学圣迭戈分校

学术评议会

沃尔特·芒克教授

亲爱的沃尔特：

贾森·桑德斯已经给我寄来了您和加利福尼亚大学圣迭戈分校学术评议会成员于 9 月 4 日起草的关于捷克斯洛伐克危机的声明，他问我是否愿意签字。

我完全同意您的观点，即华沙条约国对捷克斯洛伐克的入侵是一种应受谴责的犯罪——绝对不可原谅。但我不赞同您声明中的说法。现如今

---

① 马尔库塞就捷克斯洛伐克和越南问题于 1968 年 9 月 12 日致加利福尼亚大学圣迭戈分校教授评议会的信。

我们怎么能呼吁同时在越南推行同样应受谴责并且同样“与所有主权国家的自由原则相矛盾”的政策的美国总统利用他对华沙条约国的影响以使他们解除“与联合国宪章相悖的干预”呢？因此，我不能在您的声明上签字。

我的立场大家都知道。事实上，在入侵十二个小时后，我就迫不及待地与来自南斯拉夫、匈牙利、捷克斯洛伐克和西方世界的哲学家们签署了一份明确谴责此次入侵的声明。这份声明是写给华沙条约国的，并发表 [119] 在了欧洲的报刊上。另外，代表个人，我在随后的几天里接受了多位欧洲记者的采访，我谴责此次入侵的声明也被刊登在多家欧洲报纸上。我在接受法国《快报》周刊采访时表达了我对捷克斯洛伐克危机的看法，您可以在 9 月 16 日版的周刊中看到。

我携家人向您和您的家人致以诚挚的问候。

您的赫尔伯特

加利福尼亚大学圣迭戈分校哲学系谈马尔库塞①

在我们尊敬的同事马尔库塞七十岁生日之际，哲学系全体成员希望借此表达他们对这位哲学家、老师和同事的钦佩之情。马尔库塞教授继承了柏拉图、霍布斯、洛克、卢梭、黑格尔、穆勒和马克思等政治与社会哲学家的伟大传统。和这些举足轻重的先辈们一样，马尔库塞对自己所处的社会和文化做了批判性的审视和评估，尖锐地指出了它的一些缺陷，准确地诊断出了它的一些弊病，并大胆地提出了一些基本的补救措施，其中包括改造社会秩序。在过去的三十五年里，他在自己丰富的学术著作中对黑格尔、马克思和弗洛伊德的洞见做了详细的考察，形成了一套强有力的富有原创性的关于现代社会本质的理论。为此，他成了世界杰出的当代社会和政治哲学家。目前世界各地知识分子对马尔库塞思想的关注以及大量的以不同的语言讨论其观点的著作和文章都是他的奠基性的贡献的明证。他的工作引发了世界各地的人们对他们有关现代人及其社会的本质与命运的信念和假设的重新思考。西方《名人录》最近关于马尔库塞的评语承认他

① 加利福尼亚大学圣迭戈分校哲学系于1968年7月19日在马尔库塞七十岁生日之际发表的声明。

是“新的人类精神的领导者”，这表明他受到了那些致力于理解和改善人类命运的人的尊重。

我们认为哲学应该一如既往地引导人们通过有意义的争论来审视和评估信仰。作为哲学系，我们致力于提出各种各样的观点，而不管它们是否受欢迎，这样做的目的是我们和学生们可以探索我们的信念，以期找到对人类及其世界更加深入更加有意义的理解。在这场危险但却时有收获的 [120] 冒险中，马尔库塞在富有朝气和活力的知识分子共同体的发展中起到了不可估量的作用。只有通过思想的自由互动，我们才有望找到解决我们的问题的新见解和更好的理论。最近那些骇人听闻的对马尔库塞教授攻击与威胁就与自由探索的传统相悖，因为他们试图压制那些不受欢迎的人及其思想。今天，我们在他七十岁生日之际向世人宣誓我们支持以发现真理为目的的古老的哲学探索，我们向我们的同事马尔库塞先生致敬，因为他为这一探索作出了创造性的贡献。

马尔库塞是当今世上最让人振奋和发人深省的老师之一。我们的学生有幸接触到了他的智慧、学识、批判和洞察力，并且在实现自己心智的独立与成熟的过程中获益匪浅。我们很高兴在加利福尼亚大学圣迭戈分校哲学事业的发展中有机会与马尔库塞教授合作，我们希望在接下来的日子里能够继续与他携手同行。对于我们所有人和我们的学生来说，这是我们难得的荣幸。为了表达我们的敬意，我们今天准备在加利福尼亚大学圣迭戈分校设立一年一度的马尔库塞哲学奖。

阿多诺谈马尔库塞[①]

1968年9月18日

加利福尼亚州圣迭戈市，92037

加利福尼亚大学

哲学系

哲学系主任，贾森·桑德斯教授

敬爱的桑德斯教授：

您8月21日的来信已经收悉，在此致以衷心的感谢，谢谢您在信中所表达出来的信任。

我很乐意谈一谈我对我这位社会研究所多年的同事、我的老朋友马尔库塞的看法。我高度赞赏他的才智和他高尚的德行。他的思维能力和精

① 阿多诺于1968年9月18日致加利福尼亚大学圣迭戈分校哲学系的关于马尔库塞的信。

神活力以及他对我们今天接触到的“麻醉机制”的反对说明了一切。不需要专门去确认和评价他的名望。对我自己而言，我只能说，在我们一生的友谊中，他杰出的创造能力已经证明他的智力没有丝毫衰退的迹象。此 [121] 外，我的看法应该有一定的分量，因为早在他在全世界享有盛誉之前我就已经认识他很久了，并且素来敬重他。但是，我可以非常肯定地向您保证，即使是这样的承认也没有对他产生丝毫的影响，他一点也没有改变。他从来都不自负，也不骄傲，而只有真正伟大的人才能如此。

或许我应该再补充一点，就像我一样，赫尔伯特也反对暴力，因为暴力是一种我们都害怕的普遍的压抑的形式。他的现实感和他发自内心的幽默感使他无法评估任何与实际的力量平衡不相称的运动。他一直公开地、不妥协地保持着独立于德国所谓的议会外的反对派的立场，就像他素来反对共产主义的恐怖那样，他同样反对西方世界具有威胁性的反应。我和他的基本立场是一致的，尽管我们是独立发展起来的。因此，当我如此强烈地代表他说话时，我并不觉得自己是盲目的铁杆拥护者。我不得不说他的年龄没有任何问题；我从来没有见过一位七十岁的老人其各个方面都能在如此令人难以置信的程度上永葆青春。

这些话是我对您的来信的本能反应。如果您需要像更加正式的声明那样的英文文件，请尽快告诉我。当然，我会即刻回复您。我衷心希望这封信能对您有所帮助。

忠诚地致以最好的祝福。

西奥多·阿多诺

七

论新左派①

① 《论新左派》是马尔库塞于 1968 年 12 月 4 日在激进报纸《卫报》二十周年纪念日上的演讲的笔录。它在多处被发表了出来，其中包括 *The New Left: A Documentary History*, ed. Massimo Teodori (New York: Bobbs-Merrill, 1969), pp. 468–73。

我没必要为《纽约时报》如何称呼我而担责，我从未声称自己是左派的意识形态领袖，我也不认为左派需要意识形态领袖。有一个东西是左派不需要的，那就是另一个父亲的形象，另一个爸爸。而毫无疑问，我也不想这样。

首先，我想重复一下卡尔·奥格尔斯比（Carl Oglesby）刚才说的话。我们不能等了，我们也不该等了。当然我也不能等了。不仅是因为我的年纪，还因为我认为我们不必等了。即便是我，我也没有别的选择了，因为我真的再也无法忍受这种一成不变了，我甚至都快要窒息了。

今天，我希望尽可能现实地把左派的处境呈现给你们。这需要一些理论上的反思，但我不会为此感到歉疚，因为如果左派讨厌理论思考的话，那么左派就真的是有问题了。[鼓掌]

首先，我想指出的是我们的运动——我说的是“我们”——所面临的两个矛盾。一方面，我们都觉得，都有这样的经验，都强烈地感到，这个社会正变得越来越压抑和破坏人类在不剥削他人的前提下天生追求自由、决定自己的生活和塑造自己的生活的能力。

这里说的是“我们”——不只是这个房间里的所有人，而是所有被压抑的人，所有被他们的工作所奴役、被本无必要但却因为他们必需而仍有必要的绩效所奴役的人，被他们必需的道德所奴役的人，以及那些被这个国家内部和外部的殖民政策所奴役的人，所以我们是急需变革的大写的**我们**。但是，另一方面，我想我们必须承认，大多数人，或更确切地说，
[123] 很大一部分人并没有真正体会到、注意到或在政治上意识到这种变革的必

要性。正如我所看到的那样，这是我们策略上的第一个大难题。

我们策略上的第二个大难题是——我们经常碰到这样的质问："我们还有其他方案吗？你能给我们的比我们所拥有的更好吗？"我不认为我们可以简单地把这个问题放在一边，只是说："我们需要的是破坏；事后我们会看到接下来发生什么。"我们不能这么做，一个很简单的原因是，我们的目标、我们的价值、我们**自身的**新的道德、我们自身的道德必须在我们的行动中清晰可见。我们想要共同创造的新人类必须在我们的行动中清晰可见——我们现在必须努力成为这种人。[鼓掌]

这就是我们不能简单地把这个问题放在一边的原因。即使在很小的范围内，我们也必须能够展现出将来某一天人类可能会变成的样子。也正是因为从这些方面来考虑，我仍然坚信替代方案就是社会主义。但它既不是斯大林主义的**社会主义**，也不是后斯大林主义的社会主义，而是**自由的**社会主义，它历来都是一个完整的社会主义概念，但却很容易被压抑、被抑制。

好，如果这是替代方案，那么我们该如何传播它，因为人们会环顾四周，然后说："请告诉我们哪里有这样的社会主义？"也许我们会说，它将来很可能出现在古巴，也可能出现在中国。不过确定无疑的是，在越南，它正在与超级怪兽作斗争。但他们可能再一次环顾四周，然后说："不，这不是社会主义。正如我们所见，社会主义就像我们在苏联所看到的那样。社会主义就是入侵捷克斯洛伐克。"换句话说，社会主义就是犯罪。

那么我们该怎么解决这个矛盾呢？我认为我刚才提到的两个矛盾可以简化为一个矛盾。没有群众基础的激进变革似乎是不可想象的。但是，至少在这个国家，在可预见的未来，获得群众基础似乎同样是不可想象的。我们该怎么解决这个矛盾呢？

答案似乎很简单。我们必须设法得到这种支持。我们必须设法获得这种群众基础。但在这里，我们遇到了我们今天所面临的民主说服的局限性。它为什么会有局限性？因为大多数人，或者说决定性的一部分人，即工人阶级，在很大程度上与这个制度一体化了；也就是说，他们不仅在表面上与这个制度一体化了，而且在极其坚实的物质基础上与这个制度一体化了。当然它不可能永远与这个制度相协调。

历史上没有什么是永恒的。

公司资本主义的矛盾比以往任何时候都更加严重。但是这并不能也不应该助长这样一种错觉，即这种一体化——暂时的一体化——确实已经存在，而只有在制度内部的矛盾变得更加尖锐时，它才会有所松动。正如我们在过去的几年里所看到的那样，矛盾确实变得更加尖锐了，但是，因为这样的瓦解从来都不会自动发生，所以我们的任务是努力施加影响。

[124] 民主说服为什么会有局限性？它的第二个原因是左派缺乏足够的接触大众媒体的机会。

如今，舆论是大众媒体制造出来的。如果你无法买到同样充足的时间，如果你无法买到同样充足的空间，你怎么可能改变舆论，改变以这种垄断的方式制造出来的舆论呢？

其结果就是，在这个伪民主的国家里，我们面对的是这样的大多数，他们似乎能够自我延续，能够作为不受激进变革影响的保守的大多数自我繁衍。但是，根据传统的模式来看，妨碍民主说服的环境同样也会妨碍革命性的集权的群众政党的发展。今天，不可能有这样的政党，而这不仅是因为根本就不存在可以被集中起来的革命群众，还因为镇压机器已变得比以往任何时候都更加高效、更加强大，当然，更重要的（也许是最重要的）

是因为如今集权化并不是推动变革和实现变革的适当的方式。我过一会儿再来谈这个问题。

这里我想再补充一点。我刚才说过现如今公司资本主义的矛盾一如既往的严重，我们现在必须再加上一句，那就是现如今公司资本主义的资源一如既往的强大，不但如此，通过合作，或者我应该说，通过美国和苏联的勾结，它们每天仍在不断地发展壮大。我们面对的是资本主义制度暂时的稳定，或简单说，暂时的稳定——我认为这是一个我们应该拯救和重新夺回的过时的术语；左派的任务就是启蒙、教育、培养政治意识。

我想用三个标题非常简短地讨论一下新左派的策略的目标、方法，最后是新左派的组织。第一，就目标而论：我们有了新的历史体验，也就是说，我们对高度发达、技术先进同时运行良好而又有凝聚力的工业社会内部发生激进变革、革命充满了期待和需求。这一新的历史体验要求我们重新审视我们曾经最珍爱的概念。当然我在这里只能给大家一份需要重新审视的目录。

首先是夺取权力的概念。现如今，旧模式已经不再起作用了。比方说，在一个像美国这样的国家里，在一个集权和专制的政党的领导下，大量的群众聚集在华盛顿，占领五角大楼、建立一个新政府，这似乎有点不现实和乌托邦。[笑]

我们将会看到，我们只能去设想这种制度分崩离析了，而在这种情况下，利益、重点和行动就会转移到地方和局部地区。

第二个需要重新审视的概念是工人阶级的角色。在这里，我想就新 [125]
工人阶级这个如今受污蔑最深的概念说几句。我知道外界有可能怎么议论它，也知道外界是如何议论它的。对我而言，新工人阶级的概念完全把握住并预见到了资本主义物质生产过程中我们亲眼所见的趋势，即越来越多的高素质的受薪雇员、技术人员、专家等将在物质生产过程中占据举足轻重的地位。以至按照正统马克思主义的说法，他们正是以这种方式变成了工业工人阶级的成员。我认为，我们可以看到潜在的群众基础延伸到了传统的工业工人阶级之外，把新工人阶级也纳入了进来，而这增加了被剥削者的愤怒。

如今这种延伸——表明群众基础很大但却极其分散——改变了我们所说的左派少数的领导或骨干、政治激进分子和群众之间的关系。就像我所说的那样，我们可以去设想的并不是这种大型的集中而又协调的运动，而是地方和局部针对具体不满的政治行动，比如，暴动、贫民区叛乱等等，也就是说，很大程度上缺乏政治意识并且相比以往更加有赖于发挥领导作用的激进的少数的政治指导的群众运动。

我想就新左派策略说几句。伪民主程序在多大程度上借助半垄断的保守的大众媒体创造了这个社会和很大程度上无响应的大多数，在多大程度上不断地再生产这个社会及其大多数，政治教育和准备就必须在多大程度上超越传统的自由主义形式。政治活动和政治教育绝不能仅仅局限于讨论和写作。左派必须找到足够的手段来打破顺从和腐化的政治语言和政治行为的世界。左派必须设法唤起他人的意识和良知，突破强加于所有政治活动之上的腐化的政治世界的语言和行为模式，而这几乎可以说是一项超人的任务，需要超人的想象力，也就是说，这需要努力找到一种语言，并努力把那些不从属于我们所熟悉的政治行为而且有可能传达出这样一个信号——正在发挥作用的是有着至今还没有同时我希望将来也不会被社会吸收进来的不同需要和不同目标的人类——的活动组织起来。

从现行秩序及其合理性来看，这样的行为必然是愚蠢的、幼稚的、非理性的，但它完全可以表明这是超越和打破由既定的政治行为构成的压抑的世界的一次尝试，至少是一次暂时成功的尝试。

最后我们来谈一谈新左派组织。我曾提到过传统的组织形式已经过时了，比如，议会政党。我今天所能想到的任何一个政党都会在很短的时 [126] 间内成为普遍的极权的政治腐败的牺牲品，因为腐败是政治世界的主要特征。不管是政党，革命性的集权制，还是地下组织都是如此。因为它们都太容易成为不断强化、不断改进的压迫工具的受害者了。

相对于这些形式，正在形成的似乎是一个完全公开的组织，它分布广泛，我们可以看到它主要存在于高度灵活自主的小团体和地方活动当中。

我想在这里说几句看似异端的话——根本就没有基本的统一的策略。左派是分裂的！左派一直以来都是分裂的！只有不想斗争的右派才是统一的！【大笑】

如今新左派的力量可能就存在于这些小的明争暗斗同时在多个点上活跃的团体当中，它是和平或所谓和平时期的政治游击队，但我认为这是最重要的一点，因为把主要精力放在地方活动上的小团体预示着什么才有可能是自由的社会主义的基本组织，那就是体力和脑力劳动者委员会，就是苏维埃（如果我们仍可以使用这个术语的同时不去想苏维埃实际上发生过什么的话），不过，我想说的是有组织的自发的苏维埃。

请允许我就结盟说几句，我认为，这应该在新左派中间展开讨论。我不建议像列宁所说的那样要与魔鬼结盟，因为现如今魔鬼太强大了。他会吃掉我们；也不要与自由主义者结盟，他们已经接手非美活动调查委员会（un-American committee）的工作。[鼓掌] 他们在谴责左派的时候，相比委员会有过之而无不及，我想我不必说出他们的名字，因为你们一清二楚。我们应该与那些认为敌人来自右派而且已经证明了这一点的人结盟，不必在意他们是不是资产阶级。

请允许我总结一下新左派的前景。我深信，这不是一个信条，相反，我认为这至少在很大程度上是基于你们所说的对事实的分析。我深信，今天的新左派是我们唯一的希望。它的任务是自身做好准备，并帮助他人做好准备，不要等或只是今天做好了准备，而是在思想和行动上，在道德和政治上，随时做好准备，以迎接公司资本主义日益加剧的冲突消解了其压抑性的凝聚力并为自由的社会主义真发挥作用打开了空间这样的时刻的到来。只要新左派能够维持住它现有的活动，它明年的前景一定也会不错。但总会出现倒退。任何运动都不可能以同样的速度发展；维持我们的活动就已经算是成功了。

我有几句话要送给左派的朋友和敌人。特别是谴责为大拒绝奋斗、
[127] 不接受老左派与老自由主义者的拜物教和拜物教概念的年轻的新左派的那些人，谴责新左派是幼稚的激进分子和势利的知识分子的那些人，他们在谴责新左派的时候引用的是列宁那本著名的小册子，但我想告诉大家的是那是一件历史伪造品。列宁删去了他不满与强大的革命性的群众政党对抗的激进分子的那部分。这种革命性的群众政党现如今早已不复存在。共产党已经变成或正在变成一个秩序党；正如它自己所说的那样。换句话说，形势早已完全不同。在没有革命党的情况下，我认为，这些所谓的幼稚的激进分子是伟大的社会主义传统虚弱、迷惑但却真正的历史继承者。

大家都知道，他们的队伍中混入了不少特工、傻瓜以及不负责任的家伙。但他们中间也有这样的人，这样的男人和女人，黑人和白人，他们完全摆脱了剥削社会的那些具有侵略性和压抑性的非人的需要和渴望，能够自由地为建设一个没有剥削的社会做好准备工作。我愿尽我所能地与他们并肩战斗！

八

哈罗德·基恩先生访马尔库塞博士[①]

① 1969 年 2 月 25 日，“哈罗德·基恩先生访马尔库塞博士”在圣迭戈 KFMB-TV 上播出，报道了最近围绕马尔库塞与加利福尼亚大学圣迭戈分校续约的政治争论，以及右翼团体对他的政治攻击。哈罗德·基恩（Harold Keen）是一名电台和报刊记者，他认真仔细地对围绕马尔库塞的争论做了追踪，并定期在电视和报纸上对这个问题做了报道。

基恩先生：加利福尼亚大学圣迭戈分校短暂历史上最严重的学术危机已经尘埃落定，至少目前是如此。当校董会支持威廉·麦吉尔（William McGill）的决定，再与马尔库塞博士签一份截至 1970 年 6 月为期一年的合同时，围绕这位备受争议的哲学教授的去留的问题所引发的激烈争论得到了解决。究竟是马尔库塞博士的哪些观点使美国退伍军人协会（the American Legion）、当地报纸和圣迭戈县的几个州立法委员提出了驱逐他的要求呢？作为公共服务频道，TV–8 对他做了访谈，以便让大家直接了解马尔库塞博士的观点和主张。

首先，马尔库塞博士，你被称为马克思主义哲学家。这种称谓准确吗？

马尔库塞博士：斯大林自称是马克思主义者。策划入侵捷克斯洛伐克的共产党统治者也自称是马克思主义者。如果他们是马克思主义者，那么毫无疑问，我不是。

基恩先生：所以，我认为你反对入侵捷克斯洛伐克，反对斯大林主义，反对俄国政府今天的立场。

马尔库塞博士对这三个问题都给予了肯定的回答。

基恩先生：那么你是怎么定义马克思主义的？

马尔库塞博士：嗯，作为一种理论，马克思主义是对资本主义的分析（政治的、社会的和经济的），它的结论是资本主义制度只能通过持续不断
[129] 地增加冲突、浪费资源、破坏资源或战争等来维持和发展，与此同时，在这种哲学看来，向社会主义过渡是唯一的出路。

基恩先生：难道俄国现在不是社会主义或共产主义国家吗？你对它的运行方式有异议吗？

马尔库塞博士：有异议，或者这么说吧，我觉得，在苏联社会以权威主义和官僚主义的方式建设的过程中，政权被强加在了人民的头上，而不是人民实际决定他们自身社会的发展，所以苏联的社会主义完全偏离了马克思主义的观念。

基恩先生：也就是说，你反对这种极权主义？

马尔库塞博士：毫无疑问。

基恩先生：苏联官方报纸《真理报》对你做了猛烈的抨击，称你为假先知、狼人。为什么？

马尔库塞博士：我不知道为什么我会被《真理报》视作华尔街的代言人和资本主义的走狗。我在这里受到了左派媒体的攻击，尤其是被 P.L. 当成了美国中央情报局的特工，我还受到了保守派媒体的攻击，说我为克里姆林宫服务。一方面，保守派攻击我，说我鼓动全球范围内的学生反抗运动；另一方面，P.L. 又攻击我，说我为美国中央情报局服务，试图镇压全球范围内的学生运动。现在，我受到了左派和右派同样猛烈的攻击，我逐渐得出这样一个结论，即我的话肯定有一定的道理。

基恩先生：你能否对我们这些外行人讲一下“P.L.”是什么意思？

马尔库塞博士：进步劳工党。

基恩先生：当今世界上哪种模式最接近你理想的马克思主义的社会的观念？

马尔库塞博士：嗯，我没有这样的观念——根本就没有理想的社会主义社会。根本就没有理想的社会。不过，我认为，最接近马克思心中所想的社会的可能是今天的古巴，在那里，人们不是以权威主义和官僚主义的方式，而是完全以自下而上的方式去建设社会主义；也就是说，不是以骑在人民头上的方式，而是以人民积极参与的方式去建设社会主义。

基恩先生：马尔库塞博士，上周，在因麦吉尔校长宣布有意与你再续约一年而引起的这场风波中，你的对手都拿去年 12 月份在纽约举行的新左派集会上的演讲中的一句话来批评你，说你“倡导以政治游击力量来推进自由的社会主义的发展”。这其中有暴力革命的意思。我想知道的是，你所说的“政治游击力量和自由的社会主义”是什么意思？

马尔库塞博士：你提到了“倡导”这个词。我再说一遍，作为一个老师、一个教育工作者，我不倡导。我给学生们讲事实，讲所有那些我所掌握的乃至每一个想要看到事实并且不会对事实视而不见的人所掌握的事
[130] 实。我让他们自己得出结论。如果学生们因为我的倡导而去做什么事，那么我应该放弃教书。我认为这对一个老师来说简直是太糟糕了。

基恩先生：你的意思是你不会煽动学生运动或激进主义？

马尔库塞博士：那不是一个教育工作者、一个老师应该做的。我所做的和我正在做的，如果可以的话，我会继续做下去的，就是我刚刚所说的，分析事实，摆出事实，分析事实，给出既定情况下可能的替代方案。我把决定权留给了学生。在这种情况下，我分析了新左派正在实践的策略，而在这个策略中，“政治游击”是一个要素。它意味着，嗯，举一个很有名的例子，比如说，所谓的生活剧场也可以被称作游击剧场。换言之，政治游击与军事游击有着非常明显的区别。之所以叫“游击”是因为它以小团体的形式在特定的地区遍地开花。

基恩先生：你所说的“自由的社会主义”是什么意思？这种社会主义和其他类型的社会主义有区别吗？

马尔库塞博士：有区别，自由的社会主义是一个经常与人道主义的社

会主义一起被用来区分一般意义上的社会主义社会与苏维埃式的社会主义社会的术语。自由的社会主义是一个真正按照人民的需要和能力发展起来的社会，而不是一个在权威独裁统治下发展起来的社会。

基恩先生：你信任我们如今在这个国家所享有的言论自由和新闻自由吗？

马尔库塞博士：我不信任倡导种族主义、侵略的自由。

基恩先生：你是不是认为倡导这些东西的人不应该拥有言论或集会自由？

马尔库塞博士：那些倡导对黑人处以私刑、倡导反犹主义、倡导侵略的人不应该享有完全的言论自由。

基恩先生：这本身不就成了一种由特定的群体决定哪些不能说、哪些人不能组织集会来发表看法的极权主义吗？

马尔库塞博士：我不这么认为。我认为宣扬那些东西反倒是一种极权主义，是完全反民主的。

基恩先生：你建议让知识精英来统治吗？

马尔库塞博士：我从未提议让知识精英来统治。如果要在民主和精英之间做出选择的话，我更愿意选择民主。这一点毫无疑问。我的问题是，我们是否拥有真正的民主，我们是否真的没有被一个相对较小的社会阶层——如果你不想称之为精英的话——所统治。如果要在知识精英统治和非知识精英统治之间做出选择的话，我更愿意选择前者。

基恩先生：依你之见，现如今这个国家的社会状况是否适合革命？ [131]

马尔库塞博士：不适合，我已经说过很多次了。我之前多次说过，这个国家根本就没有出现革命的形势，甚至于都没有出现革命前的形势。

基恩先生：为什么没有呢？

马尔库塞博士：因为主观条件和客观条件都不具备。只有在大多数人都觉得需要激进的变革并愿意为之奋斗的时候，才具备革命的条件。但事实并非如此。

基恩先生：马尔库塞博士，那么这是不是表明大多数美国人满足于他们的生活方式，制度也满足他们的需要，而你对制度的批判并没有基础可言呢？

马尔库塞博士：嗯，这个问题需要小心谨慎地回答，我担心我的回答会很啰唆。人们满足于他们的现状这个事实不应成为分析形势和行动指南的最终标准。例如，如果由于有效的洗脑和灌输，整个民族都满足于纳粹统治下的条件，那么你会怎么看？事实上，你可以说，战争开始之前，大部分德国人都满足于这些条件。难道这就能证明这个制度是合理的吗？如果这些变革是必要的，那么这样的满足不就阻碍了我为变革而努力吗？

基恩先生：就美国现如今的生活方式来说，你觉得无法被容忍的是什么？

马尔库塞博士：我认为它之所以无法被容忍，或者我这么说吧，我认为这个国家之所以需要变革的原因是我们有一个总是针对地球上最贫穷、最弱小的民族发动破坏性的战争——在我看来，其实就是侵略战争——的社会，一个攻击性和野蛮性已经积累到了一个可怕的程度的社会，一个无论是在国外还是在国内既耗费了数量惊人的资源同时又使贫穷与苦难延续了下来的社会。对我而言，这样的社会正是因为拥有巨大的可以改善人类现有条件的潜能，才应该被重新审视，以便确定是否有必要进行某些根本的变革。

基恩先生：你已经放弃了通过已经为这个国家服务了近两百年的民主进程来实现和平的变革的方法？

马尔库塞博士：和平的变革的方法总是更可取的。如果权力集团真的会和平地、自觉地进行必要的变革，那么没有人会比我更乐意看到这种情况；但不幸的是，我没有看到任何沿着这个方向发展的迹象。

基恩先生：嗯，你认为用暴力来达到你所认为的公正的目标是否合理呢？

马尔库塞博士：在我看来，在许多情况下，大家都会认为暴力是合理 [132]
的。如果一个国家遭到了外国势力的入侵，没有人会否认，为了生存，它应该用一切可用的手段来保卫自己。如果我在街上，遭到了一个扬言要杀我的罪犯的袭击，那么我完全可以动用我手中所有的暴力手段来保护自己。所以在这种情况下，当然，如果暴力是一种防御措施，那么在我看来，它就是合理的。

基恩先生：你认为那些发生在大学校园里的暴力——比如占领大楼、破坏财产或攻击别人——合理吗？

马尔库塞博士：你是知道的，相比暴力，我现在还拿不准是不是该把它叫作反暴力。但是，对于我是否赞同学生运动中使用的手段，我想纠正一点：占领大楼、侵犯私人财产是民主进程必要的组成部分，这并不是我说的。这个问题是阿瑟·施莱辛格提出来的，他可不是共产党，他是已故总统约翰·肯尼迪的前顾问，也是罗伯特·肯尼迪的顾问，他语气坚定地给出了肯定的回答。他说他甚至认为占领大楼、侵犯私人财产是民主进程的一部分。我同意他对民主的定义。

基恩先生：我可不可以把这理解为你实际上已经放弃了作为革命先锋的工人阶级？

马尔库塞博士：又来了，我说过，我既不倡导也不放弃。唯一的问题是在给定的历史条件下工人阶级是否仍然与马克思笔下的工人阶级一致，而我的观点是，至少在这个国家，出于某些可理解的正当理由，工人阶级并没有成为一股革命力量。

基恩先生：这是不是因为工人阶级一直以来或者说现如今对自身的生活条件感到非常满足呢？

马尔库塞博士：嗯，我不知道它有多满意。与高速运转系统下的那些在流水线上、传送带上工作的汽车工人交谈时，我觉得说他们感到非常满足是不妥的。问题是：面对不确定的革命机会，他们愿意放弃他们拥有的东西吗？我认为答案是否定的，他们不愿意这么做。

基恩先生：那么，你认为现如今谁是革命先锋呢？

马尔库塞博士："革命先锋"，我觉得这个说法不好，因为正如我所说的那样，这个国家没有出现革命的形势。在我看来，先锋在政治意义上实际上是学生运动；也就是说，我认为当前学生运动的主要作用是努力唤起人们的意识，让他们看到他们自己的社会和国外正发生着什么，让他们知道变革的必要性。

[133] **基恩先生**：与之相关，美国退伍军人协会和圣迭戈县的州众议院议员斯塔尔（Stull）反对你的一个主要原因是：你是一个革命者，你要求学生参与作为建立左翼专政政权的必要步骤的游击战和破坏活动，因此，你不该留在一个靠税收维持的校园里。你对此有何评论？

马尔库塞博士：我从来都不要求学生做任何事。如果有一点是肯定的，那就是今天的学生既不想要也不需要一个新的父亲形象，一个新的爸爸。即使我告诉了他们一些东西，他们肯定也会有自己的想法，也不一定去尝试。我在很大程度上赞同学生运动的目标，但我并没有告诉他们去做什么，我也不会倡导他们去做什么。

基恩先生：在你教学的过程中，你对现行制度提出了批判——难道不是吗？

马尔库塞博士：哦，是的。

基恩先生：你指出了剧烈变革的必要性？

马尔库塞博士：是的。

基恩先生：这本身难道不会引起学生的骚乱和反叛吗？

马尔库塞博士：不。我想说，引起学生乃至其他人群——比如说，黑人——骚乱和反叛的是目前的状况，而不是我写了什么和我说了什么。真正促成革命的力量是那些试图以一切手段阻止必要的变革的力量。这些人实际上推动了革命的发展。

基恩先生：你是否同意欧洲的革命学生那些写着“马克思是先知，马尔库塞是他的诠释者，而毛泽东是一把利剑”的标语牌和横幅？

马尔库塞博士：我对这些标语不承担任何责任。我认为他们给了我太多的荣誉。

基恩先生：马尔库塞博士，许多人都觉得大学应该让它的学生学会与现有的社会和谐相处，而不是成为反叛的温床。

马尔库塞博士：我认为这是一个非常危险的教育观念。我再举一个例子。你肯定会想到 1933 年之后的德国大学，它们不就是教育学生要与社会和谐相处吗？他们确实是这么做的，你也是知道结果的。正如一位伟大的哲学家曾经说过的那样，教育不是为了现存的社会，而是为了未来更好的社会；在我看来，真正的教育应该培养批判和独立思考的能力。我认为这是一个民主自由的社会中的教育的主要职能；如果一个社会，一个自由的社会，不再宽容那些违背或似乎违背了既得利益的异议，那一定是社会和共同体出了什么问题，而不是教育。

基恩先生：你曾说过“倡导青年进行性道德反叛”，你这么说是什么意思？

[134] **马尔库塞博士**：我没有任何意思，因为我从来没有这么说过。这是一句很巧妙地伪造的话，我想说的是，我们当地的报纸都在玩这些花样。我曾说过，我想我能一字不差地说出来，“新左派应该把青年的性道德反叛的政治含义逐渐地呈现出来”，而这与你引用的那句话大相径庭，因为它意味着我们应该试着将性道德反叛转变为一场政治运动。

基恩先生：你觉得在我们这个社会里很压抑吗？你不是享有巨大的被共产主义政体所否定的发表批判性意见的自由吗？

马尔库塞博士：确实如此，我早就清楚地意识到了这个事实，即我属于一个享有这种自由的非常小的特权群体，我为此心怀感激。但是，我必须马上补充一点，这是一种特殊情况，而如果看一看那些还没有获得终身教职、还要养家糊口的同事，就会知道他们有多害怕他们会因为政治活动而失去工作，并且有可能不太容易找到一份新的工作。

基恩先生：美国退伍军人协会认为你应该感谢这个国家，因为它给你这个纳粹德国逃亡者提供了庇护所，给了你公民身份，给了你工作，给了你充分的去从事你的活动的自由。

马尔库塞博士：仅就这一点，我完全同意美国退伍军人协会的说法。我非常感激这个国家能够接受我这个纳粹德国流亡者，这也正是我为什么要尽我所能地阻止这个国家走上警察国家道路的原因。

基恩先生：嗯。但你却觉得应该彻底改变这个国家的政府和社会结构。

马尔库塞博士：只是因为我认为——也不仅是我认为——这些条件压制了我们现有的自由和正义的现实可能性。如果这些条件仍将继续占据上风，它们必定会受到压制。

基恩先生：如果最后的期限是 1970 年 6 月，那么这将是你在加利福尼亚大学圣迭戈分校的最后一年。你未来有什么计划？

马尔库塞博士：嗯，如果这种混乱的状况没有进一步加剧，那么我可能会去做我今年已经开始做的事；我会放弃全日制的教学，这样我就有时间去进行之前有心无力的阅读和写作了。自 1962 年以来，我几乎一直都在不间断地从事教学工作，因为，主要是由于我的年纪，我享受不到任何我的同事所享有的福利和补偿，既享受不到休假或退休制度，也享受不到其他任何福利，所以如果我最终能有这样的时间，我会非常高兴。

基恩先生：你真打算 1970 年之前退休，也就是今年退休吗？

马尔库塞博士：是的，我认真考虑过了，我打算今年退休。

基恩先生：到底是什么改变了你的想法？

马尔库塞博士：什么改变了我的想法？说白了，我原本想看一看这所大学是否仍然有能力，是否仍然有足够的勇气去为它的完整性而斗争，去 [135]
与那些试图对大学施压的无知的反动势力作斗争。麦吉尔校长已经斗争过了，我很感谢他。

基恩先生：你真的是因为这些诉求才决定留下来，抵抗你被驱逐的压力的吗？

马尔库塞博士：我决定留下来主要是因为我的学生。我深感责任重大。我喜欢我的学生。再就是，这里的很多学生都是我见到过的最聪明的学生，因为他们，我当然不想辞职。

基恩先生：你现在还会像去年 7 月你收到死亡威胁时那样觉得自己有生命危险吗？

马尔库塞博士：是的，我这么觉得。我申请了警察保护，我也得到了警察的保护。

基恩先生：圣迭戈市的警察吗？

马尔库塞博士：圣迭戈的警察。

基恩先生：你没有得到校警的保护吗？

马尔库塞博士：我被告知，校警无能为力，因为这事发生在校外。

基恩先生：你为什么认为自己有生命危险呢？

马尔库塞博士：因为我不断地收到恐吓信，而且我很担心当地媒体刊登煽动性的社论和读者来信可能带来的后果。我非常清楚这种源于德国纳粹的斗争方式，我也知道它的含义。

基恩先生：你认为整个社会对你怀有敌意？

马尔库塞博士：当然不是整个社会。我收到了大量的社会团体和个人的来信，他们纷纷表示支持我、支持学术自由和教育的完整性。唯一的问题是这些持异议的团体，我认为他们是一个很大的群体，但却始终无法在这个城镇上发出声音来。你知道这个城镇只有一家报纸，社会中的异见分子根本发不出声音来。

基恩先生：马尔库塞博士，共和党中央委员会说你公开支持暴力，说你认为暴力是对社会有用的破坏性。如果你确实说过，那么你这话是什么意思呢？

马尔库塞博士：我不认为我曾说过这样的废话，这很可能又是一个误解，是一些［与我］毫无关联的乱七八糟的东西。我可能在讨论弗洛伊德的精神分析理论时谈到了将攻击本能升华为对社会有用的攻击性；我也提到过一个非常熟悉的关于外科医生的例子，据弗洛伊德所说，他把攻击本能升华了，把它变成了一种有益于社会、有益于健康的活动。

基恩先生：现在，我们完全可以这么说，那就是，你似乎受到了右派和左派的全面攻击。那么你觉得谁实际上支持你的观点呢？你是知道的，极右势力和极左势力也都反对你。

马尔库塞博士：我认为我得到了所有阶层的支持。我的朋友一次又一 [136]
次地问我为什么我不驳斥对我的攻击，我只有一个答案，那就是，我不可能跟那些既没有读过我的书也没有参加过我的讲座但却竟敢对我的话和我的为人进行评论的人交谈。我非常愿意在任何时候与任何一个真正读过我的书、理解我说的话并真的愿意与我谈一谈的人讨论。

基恩先生：马尔库塞博士，你认为我们的社会有什么好的方面吗？

马尔库塞博士：我认为我们的社会有很多很好的方面。比如，我认为参与抗议的青年人现如今是我们最大的希望。即使是民众，一般民众，他们也在竭尽所能地与这个国家的精神污染和物质污染作斗争。在这场斗争中，在这场使这个国家最后的美丽的地方免受污染和商业化的斗争中，我看到了许多积极的方面。我觉得这个国家的人民既美丽又积极，因为他们仍然保留着人道的、独立的思维和情感，因为他们一直都在竭力使自己免受几乎每天都要面对的洗脑和灌输的影响。

基恩先生：嗯，谢谢你，马尔库塞博士，谢谢你能够为我们描述你的这些在国内外引发广泛热议的观点。这是 TV–8 为大家带来的特别报道。

九

美国的组织和革命主体的问题：对话汉斯·恩岑斯伯格[①]

---

① 《美国的组织和革命主体的问题》是 1970 年马尔库塞与德国作家汉斯·恩岑斯伯格的一次对话，参见 *Kursbuch* 22（1970）, pp. 45–60；还可参见 *Zeit-Messungen*, Frankfurt: Suhrkamp, 1979。马克·戈德堡（Mark Goldberg）把它译成英文——译文就存放在马尔库塞档案馆中——原本是为了发表在新左派出版物《大学评论》（*University Review*）上，但却最终没有发表，我们在这里把它收录了进来。

恩岑斯伯格：在欧洲，我们都有这样的印象，那就是，近年来美国的政治局势急剧恶化，已经到了紧要的关头。我们对预防性拘留和警察胡作非为早已有所耳闻；美国左派也早已公布了准备使用的集中营名单；甚至有传言称，美国政府已经就如果 1972 年的总统选举被取消或如果选举完全不再被允许而国家该如何反应展开调查。我们能否得出这样的结论，即整个法律和秩序体系正变得越来越像它的反面，也就是说，法制越来越像诈骗，维持秩序越来越像专制统治（政治和犯罪、黑手党和政府几乎无缝地衔接了起来）呢？该如何解释这些发展变化呢？

马尔库塞：你的例子选得很好。就集中营来说，我不敢肯定，因为我没有看到名单。同时，我也不知道美国政府是否真的动起了废除大选的念
[138] 头。我认为不大可能，因为这个政府没必要害怕大选。现在的问题是法西斯主义是否在美国占据了主导。如果我们能明白为什么宪政国家的残存者被逐渐地或迅速地废除了，为什么像即时应召民兵那样的准军事部队被组织了起来，为什么赋予警察特别的法律权力，比如，废除了家庭的神圣不可侵犯性的臭名昭著的不敲门法；如果我们看一下近年来的法律判决；如果我们知道特种兵（所谓的平叛部队）正在美国为了可能发生的内战而接受训练；如果我们看一看报社、电视和电台近乎直接的审查，那么在我看来，我们完全可以为法西斯主义的兴起找到正当的理由。

人们往往都反对这种观点，他们认为，相对于法国，美国对激进的批判更为宽容。确实如此，但这很可能与该事实密切相关，那就是，目前美国社会之所以能容忍这种批判是因为它没有产生任何影响。

恩岑斯伯格：但正如我们所知道的那样，法西斯主义的其他方面消失了，比如说，有着超凡魅力的领袖。或者说你觉得像尼克松、阿格纽（Agnew）或里根这样的人有这样的潜力吗？对群众的直接吸引力还没有表现出我们通常将其归结为法西斯主义的那种形式。

马尔库塞：我不认为有着超凡魅力的领袖是当今法西斯主义的必要组成部分。就像其他运动、其他压迫形式一样，法西斯主义也依赖于社会的整体趋势。美国的法西斯主义将不同于德国的法西斯主义，毫无疑问，这是因为美国社会不同于 1933 年的德国社会。有着超凡魅力的领袖不再是必要的了。我想提醒你的是，威廉·夏伊勒（William Shirer）——上帝知道他不是社会主义者——最近有一个精彩的表述：他指出，美国法西斯主义很可能是第一个通过民主手段并获得民主支持而上台的法西斯主义。

恩岑斯伯格：你认为该如何解释美国的这种发展呢？最愚蠢的法西斯主义理论是用 1929 年的经济危机来解释希特勒在德国的胜利的。你是不是觉得美国的经济和社会矛盾也出现了大致与之相当的恶化的状况？

马尔库塞：我认为确实存在某种类似于预防性的法西斯主义的东西。在过去的十到二十年间，我们经历了一场预防性的反革命运动，目的是为了不让我们受到令人恐惧的革命的伤害，但是，这场令人恐惧的革命至今都没有发生，甚至说目前还没有被提上日程。预防性的法西斯主义以相同的方式形成了。美国宪法政府逐渐枯竭就是美国帝国主义的矛盾愈演愈烈的结果。诚然，这些矛盾目前还可以控制，但它们有进入那些完全被洗脑的人的意识的危险：巨大的社会财富与其可怕的破坏性的使用之间的矛盾；减少异化劳动的可能性与其得到了系统性的维护之间的矛盾；在最短的时间内消除贫困和痛苦的可能性与巨大的浪费之间的矛盾。从长远来看，这些矛盾只能通过武力来压制。 [139]

资本主义必须坚持的工作纪律等价值正在逐渐丧失对人们的影响力，正在逐渐瓦解。与此同时，人们已经明显感觉到东南亚的战争和希腊及拉丁美洲严酷的独裁专政——得到了美国巧妙的支持——毫无意义，以至于借口和隐瞒早已起不到丝毫的作用。这就是为什么该制度利用那些向反对派展示的措施的原因：一旦你变得危险了，我们就会把你关起来，我们就会把你打得稀巴烂。

恩岑斯伯格：甚至是在美国，你所指出的矛盾也可以被具体地看成是阶级矛盾吗？或者说你认为有没有可能将这些矛盾与美国的阶级冲突联系起来呢？

马尔库塞：这是在转移矛盾。马克思从来都不认为，资本主义制度的矛盾只集中在工业工人阶级身上。相反，矛盾遍布整个社会，遍布经济基础和上层建筑。当然，它们以不同的方式在各个社会阶级身上表现了出来，但它们是整个制度的矛盾。

恩岑斯伯格：那么你是不是觉得最突出的矛盾并不是雇佣劳动和资本之间的矛盾呢？

马尔库塞：当然还是资本和劳动的矛盾。但是，如果一个人声称自己是马克思主义者，那他就必须注意不要盲目崇拜阶级概念。资本主义结构的改变与阶级及其处境的改变相伴而生。对马克思主义者来说，没有什么比采用物化的工人阶级概念更不能被接受和更危险的了。

恩岑斯伯格：你之前曾经提到过阶级分析的必要性。欧洲的左派政治团体也在努力推动这项工作。但我们认为这并不是一项学术工作。相反，它要求直面工人阶级的物质和道德存在。阶级分析应该只是政治实践本身的一个方面。正因为如此，许多同志纷纷走进了工厂，走进了社会机构。他们得出的结论是，脱离生产领域的有组织斗争的理论分析不可能有任何出路。

马尔库塞：走进工厂并不一定能够看到或听到由生产关系引起的社会内部矛盾。当然，工人阶级的分析应该尽可能地具体。但我认为现如今这往往会带来对理论的蔑视和理论的错位。人们早已不再觉得自己能够胜任此事。但如此一来，我们就会再次回到资产阶级社会学的立场上来。如果 [140]
理论没有被摒弃……如果我们没有被物化的无产阶级概念所困扰，那么，当然，走进工厂是很有必要的。但如果这一步被认为可以取代理论经验和分析，那么它也就只是朝着虚假的直接性迈出了一步……

恩岑斯伯格：毫无疑问，学生运动由那些参与者的阶级状况决定，由他们的利益和意识决定……

马尔库塞：……打断一下，但那是庸俗的马克思主义。这场运动是由意识的主观状态决定的……

恩岑斯伯格：……同样也是由特定的物质的立场决定的！众所周知，工人阶级在西德的大学里就没有得到充分的代表。

马尔库塞：……毫无疑问，这并不意味着学生不能超越这种意识状态，也并不意味着他们无法看到和表达一般的社会关系。这与一个人是否来自于中产阶级完全无关。马克思和恩格斯就来自中产阶级……那么，依你之见，学生运动的缺点到底是什么呢？

恩岑斯伯格：正如我们已经看到的那样，它的缺点是它不知道如何超越它自身的行动的范围，以及如何动员工人阶级。

马尔库塞：这到底是学生的错还是工人阶级客观条件的错呢？举个例子……在很大程度上，正是美国的学生运动把反对越南战争的反对派动员了起来……这远远超出了个人利益——事实上，学生运动从根本上讲与个人利益相矛盾，它打击的是美帝国主义的核心。工人阶级没有参与，但上帝知道，这并不是学生的错……

……没有什么是比美国学生运动更加非资产阶级的了，同样也没有什么是比美国工人更加资产阶级的了。（请原谅我的夸张！）你的那些陈词滥调是没用的。你真的认为公社、政治示威和占领大楼是资产阶级现象吗？

恩岑斯伯格：不一定。不过，在另一方面，所谓的抗议事件、嬉皮士事件、退学事件——所有这些事件——在我看来很大程度上都是资产阶级现象。

马尔库塞：我认为嬉皮士和退学的政治功能早已终结了。

恩岑斯伯格：这些现象已经被占支配地位的文化吸收了。

马尔库塞：事实上，他们甚至已经变成了反动分子。他们之所以如此是因为他们混淆了个人解放与社会解放……政治人拒绝这种混淆。现如今他们已经不再只是嬉皮士，或者说他们根本就不是嬉皮士……

恩岑斯伯格：马尔库塞先生，用一个未来学的流行术语来说，你对美国接下来的十年有何展望吗？你如何评价这个社会的前景呢？

[141] **马尔库塞**：我想，在未来的几年里，它将变得更加压抑；我想，激进的反对派将会有极其困难的问题需要解决——最重要的是，政治行动、反暴力等的作用和边界的问题；我猜想，美帝国主义的矛盾会在国内和国际范围内加剧，因此，镇压也会加剧；我想，法西斯主义的潜能将会继续增加，激进反对派将需要集中所有力量以身作则来启蒙和教育工人阶级，使之不至于落入法西斯主义之手。我们仍然有可能避免帝国主义进入新法西斯主义阶段。反对力量就摆在我们面前。我们还没有讨论最重要的问题：政治经济……在所谓的消费社会中，资本主义的生产方式对其内部的边界产生了冲击：投资和商品市场已经饱和了。相对于生产性劳动，“非生产

性”劳动不断增加。通货膨胀——意味着实际收入的下降——成了这种制度的动力。虽然帝国主义扩张在欠发达的资本主义国家（加拿大、法国、英国）有了进展，但它在拉丁美洲（智利、秘鲁、玻利维亚）却遇到了越来越多的阻力。中国正在渐渐地变成共产主义大国。越南和柬埔寨的民族解放战争表明人类在军事上有可能阻止史上最强大的战争机器。在世界资本主义的宗主国，职业道德的瓦解有可能成为危及制度顺利运行的物质力量。但是，现如今在美国为阻止全球反革命而战的唯一真正的反对派是激进的青年和贫民窟的激进分子。所有战略与战术问题上的不同、所有的意识形态上的不同，都应该被搁置；为了共同的斗争，所有的自我毁灭行动、所有的急躁情绪和失败主义都应该被克服——因为现如今作为激进政治力量的这场运动的问题不是进攻，而是自卫。

十

压抑的新时代的运动：一种评估[①]

① 《压抑的新时代的运动》是马尔库塞于 1971 年 2 月 3 日在加利福尼亚大学伯克利分校的一次演讲。本文载于 the *Berkeley Journal of Sociology*（Winter 1971–2）, pp. 1–14。

我想就激进运动今天所处的形势作一个理论分析。首先，我想说的是，我仍然认为激进的学生运动、黑人和棕色人种激进分子是这个国家唯一真正的反对力量。除此之外就没了。或者说，还有，只是我没有看到。如果马克思主义不只是复述一百年前就已经阐释过的概念，那么我希望我所作的分析是实实在在的马克思主义分析。

当我们周围所发生的一切似乎都在大声疾呼行动，无论是什么行动，以免我们窒息而死，以免我们被糟蹋时，对我而言，进行这样的理论分析是很难的。当奥威尔式的语言已经成了政府和人民之间，甚至在很大程度上已经成了人民之间正常的沟通媒介时，进行这样的理论分析是很难的。但是，奥威尔式的语言不只是一种明目张胆的谎言，它也表达了事实。我们通过扩大中南半岛的战争来结束战争。我们坚壁清野的同时也在撤军。“为了最大的正义”，我们驳回对越南战争中所谓的大屠杀的控告，等等。对我而言，现如今我们有了关于资本主义现实矛盾的看起来有点奇怪的表述方式：毋庸置疑的是，只有通过准备战争，甚至发动战争，这个社会才能实现和平；同样毋庸置疑的是，只有通过在其他地方扩大或制造冲突，它才能缓和或暂时解决冲突。

[143] 我的分析将从这两个命题切入。第一，20 世纪的结束很可能意味着第一次世界历史革命的到来；第二，这一革命进程被以美国为中心的世界范围内的预防性的反革命阻断了。我之所以称之为预防性的反革命，那是因为它之前没有发生过革命。即将到来的革命（倘若它到来了——而你会发现这并不确定）将是一场世界历史革命，因为这是有史以来第一次社会

控制了全世界的用于消除贫困和剥削的资源。它将是一场世界历史革命，因为第三世界涌现出了强大的革命潜能，而这影响到了受压迫的少数民族中资本主义制度的主要支持者。它将是一场世界历史革命，因为我们在中国形成了一种新的没有按照权威主义的官僚模式发展的社会主义形式；我们还有苏联和苏联卫星国，它们也有可能成为潜在的客观的反资本主义力量。

现如今，面对这些前景（真的威胁到了这个制度），我们拥有国内外规模空前的镇压叛乱的组织。镇压叛乱不仅是为了预防革命，也是为了解决当前资本主义制度日益恶化的矛盾。巨大的生产力及其私人控制和利用之间明显的冲突往往会要求进一步增加对生产力的限制、误用和扭曲，要求不断地更新计划报废品和废物。然而，我认为我们今天已经注意到了这一点，那就是，即使是资本主义对生产力做了最严格的限制和最严重的破坏，这也无法长时间地阻止利润率的下降、通货膨胀以及所谓的技术性失业。

我简单勾勒出的这个图景似乎证实了马克思理论这一明显被20世纪时至今日的实际发展所驳倒的核心命题，即一个整体的社会主义社会只有在世界范围内才有可能实现，而这样的革命将首先从高度发达的工业国家开始。换言之，必须砸断资本主义链条，但不是从它最薄弱的环节，而是从它最强大的环节。为什么是这样呢？我想，如今我们可以很清楚地看到答案。你只需考虑一下这一点就够了，即帝国主义宗主国的激进变革会在全球范围造成什么样的影响。它将意味着第三世界但又不限于第三世界的走狗政权的瓦解。它将消除欧洲革命发展道路上的主要障碍；它将允许中国和古巴革命的独立发展；它也许还将意味着苏联出现政治大变动。此外，这一潜在革命的新的量的范围还表明它与之前的革命有着质的区别。

这场第一次以工业社会的成就为基础的革命有可能从一开始就表现出一个[144]总体的特征。废除人对劳动工具的从属地位，逐步有效地减少异化劳动，这反过来会使经济、政治、文化革命三者合一，而正是因为这个范围，它将远远胜过之前的革命。这将是历史上第一次从一开始就有可能进行完整的社会主义建设而不是将其无限期地推迟到可能永远都不会到来的第二个阶段。

这一新的历史形势要求我们重新审视激进反对派在预防性反革命的形势下工作的前提条件和生产策略。我想先看一看第二次世界大战以来资本主义制度内部发生的结构变革。不过，我只想在这里说一下主要的趋势。由于国际经济力量越来越集中，个体资本家也越来越受制于资本整体的利益。资本更加直接地与国家和政府融合在了一起。资本对政治和军事力量结构的依赖以及政府对经济的干预，已经到了“国有化”即使在这个国家也不再是肮脏的字眼的程度；有人甚至考虑将某些大企业国有化。换言之，我们看到的是，垄断资本主义正在走向国家资本主义。

这对社会阶层化意味着什么？这意味着越来越多的中产阶层依赖于垄断资本。他们把全部精力都放在了实现——如果不是创造的话——剩余价值。因此，随着资本主义的转型，我们看到的是剥削延伸到了工业和农业劳动阶级之外；我们看到的是由受过教育的劳动者组成的所谓的新工人阶级的出现，而这也正是生产过程日益技术化和科学化的必然要求。与此同时，由于生产力在技术方面的进步，这种资本主义确实能够提高大部分人口的生活水平。因此，尽管大多数人（包括有组织的劳动者）都被整合进了制度当中，但阶级斗争却并没有消失。它在废除阶级社会本身之前不可能消失，而是以众所周知的就工会条款展开经济论战这种古典形式延续了下来。

这个转型现如今给我们带来了决定性的问题。传统的工人阶级，即蓝领工人阶级，仍是潜在的革命的社会基础吗？还是说，资本主义的转型创造了一个新的更大的基础呢？对于这个问题，那些像以前一样坚持认为工业工人和主要的蓝领工人为革命提供了基础的人有一个普遍但却极不充分的不符合马克思主义的答案。他们坚持认为，如果现如今最发达的工业国家（我再强调一次，这里说的是最发达的工业国家）的劳动群众不革命 [145]（甚至有可能反革命），那只是因为他们的意识滞后于他们的社会存在。因此，我们有了众所周知的主观和客观因素之间的冲突。我认为这个答案不仅不充分，而且完全不符合马克思主义。如果我们了解一点马克思，我们就应该知道，他认为社会存在必定决定社会意识。因此我们必须在社会存在中寻找答案，在如今工人阶级的客观条件中寻找答案，而只能把在他们的意识中寻找答案当成一种辅助手段。或者，说得更简单一些，即使工人阶级的意识确实发生了改变，那也是因为工人阶级的客观条件发生了改变。

到底是什么原因给工人阶级的客观条件带来了这种改变呢？我想我们已经注意到了这一点，那就是资本主义在两个层面上出现了新的稳定化趋势：第一个层面是，全球经济、政治和军事的海外扩张；与之密切相关的第二个层面是，国内外的新殖民化。资本主义制度的这一稳定化趋势取得了什么成就呢？竞争性的科技进步创造了全新的产业部门，扩大了国内外的市场，与此同时，劳动生产率的提高不仅抵消了利润率的下降，还使得工人阶级过上相对较好的生活成为可能。

与这一转型相伴而生的是广告行业、服务、娱乐等第三产业的发展，而我认为这对马克思主义的分析来说是决定性的。按照马克思主义的观点，第三产业的发展（其中生产服务是主要的活动）意味着现如今越来越多的劳动人口加入到了非生产性劳动当中，也就是说，他们不生产物质商品，不生产资本，而按照马克思的说法，他们也就不是无产阶级。这是马克思说的（参见 *Capital*, Modern Library Edition, p. 673），不是我说的。但马克思还说了一些更令人不快的情况。因此，很大一部分工人阶级被中产阶级同化，也就是说，被那些不属于统治阶级的中产阶级同化不仅仅是意识形态性的，也不只是一种表面现象，而是源于生产过程。我想再次引用马克思的《剩余价值理论》（German Edition, vol. 1, pp. 324ff.）中的话。他指出，随着劳动生产率的提高，就会有越来越多的人口从事非物质性的生产——这是他最令人惊奇的预测之一。其中有一些人将成为知识生产者。在实现剩余价值的过程中，甚至我们今天还可以说，在创造剩余价值的过程中，他们成了资本主义再生产的一个越来越重要的基础。

毫无疑问，这意味着工人阶级的成分发生了决定性的改变。那么这是否意味着工人阶级不再是革命主体了？当然不是。只要劳动力仍然是生
[146] 产过程的基础，工人阶级就仍然是政治基础。但它将是一个非常不同的、扩大了的工人阶级。今天我们在寻找革命主体时遇到了很大的麻烦，因为我们寻找革命主体时，我们把它当成了一个似乎存在于某个地方的东西，当成了一个早已被制造了出来或至少部分地被制造了出来，就等着人们去发现的东西。我们必须摆脱这种对工人的盲目崇拜，以及对阶级概念的神秘化。我们必须认识到革命主体只能在斗争自过程中出现。只有在斗争中，它才能成为革命主体。

阶级随着生产过程的变化而变化。这些变化首先表明，革命主体将是一个扩大了的、发生了改变的工人阶级，而传统意义上劳动者，即蓝领工人，将仅仅是其中的一个（目前来看最不活跃的）要素。其次，这些变化还表明，革命的主体、动机和主要动力都将是非物质的需要。这也正是

这场革命与以前的革命的质的区别。换言之，如果物质需要得到了满足，这场革命将首次把人在生活各个领域和层面而不仅仅是工作中的自决权摆在议事日程上。现阶段，资本主义在绝大多数人的支持下运作。这个不控制生产资料的大多数将在异化劳动中耗尽一生。然而，这个大多数并不是传统意义上的无产阶级；它并不像无产阶级那样生活在赤贫当中。尽管他们与统治这个社会的小阶级完全不同，但他们中的很大一部分人在观念、价值和志向上都是资产阶级的。在这个绝大多数之下生活着大量的社会地位低下的少数种族和少数民族，失业者和无法就业者，他们生活在常规生产过程的边缘。我认为，这是一种新的剥削性的技术专家体制：劳动生产率的提高使商品和服务有了持续不断的增加；生产、购买和销售这些商品和服务使更加无意义的工作成为了必需；再就是对意识和本能进行科学控制，也就是说，通过操纵满足和攻击行为进行统治。

到底是谁在控制着这种剥削性的技术专家体制？查尔斯·赖希（Charles Reich）写了一本畅销小说，《美国的绿色化》（它应该是最畅销的小说了，但不幸的是它没被列在小说的名下），他在书中坚持认为，通常来讲或从字面意义上讲，没有人控制这个体制。既然没有人控制，那就没有什么比革命更容易的了，因此这就可以理解为这场革命将不会有暴力发生。那么我想你们都会同意我这个说法，即我们都希望这样，而如果情况不是这样，那也不是我们的错。但是，我认为我们很清楚谁在控制着这个体制。不过，他们已经发生了重大的变化。那些控制着这个体制的人，那些军人、政客、掌握经济权力的小团体，已经不再是发展生产力的统治阶级了，而我认为这一点很重要。相反，这一统治阶级已经站在了对立面，它在为越来越绝望的攻击性的制度服务的过程中扭曲、破坏了生产力。这个制度的攻击性已经到了这样一个地步，即使是它的海外行动也已 [147]

经不再是首先出于经济的原因了，而是受为了维持现状而与共产主义进行全面斗争的驱使。只要本质上保守的多数人支持这种剥削性的权力结构，那么政治性的阶级斗争确实就会变成一场与民族解放运动及其在宗主国的作为客观的反对资本主义的力量的变体的国际斗争。

但这并不是基本趋势，因为我们不要忘了，如果全球资本主义中心地带内部没有出现衰退，那么这些外部力量一刻也无法坚持下去。资本主义制度的这些内部矛盾现如今以一种新的历史形式出现在了资本主义发展的最高阶段，即所谓的消费社会。这些矛盾第一次以貌似意识形态的形式，甚至是心理学的形式在所谓的消费社会表现了出来。它们在制度的再生产所必需的正在运作的价值越来越不起作用中表现了出来。这些矛盾还表现在了道德品行和社会凝聚力的不断削弱上，表现在了工作纪律、责任和效率的弱化上，表现在了全盘否定直到最近仍然是资本主义的主要部分的内在的禁欲主义精神上。这些矛盾还以退学、退股、分裂的形式在反叛的中产阶级乃至统治阶级那里表现了出来。简言之，在这个所谓的消费社会，我们看到的是一种在很大程度上非政治的、松散的、方向不明确的但却深刻的对制度的不认同。我认为，这是嘈杂的、歇斯底里的以及精心宣传的对制度的认同的背面、土壤。它是基础，尽管现在仍然不稳定，仍然无力，但它一定会变得越来越强大，因为资本主义制度不仅会引起对这种制度所需的行为模式和价值的反叛，还会不断地促进和强化这种反叛，而我认为这是决定性的。

消费社会为什么会使它内部的矛盾变得更加紧张？资本主义创造一个异化劳动、痛苦和压抑的世界的同时还创造了一个安逸、小玩意、享乐、过剩的世界，而越来越多的人参与到了这个世界当中，但大多数人都是以不稳定的方式参与到这个世界中来的。正如马克思所定义的那样，资本主义社会的财富仍然是商品的大量积累，但生产这些商品所需的劳动力却越来越少，也就是说，它们产生的剩余价值越来越少。因为资本主义的财富是由越来越多的服务、非生产性劳动产品组成的，所以我们看到投资和商品市场甚至到了严重匮乏的境地。换句话说，消费社会以一种有形的形式展示了资本主义生产的内在限制。消费社会有没有可能成为资本主义的掘墓人？在法国的《世界报》上，M. 特鲁（M. Troute）就这种内部的发展做了非技术性的描述。接下来我将解读一下他的论点，并将其与我们 [148]
今天的讨论联系起来。第三产业的发展今后将越来越快。它将吸收越来越多的需求，并且要求不断增加非生产性投资，即不再生产必要的利润率的投资。第三产业的发展将对截至目前一直以来促进商品增长和生产利润率的力量均势造成破坏。生产者将在消费者面前越来越向后退缩，这并不是一个悖论；生产意愿在渴望消费面前将变得越来越弱，这也不是一个悖论，因为购买产品不如享受生活重要。年青一代对消费社会的反抗只是一种超越工业（也就是资本主义）时代的意志在理智上的表现，只是为了寻找一种超越生产者社会的新的社会形象。这也正是消费社会很可能成为资本主义掘墓人的意义所在。你们可以从我对特鲁先生的解读中看到年轻人的反叛以特定的方式被理解成了社会生产部门中出现的趋势的表达和爆发，而这远比它在大多数情况下对自身的理解要好得多。换句话说，年轻人的反叛表达的是基本趋势，而不仅仅是消费社会的意识形态趋势。

接下来我会履行诺言，试着简单地描述一下我怎么看待今天的激进运动的形势。我会很坦诚。尽管这场运动有明显的精英主义的特征，但它却表达了整个社会的客观的激进的潜能，它更加清晰地展现了（尽管往往是无意识的）这个历史阶段的新的内部矛盾。因此，今天的统治阶级比我们所认为的要聪明得多，他们非常清楚自己国家的敌人在哪里。镇压的全部力量都旨在对抗黑人和棕色人种激进分子，以及学校、学院和大学，而不是有组织的劳工。这是一种预防性的反革命——不是美国式的法西斯主义。我们远非法西斯主义的政府，但是某些可能的前提条件却正在形成。它们早已为众人所熟知，我想试举如下：法院正在越来越多地被当成政治法庭；世界上最富裕的国家，它的教育和福利却遭到了削减；反民主的立法，比如，预防性拘留和不敲门法；如果你有政治或其他嫌疑则会受到经济制裁；大众媒体的恐吓及其自我审查。这些都是非常吓人的迹象。你不能说历史总是不断地重复自身；它从不以相同的形式重复自身。我们找不到具有超凡魅力的领袖，也找不到纳粹冲锋队（英文简称 S.A.）和纳粹党卫军（英文简称 S.S.），这个事实仅仅意味着在这个国家他们并非是必要的。如果有必要，其他组织可以执行这项工作，甚至可能更加有效。我无须去告诉你们在我看来到底是哪些组织。

[149] 这种反革命严重地压制了这场先前有效的活跃的运动。一年前还可以做的事现如今已经都不能再做了。现如今，为了寻找新的策略，这场运动分裂了。我认为目前的关键是这场运动该如何作为一股政治力量自我保存下来。这意味着要以退为进。照这些说法来看，我想简短地讨论一下五个要点：第一，运动的分裂；第二，联盟的问题与基础的扩大；第三，组织与自发性的问题；第四，个人解放和社会解放；第五，自我毁灭和反智主义。正如我之前所说的那样，恐怕我只能做些简短的评论；如果你们能把它们当成讨论的素材，那还是不错的。

运动的分裂

首先，我要说的是，运动发生分裂并不一定是一件坏事。我们早就注意到了这种情况，比如，在俄国，布尔什维克和孟什维克之间的分裂毫无疑问并没有妨碍俄国的革命；我们在中国那里也看到了这样的分裂。如果分裂是一个与现实的人海战术、试验、意识、实力、条件等有关的问题，那么分裂就是有意义的。当这样一个群众基础还没有被创造出来的时候，意识形态的分歧和分裂就会显得毫不相关和荒谬。在这种情况下，冲突仅仅是意识形态上的，它通常终结于仪式化的讨论，终结于空谈，而后者只存在和活动于无关现实的幻想世界。这很容易从一开始就引起那些潜在的同情者的反感。运用帝国主义、剥削、资本主义这样的术语和概念不仅有可能而且应该会对我们产生很大的意义，但在劝说和说服那些我们所谓的局外人时，这么做却毫无意义。除非你能把这些概念翻译成普通的语言（以这种方式来翻译它们应该是有可能的），否则你就应该避免使用这些概念。这是少有的我支持普通语言的情况之一。

总的来说，我认为这场运动中无论何种意识形态分歧都可以而且应该被小心谨慎地加括号，被悬搁起来，等待更好的时机，那时它们会更加现实一些。它们应该被悬搁起来，以便在共同的问题上采取一致的行动：正是因为行动是围绕具体、明显的问题而组织起来的，所以它可以扩大运动的基础。所谓的“街头战斗”不需要意识形态上的清教主义。相反，在这种情况下，清教主义会给运动的进步带来致命的打击。

联盟的问题与基础的扩大

我很抱歉（我花了很长时间才承认这一点，但我仍然希望反对者能 [150]
够说服我），但我相信，面对这场反革命，有的行动的危害确实比较小。正如人们经常说的那样，真正的革命家知道什么时候应该做出妥协，应该做出什么样的妥协。我们目前处在非常糟糕、非常严峻的形势下，甚至是争取恢复公民权力的斗争也提上了日程或应该提上日程。在这种糟糕的形势下，这么说起来令人感到可怕，那就是，即使与某些自由主义者结成临时的联盟和达成妥协似乎也是恰当的。这可能对其他很多事情都有好处。首先，这可能特别有助于克服如今左派的一个最严重的缺陷，即总体上缺乏资金（让我们暂时做一下庸俗的唯物主义者吧）。如果你拿“资本主义”“帝国主义”“剥削”之类的术语与那些知道它们的意思的人交流，你完全有可能说服他们，但是，如果你拿这些术语去寻求资金支持，你是不可能得到钱的。其次，也是最重要的，我们必须仔细研究这场运动和工人阶级的关系。我曾说过，宣称没有工人阶级的革命是可以想象的，这是无稽之谈。我想接着再补充一句，即我们正面临着工人阶级的结构性的变革。那么我们还能就学生运动与工人阶级可能出现的联盟说些什么呢？请允许我一开始就说明这一点，即我认为这不是一个联盟的问题，而是两股社会政治力汇合的问题。这种汇合依赖于资本主义不稳定的发展，在此过程中，学生运动和工人这两股力量都只在他们自己的基础上和他们自己的阶层中发挥作用。无论如何想象，今天的学生都已经不再是列宁主义的先锋了，因为没有群众运动的支持，是不可能有先锋的。这在实践中意味着什么呢？如果我们把力量的汇合当成是一个过程，当成是两股各自站在自己那一边的社会政治力量都在接近的一个点，那么这首先就意味着，“去寻求工人的支持”这个口号是完全不够的，更不用说它那可笑而傲慢的特征了。这种汇合不能通过参观工厂或在工厂大门口发传单来实现。要么你就去做一名工人，继续在工厂里工作，要么你就必须有一个职能分工。我给大家举个例子。这个例子在这方面有经验的意大利取得了成功。“无产阶级左派团体”（一个组织的名字）已经决定改变策略，决定彻底实现职能分工。学生们准备信息和宣传材料，并将其交给仅仅由工人组成的真正意义上的工厂的基层委员会，以便他们根据自己的情况来使用。这只是通过职能分工来合作的其中一个例子，而这种合作并没有试图抹去两股力量之间明显的区别。

组织与自发性：个人解放和社会解放

我想我曾说过早先传统的群众性政党已经过时了。第一，尚不存在 [151]
革命群众。如果你没有群众，你就不可能有群众性的政党。第二，这些集权的群众性政党是议会民主制的重要组成部分，而议会民主制已经不再是激进变革的载体了。这些集权的群众性政党很容易会因为领导人的下台而变得一无是处。相反，以悬搁——即加括号——意识形态差异的地方和地区的统一战线组织为中心的运动似乎正在形成（在法国和意大利经受了考验）；地方和地区委员会能够就共同的问题（很多）组织民众而不是激进的行动。今天，这是一个组织协调的问题。

我想在这里强调一点（可能有些伤人），我认为，以令人愉悦的自发性、个人反权威主义、嬉皮士摇滚为主题的英雄主义的时代已经结束了。不是因为这场运动被削弱了，而是因为它正在不断地发展，正变得越来越严重。英雄主义的时代已经结束了，因为组织反革命的当权派已经意识到了它的危险。当权派已经对冲击产生了免疫，已经完全对自诩为政治行动的自我满足产生了免疫。

为了应对资本主义制度越来越多的困难，这场运动现如今面临的任务是在它自己的阶层中并借助于它自己的成员来建立它的权威。我们不要过早地追求无政府主义。虽然无政府主义可能是一个好东西：我想我曾说过，无政府主义的一个强大的元素应该被纳入到马克思主义当中。但现在就去面对一个极其强大的敌人，这么做还为时尚早。事实仍然是，如果没有个人解放，就没有社会解放；与此同时，如果没有社会层面的反对普遍存在的不自由的政治斗争，也就没有个人解放。

那么行动的准则是什么？哪些策略适合于反革命的形势？就我目力所及，我觉得我年轻的朋友鲁迪·杜切克就策略给出了最好的表述，即突破体制的长征。它无论什么时候都不是议会民主制的弱肉强食。今天，所有激进的反对派都必定是议会外的反对派。你不能在伪民主程序中参与竞争。你不是百万富翁，你没能力贿赂想要在这个过程中获得成功和影响力所需的机构。然而，我认为我们仍然可以大致地确定这一策略的意义。这个策略必须包括以明确指出问题为鹄的的示威游行，即范围广、组织有序的示威游行。这个策略还包括组织激进的领导层秘密会议、反会议、反协会，简言之，发展所谓的反机构，比如，广播、电视台、报社、研讨会以
[152] 及任何承诺打破当权派的信息垄断地位的机构。最重要的是，突破体制的长征意味着要进入机构，学习如何去工作，在工作中教育自己和他人，为这样一个时代的到来做好准备，到了那时，人们就会完全为了新的自由的社会而工作。

与这一不太吸引人，而且毫无疑问也不是非常引人注目的策略相反，我们给当权派送了一份**大礼**，我们让当权派的第五纵队进入了新左派，我现在称之为感染新左派的害虫，即感染这场运动的蔓延开来的反智主义。如果你想跟自己过不去，如果你为自己所经历的一切感到羞愧，如果你的受虐倾向甚至到了自我毁灭的程度，换言之，如果你真的想充分有效地反对理智，那你就到美国副总统或加州州长的办公室里找一份工作，或者接受他们为你选择的工作。因为他们肯定比你更清楚该如何更有效地利用反

智主义。马克思的那个著名的命题现如今被解释成了无须理解和解释这个世界；我们可以直接去改变它。这是一个愚蠢的解释，因为没有比今天更需要理论，更需要努力去思考和了解发生了什么以及可以做些什么的了。如果没有指导革命实践的理论，那么现如今比以往任何一个时候都更不可能有任何这样的实践。马克思的命题意味着，为了改变这个世界，我们必须理解和解释世界。它没有为理解和解释这个世界的必要性留下任何选择的余地。

我们一起来看一看这种虚假意识的力量。现如今这种意识形态的物质力量，借由它的花言巧语，它的退缩，它对个人解放与社会政治解放的混淆，以及它对那些可以比它们现在更好地被使用的机构的态度，甚至席卷了新左派。我很清楚你们对教育的批评，我很清楚其中有多少是合理的，因为我长期以来一直与大学联系在一起。但是“摧毁大学，因为它是当权派的支柱”这个口号不管怎么说都是不合理的。大学是当权派的支柱；你们应该对它做一些改变。然而，你们不能砍断你们屁股下面的树枝；正是在大学里，你们才变得激进的。换句话说，你们的任务应该是重建激进的大学，而不是摧毁大学。今天所需要的，尤其是激进分子所需要的，应该是更多的教育，而不是更少的教育。为了应付即将到来而且很快就会到来的事情，我们需要接受比我们现在所拥有的要多得多的教育。再说一次，如果你们想摧毁大学，那就留给权力结构去摧毁吧。权力结构正在做这件事，你们只需留意一下你们自己的预算就知道它们是否能有效地做到这一点。不要和那些能比你们做得更好的人竞争。

我想，也许这只是因为我离开了大学，所以我如今对它赞赏有加。
然而，我觉得我应该更真诚一些。当然，我不会收回自己的话，因为我仍 [153]
然相信，正是在学校和大学里，有我们所需要的一切事实，一切领域，一切可能性，尽管或多或少地被隐藏了起来。能否获得这些材料全在我们自己。如果你没有获得这些材料，如果在课上或研讨班上，你觉得有些东西错了，你觉得有些重要的事实没有被讨论或处理，那么你就应该毫不妥协地批评这门课程。有一个问题需要注意，即如果你真的想有效地做到这一点，你必须比老师更了解事实。我想补充一句，我认为这是完全可能的，甚至不是多么困难。

现在我想通过重申一遍我的一个主要观点来做一个总结，即无论是性解放运动（前提是曾经有过这样的运动），还是任何其他的个人的、个体的或群体的解放，除非这些私人的、特定的解放运动超越了个体和群体的满足，除非它们遵循一种新的理性，并变成社会变革的理论和实践的一部分，否则它们不会成为社会解放的载体。我一开始就说过，欲望、需要强烈地支持行动。然而，行动主义与行动是有区别的。所有的革命行动都是基于民众的支持。在这个国家，这种民众的支持在贫民窟里逐渐地发展了起来。但对于学生运动来说，这种支持还不存在。暴力在现行秩序内被体制化了。这场运动只能尽力避免暴力的侵害，不要去进攻，也不能去进攻。有太多的烈士和受害者了。正如我一开始所说的那样，你们必须把你们的力量作为政治力量保存下来。你们必须成为那些为新社会准备土壤、思想和身体的人。如果你们不这么做，谁会这么做呢？趁你们还活着，趁你们还年轻，趁你们仍然有能力去思考、讨论、爱、抵抗和战斗，你们必须去完成所有这一切。

十一

比尔·莫耶斯：对话马尔库塞[①]

① 《比尔·莫耶斯：对话马尔库塞》是 1974 年 3 月 12 日马尔库塞在美国公共电视台（P.B.S.）与比尔·莫耶斯面谈的文字记录。

莫耶斯先生：哪一座美国城市是因军事基地、极端保守的新闻、反动的富豪、大量的海陆军退伍将领以及天气与海岸的偶然结合——使自由企业得到了蓬勃的发展——而闻名于世的？答案是加利福尼亚州圣迭戈市。

哪一座美国城市是全国最著名的马克思主义哲学家的家乡？答案还是加利福尼亚州圣迭戈市。

我是比尔·莫耶斯，虽然人们不应该有太多的充满悖论的自由，但有趣的是——如果完全是巧合的话——这个平静而又繁荣的资本主义道德的典型却同样应该成为革命者的精神圣地。然而，这就发生在 20 世纪 60 年代末，那时的学生和激进分子发现了马尔库塞。现如今，学生安静了下来，抗议活动也暂时结束了，但是马尔库塞博士相信，使这一切成为可能的制度仍然需要改变。在接下来的半个小时里，我们将听到的是他对这个问题的解释。

马尔库塞的追随者声称，他对现代工业社会的批判使 20 世纪 60 年代和 70 年代早期的学生抗议充满了理性。他们在他身上看到了对个人道德和权利的关注。正如他的一个同事所说，他是一个能够对着一千名学生发表演讲并能够真正激发他们的人。批评者们则说他是一个不掌握权力的极权主义者——一个充满怨怒的老风箱。马尔库塞博士则认为他自己是一个纯粹的伤感的浪漫主义者。这是他在拉荷亚家里的书房，而他家就在他讲授哲学的加利福尼亚大学圣迭戈分校校园的附近。他最具影响力的作
[155] 品，就像他写的其他作品一样，口味可不清淡，但对那些不满的青年人却产生了深远的影响，甚至在他们不曾读过那些作品的时候，他们也会讨论

他的思想，有时候还会付诸实践。有人曾指出，学生运动在一次精神上的偶然邂逅中发现了马尔库塞博士。不管怎么说，这是一件引人注目的事情的开始。

马尔库塞 75 岁了。40 年前，也就是 1934 年，作为逃离希特勒的德国流亡者，他来到了这个国家。战争期间，他曾供职于战略情报局，后来，他又先后任教于哥伦比亚大学、哈佛大学以及布兰迪斯大学。1965 年，他来到了圣迭戈。在过去的五年里，他被广为宣传，而他不仅引起了争论，也受到了批评，甚至是生命都受到了威胁。那时的情绪现如今已经冷却了下来，但马尔库塞博士却认为它们的影响还没有完全发挥出来。

马尔库塞博士，20 世纪 60 年代末，学生运动到底发生了什么？

马尔库塞博士：嗯，我可以告诉你它没有发生什么。它还没有死。

莫耶斯先生：它还没有死？

马尔库塞博士：它没有死。我相信它没有，它会重新恢复过来。

莫耶斯先生：但校园里一片死寂。

马尔库塞博士：我不这么认为。大约一个星期前，我们在智利召开了一次会议，会上我带着大家做了一次讨论。整个自助餐厅——一个非常大的自助餐厅——都挤满了人。大家进行了热烈的讨论。学生们确实学到了……嗯，两样东西。在这个国家，在学校里，在学院里，在大学里，我们主要感受到的是压制，而不是像肯特州立大学和其他地方那样公开的恐怖活动，你可以把这种压迫叫作经济压制。

莫耶斯先生：经济？

马尔库塞博士：是的，经济压制，比如，激进的青年教授没有升职的机会，他不可能获得终身教职，甚至有可能被解雇。学生们自己也知道，如果他们激进的政治行动被记录在了档案里，他们就会很难找到工作。但这只是整件事的一方面。另一方面，在学生运动中出现了你可以称之为整顿的现象。那些最优秀的学生已经意识到了 1968 年和 1969 年的学生运动所缺乏的是一种合适的组织形式以及他们的行动——即他们的政治实践——所需的适当的理论基础。他们现在正在努力寻找这两样东西。

莫耶斯先生：我在想你是不是太过强调这个小团体了，因为我所交流过和遇到过的很多 20 世纪 60 年代末和 70 年代初都非常活跃的学生在干扰他们个人生活的强制征兵结束的那一刻变松懈了。我在想你的解读是不是还不够深入。

马尔库塞博士：很有可能。另一方面，只要有机会，我就会批评那种普遍盛行的观点，即激进变革必须从群众或人民开始。如果你记得历史，就应该知道现实并非如此。激进变革总是从极少数人开始，大多数情况总
[156] 是从极少数的知识分子开始。只有在经济和政治条件成熟的时候，只有当群众的意识发展到了他们觉得自己必须采取行动的时候，他们才会参与进来。而这个国家的群众的意识还没有发展到这个程度。

莫耶斯先生：你曾经认为学生正在进行一场激进的历史变革。我想这应该只是你一厢情愿吧！现在你还这么认为吗？

马尔库塞博士：是的，我仍然这么认为。顺便说一下，我从来没有说过作为一个群体的学生会取代作为变革的载体的工人阶级。我一直以来都认为学生运动只是意识发展过程中的一场预备性的运动。

莫耶斯先生：但是，如果我没有理解错的话，你确实认为工人阶级和学生之间的合作是必不可少的。但现如今我却没有看到任何迹象。

马尔库塞博士：我也没有看到。我没有看到任何迹象，因为，正如我所说的那样，条件还不成熟。如果大多数工人阶级的处境、生活条件仍然与现在一样，你就不能指望他们会对激进的或革命的计划抱有兴趣。相比

他们的父辈和祖辈，他们的生活要好得多。社会主义对他们而言主要就是他们在苏联那里所看到的那样，而对他们来说，这并不是一个有吸引力的选择方案。

莫耶斯先生：因此你看不到任何工人与学生之间真正合作的希望……

马尔库塞博士：不，我能看到，因为我认为工人阶级本身，特别是年轻的工人正在发生着重要的变化——但不仅如此。再就是，我们大家都知道资本主义实际上所依赖的职业道德这种清教徒的遗产也出现了所谓的衰落（毫无疑问，我应该更详细地对它做些讨论）。越来越多的工人，主要是年轻的工人，觉得对自己的工作完全没有责任可言，因为他们觉得，甚至说他们知道，流水线上这些非人的、累死人的、令人神经紧张的工作早已没有存在的必要了。

莫耶斯先生：底特律流水线上的工人与那些坐在你身旁参加研究生研讨会的左派学生有什么共同之处呢？

马尔库塞博士：嗯，首先，从这种普遍盛行于底特律的、我们所看到的在几乎每天都发生的破坏活动、高旷工率、野猫式的罢工等中表现出来的情绪那里，我们可以发现这些学生（我们也可以把他们说成是知识分子）和工人——不是整个工人阶级，而是一部分工人——之间存在某种联系（至少是某种潜在的联系）。

莫耶斯先生：刚刚在你讲到“意识”这个词的时候我打断了你。当我读你的作品时，我不知道你所说的革命到底是代表着真正的社会变革还是仅仅代表着个人意识的深化。

马尔库塞博士：嗯，如果它不代表，也就是说，如果它没有带来真正 [157]
的社会变革，它就不是革命。不过，这种社会变革必须以意识的变革为先导。换句话说……那就是，必须要有越来越多的人看到——不仅仅是看到和知道，还必须要在他们自己的有机生命中、在他们自己的身体里感受到，而不仅仅是在他们的心灵中感受到，他们今天的生活已不再必要，也就是说，他们可以拥有完全不同的生活方式……

莫耶斯先生：更加深入地体会快乐？更加……

马尔库塞博士：如果你愿意这么说，也可以。这是我理解它的方式，以最激进的方式来讲，我认为，在漫长的文明史当中，人类的有机生命（身体和心灵）主要是被当成了劳动工具，当成了履行职能的工具，尽管他们有可能（在大多数情况下）非常不快乐。过去，为了克服地球上的资源匮乏，这很有必要，但我认为现在已经不那么有必要了。

莫耶斯先生：工作吗？

马尔库塞博士：不是工作，我们要把工作变成必要，并且将来仍然必要，但这将是一种完全不同的工作。人类整个有机生命已没有必要主要是一种“辛苦劳作”（我这里并没有把它说成是“劳动”）的工具。按照专业的说法，辛苦劳作是异化劳动。快乐被挤到了白天或晚上的边缘。在我看来，这是对人类本身的颠倒。人类没有任何迹象表明它必须如此。社会在多大程度上成功地消除了匮乏，也就是说，社会在多大程度上真正实现了按需利用和分配可用的资源，也就是说，从根本上消除了痛苦、贫穷、压迫等，对人类生存的这种颠倒就会在多大程度上得到补救。弗洛伊德所谓的人的生命本能和爱欲能量能够逐渐地战胜人内在固有的攻击性和破坏性。

莫耶斯先生：这使我想起了我在全国各地旅行时想到的一个问题，即大多数人想要加深、提高或改变他们的意识，还是只是想要更多的东西，比如，更多的汽车，更多的假期，更多的衣服，第二套房子，再就是，你是不是并没有真正试着去了解群众的欲望和你个人的欲望？

马尔库塞博士：我不认为这些是个人的欲望，坦白讲，如果一个人不理解我想表达的意思，那么我就会认为他已经不可救药了。如果一个人或多或少有些意识或下意识，那么他都会认识到这些并不是所有其他人的欲望、渴望和想象。但是，不要忘了，只有当他们想要更多的电视时，只有当他们想要更多的汽车时，只有当他们想要更多同样的东西时，他们的思维和意识才会受到管控和操纵。他们必须想要更多的东西，否则现有的制度就会瓦解……

莫耶斯先生：经济制度吗？

马尔库塞博士：嗯，当然，如果他们不生产越来越多的东西，如果他 [158]
们无法出售他们的产品，他们就会崩溃。

莫耶斯先生：那么，在这个过程当中，谁是“反面人物”？

马尔库塞博士：谁都不是，任何一个人都不是。这与资本家邪恶的意志或性格无关。这是资本主义生产方式的运作模式。

莫耶斯先生：但这会带来很大的麻烦，因为它解除了个体所有的责任。这意味着个体没有……

马尔库塞博士：并没有，因为这意味着，无论有可能发生什么（正如你所了解的那样，按照马克思的说法，社会主义是唯一的解决方案），只有个人意识到了它并采取相应的行动时，它才会发生。马克思从来都不认为它会自然而然地发生。而我们现如今确实也清楚地看到它并不会自然而然地发生。一直以来都有这样一个社会主义的教条，即二选一：社会主义还是蒙昧主义。但是，任何一个真正的社会主义者或马克思主义者都不会认为马克思所谓的必然发展是一种自然而然的发展。

莫耶斯先生：但是，如果不存在个别的反面人物，如果我只是在挑起辩论的意义上使用这个词……

马尔库塞博士：嗯，我不会把反面人物完全排除在外。当然不会。周围有很多反面人物，而且你知道，他们都处在负有重大责任的位置上。但事实上，我想说的是，正在发生的一切的关键不在于它的趋势，也不在于它的结构，而在于这些个人的工作。

莫耶斯先生：如果今天让你写水门事件的讣文，你会说些什么？

马尔库塞博士：我会说些可怕的事。我会说：我认为任何东西在本质上都没有改变，也不会改变。在我看来，这是一场现存统治集团内部的斗争。依我看，它的真正起因至今还不确定。我不相信这种奇怪的所谓的东部权势集团反对南部牛仔的解释。我认为这种地理上的阶级分析没有多大的意义。我想，统治阶级当中有的阶层肯定会认为现任政府没有也无法做好这份工作。因此可能会去寻找替代品。但我不认为社会本身会发生改变，或者说政策会发生重大的改变。

莫耶斯先生：公众对水门事件有什么反应——愤怒……

马尔库塞博士：是的，但这也正是（我很高兴你能提出这个问题）我质疑的地方，因为，如果你看看最近历史上此类丑闻的最终结果，你会看到它们有助于为极权主义甚至法西斯主义政权的到来铺平道路。这让我想到了 20 世纪 30 年代发生在法国的斯塔维斯基丑闻（Stavisky scandal），
[159] 想到了 20 世纪 20 年代末发生的克鲁格丑闻（Kreuger scandal）。结果是人们迫切需要一个能够整顿的强人，一个能够结束这些腐败行为、推行廉洁政府的领袖——当然，我们知道在这个情况下廉洁的政府意味着什么。而我认为这种趋势就出现在了我们眼前，即对腐败和丑闻的强调走向了对强大领袖的渴望。

莫耶斯先生：难道你不觉得现如今这个国家的人民由于水门事件而更加警惕集权了吗？

马尔库塞博士：他们越来越意识到了这一点，但他们觉得自己对此无能为力。

莫耶斯先生：那么，马尔库塞博士，这个国家有可能会发生重大的政治变革吗？

马尔库塞博士：我认为变革会到来（并且必定会到来），因为我认为这个国家的经济形势会恶化。我认为这个政府无法应对通货膨胀、失业以及麻烦不断的国际局势。这让我想到了资本主义制度内部日益激烈的竞争：一方面是美国，另一方面是日本和西欧。这让我想到了美国在第三世界的扩张所受到的限制，还让我想到了阿拉伯国家的崛起，及其将石油作为政治武器来使用。所有这一切都将威胁到现有的繁荣和稳定，并使更多的阶层逐渐激进化。

莫耶斯先生：那么它会采取什么样的实际形式呢？

马尔库塞博士：你说到要点了。它可以采取极右或极左的实际形式。

莫耶斯先生：极右，要求人们加入……

马尔库塞博士：比如说，华莱士。

莫耶斯先生：那么左派将采取什么形式呢？什么样的激进形式——哪一种……

马尔库塞博士：它将采取哪一种形式尚不确定，尚不清楚。它很可能采取施加压力以便使那些实际上并不是当权派和现存统治集团的附庸而是能够证明他们会引起社会重大变革的竞选政治职务的候选人被选中的形式。而这是我所能预见到的一切。

莫耶斯先生：你愿意生活在政客的专政统治下还是知识分子的专政统治下？

马尔库塞博士：你瞧，这就是我经常被问到的问题，不过，我喜欢人家问我这个问题。他们总是说我是一个精英主义者，支持知识分子专政。如果没有其他论点可用的话，就只能用精英主义的论点了，但不要忘了，如果选择实际上是民主或专政的时候，那么即使是教育家或知识分子的专政，我也会选择民主。但这不是可以选择的。正如你所指出的那样，我确实认为现如今在这个国家我们没有民主，我们有一个精英阶层，正是他们
[160] 统治着我们，做着最重要的决策，影响着整个国家的命运，但却不受底层民众的有效控制。人民主权的概念早就成了一个笑话。再也不会有这样的东西了。

莫耶斯先生：你的意思是人民既不发言也不发问……

马尔库塞博士：即使他们想坚持自己的意愿，他们也没有任何有效的办法。

莫耶斯先生：你的意思是选举并非代表民治。

马尔库塞博士：听着，如果你需要基金或一百万美元乃至更多的财富才能成为一个成功的候选人的话，那么你根本不能说这是民主。

莫耶斯先生：现行制度有可能实现哪一种替代方案？

马尔库塞博士：嗯，你知道我被说成是马克思主义哲学家，尽管是有争议的马克思主义哲学家，而我也从来没有反对过这个标签。我确实仍然保留了马克思主义分析的基本概念，即无论发生什么，不管是以前法西斯主义的形式还是以法西斯主义的形式，这种制度都无法运作了，哪怕是一小会儿。替代方案仍然是社会主义，但不是我们今天在苏联那里所看到的社会主义，而是马克思实际上构想的社会主义，即社会化，毫无疑问，那就是生产资料的社会化，以及通过马克思所谓的自由联合的个人来实现的生产资料的使用和分配的社会化。换句话说，那些生产社会中的工人，无论是男人还是女人，都将对他们自己的工作负责，并决定生产什么，如何

生产，以及如何分配产品。在马克思进行创作的那个时代，它有可能被看成是乌托邦，但在今天却是完全有可能的，因为我们已经有足够的资源来建立这样的社会了。而这也正是整个现行秩序被动员起来去抵制它的原因。

莫耶斯先生：但你却没有利用传统资源。你正在要求美国人民放弃200多年的经验转而走进一个未知的领域……

马尔库塞博士：很抱歉，我认为这对我而言完全不是什么问题，因为这种情况在历史上一直都存在。比如说，法国人民，他们不得不放弃旧政权统治下我也不知道已经过了几百年的生活，然后投身到了1789年的大革命中。他们不知道结果会怎样。英国革命也是如此。1917—1918年的布尔什维克革命也是如此……人类经常与悠久的传统作斗争。这个国家的不同之处在于你们没有激进的工人运动传统。以前不管是发生什么都会以一种暴力流血的方式被压制下来。但你们却没有经历过。因此必须逐渐地、痛苦地、耐心地建立这一传统，而它是可以被建立起来的。

莫耶斯先生：但从政治制度来看，布尔什维克革命产生的是斯大林主义，而不是马克思主义。如何能保证你所倡导的那种革命不会产生一种目前不可预见的新的暴政呢?

马尔库塞博士：嗯，我可以试着就此问题给出几种答案。不过可能要 [161]
花一些时间。不存在这样一种据此革命必定发展成为某种形式的斯大林主义的历史规律。斯大林主义之所以会出现在苏联的主要原因是它不仅处在与高度发达的资本主义国家(在军事上和经济上）相竞争的国际形势当中，而且它本身物资匮乏。这两种情况在美国并不占据主导。

莫耶斯先生：即使没有历史规律，也一定有历史教训。在我看来，我们得到的结果往往是我们所使用的手段的结果，而不是我们所追求的理想。马尔库塞博士，20世纪60年代，让我们担忧的是，作为一种实现美好社会的手段的暴力会产生一个暴力社会。

马尔库塞博士：你知道，我一直以来都拒绝严肃地谈论这个国家的左派的暴力事件。如果你拿20世纪60年代左派实施的所谓的暴力，比如说，与代表当权派的合法的暴力实施者采取的暴力来比较，那么在我看来，根本就没有什么可比性。

莫耶斯先生：马尔库塞博士，我本以为你在纳粹德国看到的暴力会让你对暴力——即使是抽象地为它辩护——厌恶至极。

马尔库塞博士：但有趣的是，我的观点却恰恰相反，因为纳粹政权所实施的暴力就根源于极端右翼的暴力，而且这种暴力后来没有遭到民主力量的打击。后来，我们在德国注意到正是我们让它慢慢地发展了起来，而那时已经太晚了。

莫耶斯先生：你为什么逃走呢？

马尔库塞博士：因为纳粹。我无法在德国继续我的学术生涯，而且我肯定会被投入集中营。我那时已经有一些声望了，因为我发表了一些马克思主义的文章。

莫耶斯先生：而在这个国家，你发现你有出版的自由、写作的自由、思考的自由，甚至提倡推翻政府的自由，那么毫无疑问，这种社会也应该不算是太坏吧？

马尔库塞博士：首先，任何人都不提倡推翻政府。如果人们不得不去提倡推翻政府了，那么这表示情况已经不太好了。政府只能通过大众的政治行动以渐进的方式被推翻。但我不想深入讨论这个问题。1934年7月4日，我来到了这个国家。当我看到自由女神像时，我真的觉得自己像人了。如果我拿那时——比如说，1934年我刚到这里的时候——的这个国家与现在这个国家来比较的话，我有时甚至怀疑这是不是同一个国家？

莫耶斯先生：有什么变化吗？

马尔库塞博士：有什么变化？那时，这个国家有效地克服了通货膨胀和失业，也做好了进行反法西斯战争的准备。今天，如果这个国家在帮助世界上的许多国家维持或建立法西斯主义政府，那么你就不能再说这个国家反对法西斯主义了。你说在这里我有出版和言论自由。对此，我非常感 [162] 激，而这也是我为什么会继续留在这个国家的其中一个原因。但我很清楚，我之所以可以自由地出版和发表言论是因为统治集团能承受得起。我写的东西一点也不危险。我一次又一次地被问道：既然我如此批评这个国家，我为什么不从哪里来回哪里去，我为什么还要继续留下来？我继续留在这里是因为我在这个国家交到了很多很多的朋友，他们都是来自各个阶层的了不起的人物，其中有男性也有女性，而我可以和他们一起工作；我认为，尽我所能地为这个社会的改善作出贡献是我的职责。我知道它能够成为一个更加美好的社会，我觉得我必须为这个社会的改善而努力奋斗。

莫耶斯先生：那么，就像你所受到的指控那样，他们说你痛恨当前的社会形式，是不是真是这样？

马尔库塞博士：我痛恨当前的社会形式，因为我觉得这个社会是强加给人类的，并且人类已经开始与它有了对抗。但这并不意味着我恨这个国家，也不意味着我恨这个国家的人民。我恨的是具体的制度，统治集团滥用制度的方式，仅此而已。换言之，我这么说吧：我痛恨现有的统治集团，但我决不痛恨受其压迫的那些人。

莫耶斯先生：在我们录制这段对话之前，我们喝咖啡的时候，你谈到了女性，在对话期间，你也时不时地谈到了女性。你是否觉得女性成功地提高了她们的意识？

马尔库塞博士：嗯，我在我的《反革命和造反》这本最新的书中对此做过讨论，尽管很简短。如果妇女解放运动超越了创造平等的剥削机会的基础，那么我肯定会把这场运动看成是当今积极的、进步的力量。有人已经就此做了阐释（我忘了是谁）：有时候你会觉得妇女解放运动仅仅意味着女人想与男人一样获得平等的被剥削的机会。我的意思是，如果是这样的话，那么毫无疑问，我们仍然应该支持它，但它其中并没有太多的激进主义的因素，因为这种机会平等和报酬平等的纲领是所有社会主义纲领中最陈旧的内容，当然，它也是值得为之奋斗的东西。但是我相信妇女解放运动的潜能远不止是如此。

莫耶斯先生：你曾说过情欲是自由人格的一种重要的表达方式。但我想知道的是，对女性的商业剥削，比如，《花花公子》杂志中的替代性的情欲，如果你愿意那样称呼它的话，这难道不是滥用女性的自由吗？

马尔库塞博士：如果是真实的情欲，那么它是反抗剥削的，当然，在临床病例中，就像受虐狂或施虐狂性格中，情欲就只能忍受剥削了。因此，我当然不会（以任何方式）呼吁加强情欲的剥削……

[163] **莫耶斯先生**：这种替代性的情欲的剥削出现在了《花花公子》杂志（休·海夫纳的哲学）中，在那里，女性成了男性对她的渴望的一个象征符号，而不是实际过程的参与者……

马尔库塞博士：嗯，我从来都不反对男性对女性的渴望，我也没有看到其中有什么极度反动或错误的东西……如果女性被迫变成了一个对象，那就完全不同了。那么，毫无疑问，它有时就是邪恶的，我们就应该与之作斗争。

莫耶斯先生：你是说，女性是一个象征符号，就像在《花花公子》杂志上所表现的那样，但并不是一个被迫的象征符号？她是自己选择去……

马尔库塞博士：不，我不想赋予对一个象征符号的剥削太多的意义。我的意思是，女性仍然是女性，女性要么是一个被剥削的对象，要么不是。

莫耶斯先生：情欲成了一个象征符号，而不是一种体验……

马尔库塞博士：确实如此。你可以说这些图片及其呈现出来的东西所带来的满足是替代性的满足，服务于商业化。我当然不会否认这一点。

莫耶斯先生：我能否问一个私人问题。生活中的哪些东西给你带来了快乐？

马尔库塞博士：这是一个非常私人，甚至可能有点令人尴尬的问题……

莫耶斯先生：但你却总是说别人应该如何去享受人生，以及他们应该如何获得解放。

马尔库塞博士：不，我没有告诉他们应该如何去享受人生。如果他们不知道该如何享受生活，如果他们无法自己决定该如何享受人生，我又怎么能够去告诉他们呢？我可以很好地描述我的快乐。我很荣幸能相对较早地过上那种我能够做一些我喜欢做的事的生活。直到现在还是如此，写我想写的东西，教我想教的东西，［这］真的很快乐。我非常幸运地遇到了那些给我带来极大快乐的女性。我认为这完全正常，而且正如我告诉你的那样，我在这里没有看到丝毫的性别歧视，而如果这就是性别歧视，那么我愿意坚持。我很喜欢非竞争性的活动。我讨厌体育运动，但我喜欢游泳。我喜欢徒步旅行。我喜欢网球，尽管我不再打网球了。不过，我鄙视体育运动中所有的暴力。

莫耶斯先生：你（用你的话来说）在生活的艺术中找到快乐了吗？

马尔库塞博士：那简直太多了：我确实在生活中找到了快乐。同样，我在生活中也发现了巨大的苦痛。我认为这些东西实际上是不可言传的。你可以说你为自己找到了什么。你可以采取相应的行动。或许你还可以成为一个榜样（我不知道你想叫它什么），但是无论如何这些东西都不能强加于他人。

[164] **莫耶斯先生**：你现在变得越来越稳健了。

马尔库塞博士：不，我不这么认为，我希望我没有。我知道有人说我变稳健了。我认为这是一种误解。有了更为明显的变化的是，现在比以前更难让人同情激进的批判了。我一直都在尽我所能地告诉年轻人，尤其是让他们明白他们不能指望在不久的将来会发生什么惊人的变革，他们最好是在他们现有的条件下利用这些条件采取行动，降低他们的期望。如果你把这称为稳健，那我是变稳健了。但我只想将其称之为一种更为现实的变革策略。

莫耶斯先生：但我认为，你仍然是（就像你曾经描述的那样）一个无药可救的伤感的浪漫主义者。

马尔库塞博士：嗯，对我来说，“浪漫主义”绝不是一个骂人的词。我喜欢浪漫派。不过，浪漫主义成了一个标签，成了一个政治宣传概念，因为人们把那些事实上很有现实可能性的东西都贬为了浪漫主义或乌托邦式的东西。人们不断地重复着 1968 年法国造反运动中的那个著名的口号：一切权力归于想象力。这在过去是一个浪漫的口号，这在现在也是一个浪漫的口号，但是，如今对我来说，它同时也是一个最现实的政治口号，因为它指出了一条你能够实现变革的道路，指出了一种你可以为之奋斗的全新的生活，而为了知道它是什么，你再也不能只是简单地翻阅传统的书籍来寻求答案了，你再也不能只是简单地记住你学过的东西了，你必须问一问你自己的想象力，而你的想象力会告诉你答案。

莫耶斯先生：你还记得巴黎的造反运动中的那一幅涂鸦吗？我记得，你曾说那也是你最喜欢的一幅涂鸦。

马尔库塞博士：哪一幅？

莫耶斯先生："脚踏实地，追求乌有。"

马尔库塞博士：对。至今我还是这么认为。我觉得你不能把这称为稳健吧！

莫耶斯先生：在加利福尼亚州拉荷亚市马尔库塞的家中，我对这位哲学家、马克思主义者、作家、教师、公认的浪漫主义者做了采访。

十二

马克思主义与女权主义①

① 《马克思主义与女权主义》是马尔库塞 1974 年 3 月 7 日于斯坦福大学所作演讲的手稿，在多处被发表了出来，比如，参见 *Women's Studies*, 2, 3 (1974), pp. 279–88。

我将不揣冒昧地用一些相当个人的看法来开始和结束演讲。首先，我想说的是这是我在整个学年里唯一一次接受演讲邀约。原因很简单。我认为今天的妇女解放运动可能是我们所拥有的最重要也最激进的政治运动，即使对这一事实的意识还没有在整个运动当中弥漫开来。

先解释几组名词：

现实原则：支配着现存社会中的行为并在制度和关系等中体现出来的规范和价值的总和。

绩效原则：那种在实现竞争性的经济和获利职能的过程中建立在效率和技能的基础上的现实原则。

爱欲（不同于性欲）：**性欲**是一种局部的冲动，力比多能量被限制和集中在了身体的动欲区，主要是生殖器性欲。**爱欲**是力比多能量，在与攻击性能量斗争的过程中，它极力追求生命与生活环境的强化、满足和统一：生命本能与死亡本能（弗洛伊德）。

物化（Verdinglichung）：人类有了对象和事物的外观，人类之间的关系也变成了对象之间和事物之间的关系。

[166] 目前，就妇女解放运动的形势，我有两个初步的看法。这场运动起源和发生于父权文明；所以，我们必须首先根据女性在男权文明中的实际地位来讨论它。

其次，这场运动发生在阶级社会，那么第一个问题就来了，在马克思主义的意义上，女性不是一个阶级。男女关系跨越了阶级界限，但是女性的直接需要和潜能在很大程度上明显受到了阶级的制约。尽管如此，

“女性”应该被当成一种与“男性”相对的一般范畴来讨论的理由仍然很充分，那就是，在漫长的历史进程中，女性形成了与男性不同甚至相反的社会、精神以及生理特征。

在这里，我想问的是，“女性的”或“女人的”特征是社会作用的结果，还是说完全就是“自然的”或生物的。我的答案是，除了男女之间明显的生理差别之外，女性特征都是社会作用的结果。但是，数千年的漫长的社会作用过程意味着它们可能变成了“第二天性”，这种“第二天性”不会因为新的社会制度的建立自然而然地发生改变。即使是在社会主义制度下也可能有歧视女性的现象。

在父权文明中，女性一直遭受某种特定的压抑，她们的身心发展已经被引向了一个特定的方向。据此来看，一场独立的妇女解放运动不仅是正当的，也是必要的。但这场运动的目标却要求物质文化与精神文化发生巨大的变革，而这只有通过改变整个社会制度才能实现。由于它自身的动力，这场运动与为了争取男人和女人自由的政治革命斗争联系了起来。因为超越于男女二分之上的是男人和女人所从属的人类，而他们的解放和实现仍然悬而未决。

这场运动在两个层面上起作用，第一个层面是为争取经济、社会和文化的完全平等的斗争。但问题是，在资本主义的框架内，可以实现这样的经济、社会和文化的平等吗？我待会儿再回到这个问题上来，在这里，我想先提出一个初步的假设，那就是，在虽说有了很大程度的改良的资本主义的框架内，无法实现这种平等并不是出于经济的原因。然而，妇女解放运动的潜能和目标早已超出了资本主义，也就是说，它进入了资本主义框架下无法实现的领域，甚至进入了任何阶级社会框架下都无法实现的领域。它们的实现将需要第二个阶段，在此阶段，这场运动将超越它现在所处的框架。在这个“超越平等”的阶段，解放意味着建立一个受不同的现实原则支配的社会，建立一个在此现有的男女二分在人与人之间的社会和个体关系中得到克服的社会。

[167] 因此，这场运动本身不仅包含着对新的社会制度的想象，包含着对改变意识的想象，还包含着对改变男人和女人的本能需要使其摆脱支配与剥削的要求的想象。这是运动最激进、最具颠覆性的潜能。这意味着不仅要倡导社会主义（女性的完全平等一直都是社会主义的一个基本要求），而且要倡导所谓的“女权主义的社会主义”这种特殊的社会主义形式。稍后我再进一步讨论这个概念。

对这样的超越来说，最重要的是否定父权文明剥削性和压抑性的价值，最重要的是否定男权社会强制实施和再生产的价值。而对价值的彻底颠覆绝不可能仅仅是新社会制度附带产生的结果。它必须根植于那些建立新制度的男男女女。

在向社会主义过渡的过程中，颠覆价值有什么意义呢？再就是，从何种意义上讲，这种过渡是**特定的女性**特征在社会层面上的解放和提升呢？

我们先从第一个问题开始，资本主义社会居支配地位的价值包括盈利的能力、自信、效率、竞争力；换句话说，它包括绩效原则、排斥情感的功能理性的规则、双重道德、“职业道德”，而这对绝大部分人来说意味着被迫从事异化和非人的劳动，以及权力意志、炫耀力量和男子气概。

根据弗洛伊德的理论，这种价值层级结构反映了这样一种心理结构，在此结构中，原始的攻击能量倾向于减少和弱化生命本能，即爱欲能量。根据弗洛伊德的理论，社会的破坏性倾向将会增强，因为文明需要强化压抑，以便在面对更加现实的解放的可能性时能够保持自身的统治地位，而强化压抑反过来又激活了过剩的攻击性，并把它变成了对社会有用的攻击性。如今我们这种对攻击性的总动员简直再熟悉不过了：军事化，社会治安力量越来越残酷，性欲与暴力融合了起来，直接攻击推动人们去拯救环境的生命本能，攻击反污染的法律。

这些倾向根植于发达资本主义的基础结构。经济危机日益加剧，帝国主义的局限性，现存社会只有通过浪费和破坏才能实现再生产，这些使发达资本主义社会越来越强烈地感到它们本身有必要进一步强化和扩大控制，以便使人口保持一致，使深入到心理结构之中的控制和操纵进入本能领域。现如今，攻击和压抑的总体化在某种程度上已经在整个社会蔓延了开来，社会主义的形象在本质上被修改了。作为不同**质的**社会，社会主义必须使**反题**具体化，即必须有规定地否定攻击性和压抑性的需要和作为男 [168]
权文化的一种形式的资本主义的价值。

这种反题和颠覆价值的客观条件正趋于成熟，至少是在社会重建的过渡阶段，它们有可能提升那些在父权文明的漫长历史中归属于女性而非男性的特征。敏感、宽容、非暴力、温柔等女性特质可以被表述为占主导地位的男性特质的反题。这些特征看起来确实是支配和剥削的对立面。在原始的心理层面上，它们从属于爱欲的领域，它们体现的是与死亡本能和破坏性能量相对立的生命本能的能量。那么问题来了，为什么这些保护生命的特征表现为**女性**特定的特征呢？为什么同样的特征没有塑造成为占主导地位的男性特质？这个过程有着几千年的历史，在此期间，现存社会及其等级结构的防卫工作最初依赖于体力，从而降低了女性的作用，因为她们要生育和抚养孩子，所以她们会周期性地丧失能力。男权一旦在此基础上建立起来，它就会从最初的军事领域延伸至其他社会和政治机构。如此一来，女性就会被当成是低等的弱者，主要被当成是男性的支持者，或附属物，被当成是性对象，繁殖的工具。只有作为工人，她才拥有一种与男人一样的平等的形式，她才拥有一种压制性的平等。她的身体和心灵被物化了，成了对象。正如她的智力的发展受到了阻碍那样，她的爱欲的发展也受到了阻碍。性欲被客观化为实现生殖或卖淫这种目的的手段。

12、13 世纪，即现代的开端，第一次反潮流产生了效力，并与伟大而又激进的纯净派（Cathars）和阿尔比派（Albigensians）的异教徒运动密切地联系了起来。在这几个世纪里，恋爱自由和女性自由得到了公开的赞扬，与男性的攻击性和残酷形成了对照和对抗。**浪漫爱情**：我很清楚这些术语已经完全变成了贬义词，尤其是在这场运动当中。不过，我会更加严肃地对待它们，我会把它们放入这些发展之所以被接受的历史语境当中。这是第一次对现存的价值等级结构的大颠覆，也是第一次针对封建等级制度、在封建等级制度中建立起来的忠诚以及专门针对女性的恶毒的压抑的大反抗。

诚然，这种反抗，这种反题在很大程度上是意识形态性的，而且仅限于贵族阶层。但它并不完全是意识形态性的。普遍存在的社会标准在阿基坦的埃莉诺（Elinor d'Aquitaine）建立的著名的**爱情法庭**（Courts of Love）上被颠覆了，在这个法庭上，判决几乎总是有利于情人而不是丈
[169] 夫，爱的权利取代了封建领主的权利。据说，保卫阿尔比派最后一个堡垒（抵御北方贵族凶残的军队）的也是一个女人。

这些进步的运动受到了残酷的镇压。处在虚弱无力的萌芽阶段的女权主义——归根结底，只是建立在了虚弱无力的阶级的基础上——被破坏了。但是，在工业社会的发展过程中，女性的角色逐渐地发生了变化。在技术进步的影响下，无论是在战争中，还是在物质生产过程中，或是在商业中，社会再生产已渐渐地不再依赖于体力和力量。由此造成的结果是作

为劳动工具的女性遭到了更大程度的剥削。男权的社会基础的弱化并没有经由新的统治阶级废止男权。女性在工业生产过程中的参与度的提高不但破坏了男性的地位的物质基础，也扩大了对人类的剥削，扩大了对不但要在生产过程中工作还要充当家庭主妇、母亲、仆人的女性的剩余剥削。

但是，发达资本主义却逐渐地创造出了将强调女性特征的意识形态转化为现实的物质条件，创造出了将她们的劣势转化为优势，将性对象转化为主体，使女权主义变成一股与资本主义、绩效原则作斗争的政治力量的客观条件。正是因为有这样的前景，安吉拉·戴维斯在她完成于帕洛阿尔托监狱的《妇女与资本主义》（1971 年 12 月）中把女性的革命功能理解成了绩效原则的一个反题。

对于这样一种发展来说，新的条件主要包括：

· 重体力劳动的减少
· 劳动时间的减少
· 舒适而又廉价的服装的生产
· 性道德的解放
· 计划生育
· 普遍教育

这些因素表明绩效原则的反题——即女性或女人在体力和智力方面的能量的解放——在现存社会中有其社会基础。但与此同时，这种解放却遭到了这个社会的抑制、操纵和利用。资本主义不允许提升力比多的品质，因为这有可能危及这种强调绩效原则的压抑的职业道德及其通过个体自身完成的持续不断的再生产。因此，在这个阶段，这些解放的趋势以受操纵的形式变成了现存制度再生产的一部分。它们成了兜售这种制度并为这种制度所兜售的交换价值。伴随着性的商品化的到来，交换社会走向
[170] 了完成：女性的身体不仅是商品，也是实现剩余价值的重要因素。除此之外，作为工人和家庭主妇，越来越多的职业女性持续不断地遭受着双重剥削。在这种形式下，女性的物化以一种特别有效的方式持续了下来。该如何消解这种物化呢？女性的解放在建设社会主义这种不同质的社会的过程中该如何成为决定性的力量呢？

让我们回到这场运动的第一个发展阶段，并假定已经实现了完全的平等。正如资本主义的经济和政治平等那样，女性必须与男性同样都拥有保住一份工作和在工作中走在前面所需的竞争性和进取心。因此，其中隐含的绩效原则和异化将会被更多的个体延续下来，再生产出来。为了实现平等这一解放的绝对的前提，这场运动必须具有攻击性。但平等还不是自由。只有成为经济和政治上平等的主体，女性才能在激进的社会重建中发挥主导作用。但除了平等之外，解放还将颠覆现存的需要的层级结构，颠覆那些有助于一个受新的现实原则支配的社会出现的价值和规范。在我看来，激进的**女权主义的社会主义**有这样的潜能。

女权主义的社会主义：我谈到了修订社会主义概念的必要性，因为我认为，马克思的社会主义仍然有绩效原则及其价值的残留物和要素，比如，在他突出强调更有效地发展生产力、更富有成效地开发自然的时候，在他将“自由王国”从工作世界中分离出来的时候。

现如今，社会主义的潜能超越了这种形象。作为一种有着质的不同的生活方式，社会主义将不仅限于用生产力来减少异化劳动和劳动时间，还将用生产力来使生活本身成为目的，用它来发展能够平息攻击性的感性和理性，用它来享受生命，用它来把感官和理智从支配理性那里解放出

来：创造性的感受性与压抑性的生产力。

在这种情况下，女性的解放确实看起来像是“绩效原则的反题”，看起来像是女性在社会重建过程中的革命功能。在这一重建的过程中，女性特征将激活反抗支配与剥削的攻击性能量，而不是培养顺从和软弱。一旦战胜了匮乏，它们就会成为社会主义生产组织、社会分工、设定优先考虑事项的要求和终极目标。因此，女性特征一旦进入整个社会的重建，它们将不再是女性特有的东西，相反，它们将在社会主义的物质和精神文化中被普遍化。原始的攻击性将会持续存在下去，正如它在任何形式的社会中都将持续存在下去那样，但是它很可能会失去强调支配和剥削的男性特质。作为生产性的攻击的主要载体，技术进步将摆脱它的资本主义特征， [171]
并被用于摧毁资本主义丑陋的破坏性。

我认为我们完全可以把这一社会主义社会的形象称作女权主义的社会主义：女性将在全面发展她的能力方面取得经济、政治、文化上完全的平等，并且除了这种平等之外，社会关系与人际关系当中还将充满敏锐的感受性（在男权社会，这种感受性很大程度上都集中在了女性身上），那时，男女的对立将会变成一个合题，即传说中的**雌雄同体**的观念。

关于这一极端浪漫或不切实际的想法（尽管我认为它并不那么极端或不切实际），我还想简单说几句。

除父权文明中男人和女人发展不均匀的身心特征在个体那里融合之外，其他任何一种理性意义都无法用来阐释雌雄同体的观念，正是通过融合，女性特征在男权被取消之后将克服其自身的压抑。但是无论两性的融合到了何种程度，它都不会消除作为个体的男人和女人之间的自然差异。所有的快乐与悲伤都植根于这种差异，在这一与他者的关系中，你想成为他者的一部分，想让他者成为你自身的一部分，但他者却永远也不会成为你自身的一部分。因此，女权主义的社会主义将继续充斥着由这种情况引发的冲突，根深蒂固的需要与价值的冲突，但社会的雌雄同体特征在解决这些冲突的过程中可能会逐渐地减少暴力和羞辱。

总而言之，妇女运动有了政治意义，因为资本主义生产方式最新的变革为这场运动提供了新的物质基础。这里，我想重新回顾一下它的主要特点：

· 越来越多的女性参与到了生产过程当中

· 生产形式越来越技术化，重体力劳动逐渐减少

· **具有审美情趣的**商品形式推广了开来：对美感和奢侈品有了一贯的商业诉求；购买力转移到了令人愉悦的事物和服务上

· 由于外部力量（大众媒体、同龄群体等）对孩子的“社会化”，父权家族瓦解了

· 绩效原则带来的是越来越浪费、越来越具有破坏性的生产力

女权主义是对腐朽的资本主义的一次反抗，是对过时的资本主义生产方式的一次反抗。它是乌托邦与现实——作为潜在的激进革命力量这场
[172] 运动的社会基础就摆在那里——之间不牢靠的纽带，也是梦想的坚硬的内核。但资本主义仍然有能力使其仅仅是一个梦想，仍然有能力压制那种竭力颠覆我们文明中的非人的价值的超越性力量。

这场斗争仍然是政治斗争，为了废除这些条件，女权运动在这场斗争中起着越来越重要的作用。它的精神力量和生理力量在政治教育和行动中、在工作和休闲期间个体之间的关系中表现了出来。我曾强调指出，解放不能被当成是新制度附带产生的结果，它必须出现在个人身上。一般说

来，妇女解放开始于家庭，然后才扩大到整个社会。

下面是我的结论性的个人声明。如果你愿意，你也可以把它说成是一份投降声明或一份承诺声明。我认为我们男性必须为父权文明的罪恶及其暴政付出代价：女性必须自由地决定自己的生活，不是作为妻子，不是作为母亲，不是作为情人，不是作为女友，而是作为一个独立的个体自由地决定自己的生活。这会是一场无论在精神上还是在肉体上都充满着激烈的冲突、折磨和痛苦的斗争。今天最常见的例子是，一个男人和一个女人的工作地点或能找到工作的地点相距甚远，那么问题就自然而然地来了，到底谁该追随谁呢？

还有一个更为严肃的例子，那就是，在解放的过程中，情爱关系将不可避免地出现冲突。这些情爱冲突无法以一种轻率、开玩笑的方式解决，也无法通过采取强硬的态度或建立交换关系来解决。你应该将这个问题留给它所属的交换社会。女权主义的社会主义必须发展它自身的道德，而不仅仅是废除资产阶级的道德。

妇女解放将是一个痛苦的过程，但我相信，无论是对男性还是女性来说，它是向更好的社会过渡的必经之路。

十三

20 世纪 70 年代的介入

生态与革命①

我来自美国，所以在讨论这种很大程度上早已被（那里）收买的生态运动时我会多少有些惶恐。美国的激进组织，特别是年轻人，他们的首要承诺是运用一切手段（被严格限制的手段）来处置对越南人民犯下的战争罪行。被宣告消亡或行将消亡的愤世嫉俗而又冷漠无情的学生运动在全国各地获得了新生。这并不是一次有组织的反抗，而是一次发生在地方层面的暂时地将自身尽可能地组织起来的自发的运动。但是对中南半岛战争的反抗是仅有的当权派无法收买的对抗性运动，因为新殖民主义战争是全球反革命这种最高级的垄断资本主义形式的必不可少的一部分。

那么，为什么要关注生态呢？因为粗暴冒犯地球是反革命的一个重要方面。反人类的种族灭绝战争就它攻击生命本身的来源和资源来说也是“生态灭绝”。消灭现在还活着的人已经远远不够；同时还要必须通过烧毁污染土壤、毁掉森林、炸毁堤坝来剥夺那些甚至尚未降生的生命。这种嗜

① 《生态与革命》节选自 1972 年在法国举办的那场西科·曼斯霍尔特（Sicco Mansholt）、埃德加·莫兰（Edgar Morin）等人均有参加的生态会议，参见 *Le Nouvel Observateur*, 397 (1972)；还可参见 *Liberation* (September 1972)。

血的疯狂不会改变战争的最终进程，但它却是当代资本主义以什么为目标的一个非常清晰的表达：对帝国主义自身国内生产资源的无情浪费与对破坏性力量以及对战争工业制造的致死商品的消耗联起了手来。

从某种特定的意义上讲，中南半岛的种族灭绝和生态灭绝是资本主 [174] 义对革命性的生态解放运动这一努力的回应：炸弹是为了阻止北越人民进行国家经济和社会重建。但从广义上来说，垄断资本主义正在进行一场反自然——人类本性（内部自然）与外部自然——的战争。因为对越来越高的剥削程度的需求与自然本身产生了冲突，而自然是与攻击本能和破坏本能作斗争的生命本能的发源地。对剥削的需求持续不断地减少和消耗资源：资本主义的生产率越高，它就越具有破坏性。这是资本主义的内在矛盾造成的。

文明的一个基本功能就是改变人的本性和他的自然环境，以便使他“变得文明”，也就是说，使他成为市场社会的主客体，使快乐原则服从现实原则并把人变成越来越异化的劳动工具。这种残酷而痛苦的转变慢慢地蔓延到了外部自然。当然，自然一直以来都是劳动的一个方面（在很长的一段时间里，它一直以来都是唯一的一个方面）。但它曾经也是一个超越于劳动之外的维度，是美、宁静、非压抑的秩序的一个象征。正是由于这些价值，自然曾是市场社会及其利润和效用价值的否定。

但是，自然世界是一个历史性的世界，一个社会性的世界。自然可能是攻击性的暴力社会的否定，但它的安宁却是男人和女人努力的结果，是他和她的生产力的产物。但资本主义的生产力的结构本质上是扩张性的：它不断地削减劳动世界和不仅有组织而且受操纵的闲暇世界之外的最后剩余的自然空间。

自然受污染与剥削侵犯的过程首先是一个经济过程（生产方式的一

个方面），但它也是一个政治过程。资本力量延伸到了自然所代表的宣泄和逃遁的空间。这是垄断资本主义的极权主义趋势：在自然那里，个人只能看到他自身的社会的重复；充满危险的逃遁和争论维度必定被关闭。

在当前的发展阶段，社会财富与它破坏性的使用之间存在的绝对的矛盾正渐渐渗入人们的意识，甚至已经渗透到了他们头脑中任人摆布的有意识和无意识层面。我们有这样一种感觉，这样一种认识，那就是人已经没有必要作为一种异化的劳动和休闲工具而存在了。还有这样一种感觉和认识，那就是幸福已经不再取决于生产的持续扩大了。青年（学生、工人、妇女）以自由和幸福等价值为名进行的反抗打击了支配资本主义制度的一
[175] 切价值。这种反抗是为了追求一种完全不同的自然和技术环境；这种观点已经成了颠覆性的实验的基础，比如，美国的“公社”在建立男女之间、代际之间、人与自然之间非异化的关系上所作的尝试，也就是说，在保持拒绝与革新的意识上所作的尝试。

从这一高度政治性的意义上讲，生态运动正在攻击资本主义的“生存空间”，正在攻击不断扩张的利润领域和废品生产领域。然而，反污染的斗争很容易被收买。现如今，几乎没有一个广告不鼓励你去“拯救环境”，停止污染和毒害。当权派设立了大量的用来控制罪魁祸首的委员会。诚然，生态运动可以很好地改善环境，使环境变得更加令人愉悦，更加漂亮、健康，因此也更加宜人。很明显，这是一种收买，但这也是一个进步元素，因为在收买的过程中，一定数量的需要和渴望渐渐地在资本主义核心地带被表达了出来，人们的行为、体验和工作态度都发生了变化。经济和技术需求在挑战生产方式和消费方式的反抗运动中被超越了。

生态斗争逐渐地与支配资本主义制度的法则——比如，增加资本

累积的法则，创造充足的剩余价值，创造利润的法则，以及有必要长期保持异化劳动和剥削的法则——产生了冲突。米歇尔·博斯克（Michel Bosquet）总结得很好：生态逻辑纯粹就是资本主义逻辑的否定；地球在资本主义的框架下不可能获得拯救，第三世界也无法以资本主义的模式发展起来。

说到底，为拓展美丽的、非暴力和宁静的世界而斗争就是一场政治斗争。强调这些价值，强调恢复作为人类生存环境的地球，并不仅仅是一个浪漫的、美学的、诗意的想法，这并不只是一个特权阶层关心的问题，现如今，这是一个生存问题。人们必须清醒地认识到，我们完全有必要改变生产方式和消费方式，放弃军工产业，放弃生产废品和小玩意的产业，代之以生产那些对减少劳动的生活、创造性劳动的生活以及享受生活来说有必要的产品和服务。

就像以前一样，我们的目标仍然是幸福，但幸福的定义不是以不断增加劳动为代价来不断增加消费，而是过上从我们资本主义工业世界的恐惧、工资奴役、暴力、恶臭以及地狱般的噪声中解脱出来的生活。因此，问题不在于美化丑陋，掩饰贫穷，消除恶臭，用鲜花装饰监狱、银行或工厂，也就是说，问题不在于净化现有社会，而是取代它。

污染和毒害既是物理现象，也是精神现象，既是客观现象，也是主观现象。为保障更幸福的生活环境而战可能会强化个人身上自我解放的本能之源。当人们不再能区分美和丑、宁静和喧嚣时，他们也就 [176]
不再能理解自由和幸福的本质了。就自然已经变为资本的领地而不是人类的领地而言，自然有助于强化人类的奴役状态。这些状况根植于现存社会的基本制度，而对后者来说，自然首先是以利润为目标的剥削对象。

这是任何资本主义生态学都无法逾越的内在限制。真正的生态学进入了为社会主义政治学而战的激进斗争，而这种政治学必定从生产过程和人们残缺的意识这一根源处来攻击这种制度。

西科·曼斯霍尔特的回应①

我认为在座的每一个人都有着相同的目标：人类的幸福，高质量的生活，一个使我们能够摆脱难以控制的技术的后果的社会——比如，拥挤的大城市，等等。但还有一个问题，那就是我们能否实现这些目标。听完这些报告之后，我仍然没有找到答案。

我们都知道，要想提高我们这个富裕的社会的生活质量，更好地规划城市，改善交通，根除污染，实现生态平衡，这需要大量的资金，大量的投资，因此需要很高的增长率。此外，如果我们想提高世界贫困人口的生活水平，我们到底有没有足够的原料和能源来这么做？当然，我们可以设想一种比我们最发达的西方国家目前的水平稍低一些的稳定的物质生活水平，但这一假设无疑压缩了地球可以供养的居民的最大数量。我对鲁滨孙的生活方式很感兴趣，但我认为地球最多能允许 3 亿人过这种生活。

另一方面，如果继续保持 5% 的增长率，那么我认为 30 年后我们不可能既减少污染同时又将贫困人口的生活水平提高到我们这样的程度。这意味着我们有必要降低我们的物质生活水平。但这一目标同样还要以追求

① 西科·曼斯霍尔特（1908—1995）是一位荷兰的社会主义政治家，他连续 13 年担任荷兰的农业部长，并于 1958 年成为欧洲经济共同体的第一任农业委员会执行委员(任期也是 13 年)。1972 年，他成为欧洲委员会的主席。当时，他受到了“罗马俱乐部”的影响，开始关注起了农业、人口、增长的极限和生态问题。

另一种不同的社会为前提。我认为人们无法在国家资本主义或有组织的资本主义中找到解决方案。苏联的例子表明这种社会模式最后会出现与资本主义社会差不多相同的问题。我很清楚，这里的每一个人都在寻找一个能 [177] 够减少现有的不平等，能够使我们有可能实现生态平衡，使每个人都达到更高的文化水平的社会。

这是问题的根本，我认为我们现在必须直面问题的核心。我们再也不能把反对污染的斗争本身当成目标了。如果我们将自己局限在治标不治本上，那么我们将不会取得任何进展。解决办法只有在社会变革中才会出现。在我看来，解决办法在于社会主义社会，在于生产制度的转变，在于赋予每个人以适当的责任。通过民主化进程，我相信每个人都能认识到非污染性生产和仅生产必需品的必要性。但如何改变我们的社会，这仍是一个问题。布鲁塞尔的欧洲共同体圈子成员似乎认为这是一项不可能完成的任务。我则更乐观一些，特别是考虑到西欧刚刚兴起的运动，以及日本刚刚开始的运动。年轻人正在带着我们前行，我相信他们。

毫无疑问，这并不意味着我们应该放弃我们在组织工作上的努力。我们的政党——从极右到极左——常常太过僵化，我认为我们必须试着让他们了解未来的问题。这些新的观念应该引领我们走向一个建立在对物质、社会、经济和政治现实绝对真实的调查研究基础上的更基本的社会主义。

谋杀不是政治武器①

在表明对西德的恐怖主义的立场之前，左派必须先问自己两个问题：恐怖主义行动能削弱资本主义吗？这些行动是否符合革命道德的要求？对于这两个问题，我必须做出否定的回答。

对单个人的肉体进行清算，即使是最显眼的，也不会破坏资本主义制度的正常运转。这既不会带来对压抑的反抗，也不会提高政治意识（这是关键），相反，却会增加了这种制度压抑的潜能。

显然，恐怖主义行动的受害者代表这一制度，但也仅仅是代表而已。[178] 换句话说，他们是可替代的、可更换的。实际上有无数个备选可用来代替他们。考虑到高度集权的国家机器与脱离群众的软弱的恐怖组织之间严重的不平衡，试图在统治阶级的成员中间制造不确定性和焦虑很难说是一项革命成就。考虑到联邦共和国普遍存在的情况（预防性的反革命的形势），

① 参见“Murder is not a Political Weapon”, translated by Jeffrey Herf, *New German Critique*, 12 (Fall 1977)；另参见德国周刊 *Die Zeit*, September 12, 1977。在这篇文章发表的时候，“红军支队”(the “Red Army Faction”)（它的另一个为人所知的名字是“巴德尔—迈因霍夫”团伙）的行动和西德对这个组织及其拥护者的强烈镇压引起了主要媒体的关注和争论。

在这个时候，激怒国家权力对左派来说是毁灭性的。

可能存在这样的情况，即消灭那些支持镇压政策的人确实会改变制度（至少在政治上是这样），还会消除各种各样的压迫。（例如，在西班牙成功地暗杀了卡雷罗·布兰科，或刺杀了希特勒，这些都可能会产生这样的影响。）但是，就这两个例子来说，制度已经处在了瓦解的阶段，而在今天的西德，根本就不存在这样的情况。

然而，马克思主义的社会主义不仅以革命性的实用主义原则为指导，同样，它也遵循革命性的道德原则。它的目标，即自由的个人，必须出现在实现这一目标的手段当中。革命道德强烈要求——只要还有可能——公开斗争，而不是阴谋和偷袭。公开斗争就是阶级斗争。在西德（不仅是在那里），资本主义的激进反对派现如今绝大部分脱离了工人阶级。学生运动、资产阶级中“落魄”的激进分子和妇女都在寻找自己的斗争形式。他们已经不堪忍受因政治上遭受孤立而产生的挫败感。由此带来的结果是，孤立的个人和小团体发起了针对个人的恐怖行动。

通过将斗争个人化，恐怖分子必须对他们的行为负责和做出判断。恐怖分子所选的作为受害者的那些资本的代表并不像希特勒和希姆莱对集中营负责那样对资本主义负责。① 这意味着恐怖行动的受害者并不是无辜的，但他们的罪行只能通过废除资本主义来救赎。

目前西德的恐怖行动是否可以被视为现如今在面对变本加厉的压迫时必须使用不同政治策略的学生运动的合法的延续？我同样必须对这个问题做出否定的回答。从根本上讲，恐怖行动与20世纪60年代的运动决裂

① 鉴于1977年9月20日马尔库塞写给《时代》周刊编辑的信，我们在这个地方添加了“不”字，以纠正原来的德文和英文文本。马尔库塞在信中写道：必须把原文修改为“恐怖分子所选的作为受害者的那些资本的代表并不像希特勒和希姆莱对集中营负责那样对资本主义负责”。

[179] 了。当时的**议会外反对派运动**（A.P.O）——尽管由于它的阶级基础，一切都保留了下来——是一场国际范围内的、具有国际战略意义的群众运动。它是晚期资本主义阶级斗争的一个转折点，也就是说，它当时公开宣称我们需要为“具体的乌托邦”而战。它将社会主义重新定义成了与一切传统的社会主义观念有着质的不同并且完全超越于它们之上的如今有其现实可能性的具体的乌托邦。这场运动并不反感公开对抗，但它的绝大多数成员却都反对充满阴谋的恐怖主义。然而，今天的恐怖主义并不是德国新左派的继承者。相反，它仍然与它希望推翻的旧社会捆绑在一起。它使用武器，而这将破坏其目标的实现。与此同时，在需要联合一切反对力量的时候，它却分裂了左派。

正是因为左派反对这种恐怖行动，所以它没必要加入资产阶级对激进反对派的声讨。左派以为社会主义奋斗的名义给出了它自己的判断。本着这样的精神，它说道：“不，我们不需要这种恐怖主义。”恐怖分子损害了这场斗争的名声，不过这原本就是他们自己的斗争。他们的方法不是解放的方法，甚至也不是在一个动员起来压制左派的社会中存活下去的方法。

关于犹太教、以色列等的思考①

1. 你能描述一下你的犹太背景吗？

我们曾经是一个典型的被同化了的德国中产阶级犹太家庭，也就是说，我们会在犹太新年和赎罪日的时候去犹太教堂，我的父亲甚至会做斋戒。我们并没有按照教规来饮食。就像所有优秀的德国犹太人一样，我的父亲也是圣约之子会的一员。我的祖父母会举办逾越节晚宴，但他们也都被同化了。

2. 你如何将自己定义为犹太人呢？

这个问题我无法回答。我不去定义我自己。从传统和文化来看，我是犹太人，但如果文化包括了饮食教规和作为神旨的《圣经》，那么我就不是犹太人。

我总是在犹太人受到不公正的攻击时把自己定义为犹太人。在德国，面对公开露骨的反犹主义，犹太人是左派，不是右派。犹太教中的左派思

① 《关于犹太教、以色列等的思考》是 1977 年 3 月 10 日对马尔库塞所作的一次访谈，发表在了加利福尼亚大学圣迭戈分校的一份犹太学生刊物上，参见 *L'Chayim*(Winter 1977)；访谈中，马尔库塞对犹太人传统、以色列以及中东政治做了反思。

想源于历史压迫。

[180] **3. 犹太人的左派思想建立在传统和教义的基础上吗？**

我不认为犹太人的左派思想来自犹太法典和律法；也许对不公正和不平等的控诉来自先知，而他们之所以控诉完全是出于对受压迫者的同情。犹太人的左派思想源于对压迫的感知以及对压迫采取行动的意愿和努力。所有这些都来自于社会经验，而不是宗教伦理。但我们不能说大部分的德国犹太人都是左派，事实并非如此。

4. 你是犹太复国主义者吗？为什么是或为什么不是？

因为犹太复国主义是在宗教的基础上被定义的，所以我不认同，我也并不认为《圣经》是一部神圣的文献。但是出于伦理和人道的原因，我支持建立一个能够防止大屠杀再次重演的犹太国家。

5. 那么为什么像美国这样的国家不能成为犹太人的家园呢？那里不是有自由吗？

以色列不能指望外国势力。在罗斯福的统治下，美国在第二次世界大战之前和期间确实没有做出迫害犹太人这样伤天害理的事。但是，我们在德国看到，在真正的危机形势下，统治阶级会毫不犹豫地牺牲掉占少数的犹太民族。持续有效的反犹主义仍然存在，它在新法西斯主义政权下有可能随时爆发。替罪羊的概念不容小视。犹太人总是被当作替罪羊。

[马尔库塞提到，只要资本主义存在，法西斯主义出现的可能性就存在。他认为，纳粹主义和意大利的法西斯主义都是资本主义的形式。]

6. 犹太复国主义能够解决犹太人问题吗？

对我来说，要解决犹太人问题就要建立一个能够保卫自己、有很大的机会可以防止大屠杀重演的犹太国家。现如今，由于阿拉伯与以色列的冲突，以色列不满足这些条件。时局不利于犹太人，而是有利于阿拉伯人。对当局来说，石油比人道主义问题更为重要。

7. 犹太复国主义和社会主义可以共存吗？

毫无疑问，一个实行社会主义政策的犹太国家是完全可以想像的。我可以很容易地想象出一个社会主义的以色列，但它肯定不会向南非输送武器。

8. 犹太复国主义是种族主义吗？ [181]

如果犹太复国主义是在“上帝的选民”这一观念下被定义的，那么它就是种族主义。任何声称上帝站在自己那一边的人都是种族主义者，这包括一切宗教在内。人类必须形成自己的道德，一种不会使一个人反对另一个人的道德。这纯粹是一项世俗的任务，上帝无法帮助你完成这项任务。如果犹太复国主义转变成了世俗运动，那么它就不是种族主义了。

9. 你对联合国将犹太复国主义等同于种族主义①的决议作何感想？

我并不赞成联合国的每一次投票，主要是因为联合国在任何一个问题上都采取投票的方式，而我认为这并不一定正确。

10. 将来犹太人是否应该继续以一个群体的形式存在下去？

从历史上来看，政治冲突和分歧有可能掩盖犹太人共同的背景。在犹太人群体中，既有极左主义者，也有极右主义者。还有我不愿与之交往的最初拥护法西斯主义的犹太人。但我认为犹太人有权利继续以一个群体的形式存在下去，就像其他群体一样。

---

① 1974年11月，巴勒斯坦领袖亚西尔·阿拉法特应不结盟运动的要求首次接受联合国的邀请并发言。他在发言中指出，犹太复国主义是种族主义的一种形式。一年后，联合国大会通过决议，承认犹太复国主义是种族主义和种族歧视的某种形式。东欧剧变后，1991年，应美国和以色列的要求，该决议被取消。——中文版编者注

11. 你怎样看待犹太人问题？

我的国籍不是犹太，而是美国。如果我住在以色列，我就是犹太国籍，或以色列国籍，或者你叫什么都可以。你不能说犹太人是一个国家，除非他们都生活在以色列。犹太人受历史传统的约束（但与此同时，犹太人在这个传统中也扮演着重要的角色），而后者促成了社会惯例。

12. 怎么解决阿拉伯与以色列的冲突呢？

任何解决方案都必须以以色列继续存在下去为先决条件。解决方法必须基于承认以色列是一个主权国家并对它的建国条件给予认真的考虑。

解决的首要前提是与阿拉伯人签订和平条约，其中包括承认以色列，自由进出苏伊士运河与海峡，以及解决难民问题。

在与犹太和阿拉伯知名人士讨论的过程中，我发现了这样一种解决难民问题的方案，那就是让那些流离失所并希望返回家园的巴勒斯坦人在以色列重新定居。这个解决方案被官方拒绝了，他们的观点（本身没有问题）是，这种返回会迅速地把犹太人从多数变成少数，从而使犹太国家的目的落空。但我却认为，弄巧成拙的恰恰是这个以犹太人永远占多数为目
[182] 标的政策。在阿拉伯国家广阔的领土范围内，犹太人注定是少数，他们不能无限期地将自己与阿拉伯人隔离开来，除非他们恢复到了一个更高水平的犹太区条件。诚然，以色列可以通过激进的移民政策来维持犹太人占多数的情况，而这反过来又会不断加强阿拉伯人的民族主义。如果以色列继续把它的邻国视为敌人，视为死敌（Erbfeind），它是不可能作为一个进步的国家而存在的。对犹太人的持久保护不在于创造一个自我封闭的、孤立的、恐惧的多数，而在于作为拥有同样的权利和自由的公民的犹太人和阿拉伯人的共存。这样的共存只能是一个长期的反复试验的过程的结果。

耶路撒冷的地位很可能会成为和平条约最大的障碍。不断被领袖所

利用的根深蒂固的宗教情绪使耶路撒冷成了阿拉伯人（以及基督徒?）无法接受的犹太国家的首都。处于国际的管理和保护下的一个统一的城市（两个部分）似乎是一个可行的替代方案。

巴勒斯坦人民的民族愿望可以通过在以色列旁边建立一个巴勒斯坦民族国家来满足。无论这个国家是一个独立的实体，还是与以色列或约旦结成同盟，都将在联合国监督下的公投中留给巴勒斯坦人民自决。

最理想的解决方案是以色列人和巴勒斯坦人、犹太人和阿拉伯人作为平等的合作伙伴在一个由中东国家的组成社会主义联盟中共存。这仍然是一种乌托邦式的愿景。

只要巴勒斯坦人认为毁灭以色列是必要的，那么以色列和巴勒斯坦之间就没有任何谈判的基础。另外，只要超级大国之间没有达成一致，日内瓦会议就不会有任何结果。

13. 你觉得反犹主义是全世界犹太人——特别是美国的犹太人——真正关心的问题吗?

反犹主义在世界各地仍然存在，并且很猖獗。反犹主义可能会采取更为放肆的形式。这是一个值得关注的问题，但只要一切进展顺利，就不会有什么问题。如果这种形势发生了剧变，反犹主义将成为一个更值得关注的问题。

十四

新左派失败了？①

---

① 《新左派失败了?》是 1975 年马尔库塞在加利福尼亚大学欧文分校的讲座的扩充版。它的德文版参见 *Zeit-Messungen*, 1975；由比迪·马丁（Biddy Martin）翻译的英文版参见 *New German Critique*, 18（Fall 1979）, pp. 3–11。

在讨论新左派失败的原因之前，我们必须先解决两个问题：首先，谁是新左派，什么是新左派；其次，它是否真的失败了。

首先，我们先对第一个问题做些评论。新左派由那些隶属于左翼的传统的共产主义政党的政治团体组成；它们还没有任何新的组织形式，没有群众基础，而且脱离了工人阶级，特别是在美国。那些最初定义新左派的强大的自由主义的反权威运动在此期间消失了，或是向新的“权威主义团体”屈服了。虽然如此，这场运动的特点和本质特征却在于它重新定义了革命概念，使其把发达资本主义创造出来（但却立刻遭到遏制）的新的自由的可能性和新的社会主义发展的潜能也纳入了进来。作为这些发展的结果，社会变革的新的维度出现了。变革已不再仅仅被定义为政治经济剧变，被定为建立一种不同的生产方式和新制度，而且尤其被定义成了普遍的需要结构与满足需要的可能性的革命。

这个革命概念从一开始就是马克思理论的一部分：社会主义是一种有着质的不同的社会，在那里，人与人的关系以及人与自然的关系从根本上发生了改变。可是，迫于资本主义经济力量的压力，并因此被迫进入共存状态，社会主义国家随着时间的推移似乎受到了诅咒，它几乎只是去强调
[184] 发展生产资料和扩大经济生产部门。这一优先考虑的事项必然会使**个人屈从于他迫切的工作需要**（在某些情况下，这种屈从可能是“民主的”，可能是一种更合理、更有效的生产方式，以及更公平的商品分配方式）延续下来。

物质财富过剩是社会主义的先决条件，这个前提意味着要将社会的

革命性变革推迟到世界末日或怀着这样一种非辩证的希望，即全新的社会生活和社会交往将作为量的经济增长的附带结果发展起来。20 世纪 60 年代新左派的出现对这一社会主义概念及其策略形成了强有力的挑战。由于通过亲身经历认识到了垄断资本主义的巨大生产力与庞大的社会主义和共产主义机构无能于将其转化为革命的生产力之间的矛盾，反抗的焦点逐渐发生了转移。

这场运动把在此之前大部分时间里被马克思主义理论和实践传统忽略的各种力量动员和组织了起来。它代表着一种在反击垄断资本主义总体化的压抑和剥削的过程中努力把反对力量变成一个总体的尝试。随着资本主义权力机构对需要的操纵变得越来越明显、越来越深入，彻底改变那些再生产现状的个人的需要显得越来越重要：不仅是生产领域和经济基础中的人类存在出现了反叛和发生了改变，再生产领域和上层建筑中的人类存在也出现了反叛和发生了改变。因此，这场运动从一开始就采取了文化革命的形式；它认为，在 20 世纪的革命中，不仅是政治和经济需求会得到清楚的表达，其他激进的渴望和希望也会得到清楚的表达：渴望新的道德意识，渴望更加人性的环境，渴望“感官的彻底解放”（马克思），换言之，把感官从将人和物仅仅视为交换对象的冲动中解放出来。“一切权力归于想象力!”新左派关心的是受工具理性束缚的想象力的解放。为了抵制现实主义与顺从联合起来，新左派力量提出了这样的口号：“脚踏实地，追求乌有。”这正是该运动强有力的审美成分的源发地：艺术被当成了生产性的解放力量，被当成了对另一种（通常是被压抑的）现实的体验。

难道所有这一切都只是浪漫主义的表达，或者说实际上只是精英主义的表达吗？绝不是。就新左派明确地提出了发达资本主义早已使之成为可能但在那之前却只是得到了疏导或受到了压制的目标和实质性的挑战而

言，它只是走在了客观条件的前面。这种洞见和观念在策略上也得到了体
[185] 现：新左派反对过时的对抗形式的斗争与工人阶级内部盛行的反对阶级斗争的倾向之间有着内在的联系——自治与权威主义的官僚组织。自 20 世纪 60 年代起，占领工厂以及自主决定生产和分配的观念又变得有意义了。

接下来我们谈一谈第二个问题，新左派是否真的失败了。这个问题必须从几个不同的层面来回答。在某种程度上，这场运动被当权派收买了，或者说，遭到了当权派的公开镇压；在某种程度上，它因为未能形成任何适当的组织形式并任由内部的分裂不断发展和蔓延——这种现象与反智主义、政治上无能的无政府主义、自恋的傲慢有关——而毁掉了自己。

现存权力结构压制这场运动的方式五花八门。很暴力，但也可以说"很正规"：绝对可靠的、科学的控制机制，"黑名单"，职场中的歧视，大批的间谍和告密者——作为压制工具，所有这一切被建立起来了，被动员了起来，并且由于左派仍旧脱离其他民众，它们的效力得到了加强。这种脱离根植于发达垄断资本主义的社会结构，因为这个结构早已将大部分工人阶级整合到了资本主义制度当中。当然，政治上反革命的工会与改良主义的工人政党的统治带来了其他的问题。这些趋势和问题表明以新殖民主义和新帝国主义为基础、经济和政治力量高度集中的资本主义处于相对稳定的状态。

由于力量大规模地凝聚在了一起，也就是说，资本主义的总体性，对制度的反抗必然由存在于物质生产过程之外或边缘的少数群体来承担和实现。就此而论，人们确实可以讨论"特权"群体，讨论"精英"，或许是"先锋"。另一方面，正是这些特权——使他们与生产过程有了一定的距离，或者说，使他们没有被整合到生产过程当中——加速了激进的政治意识的发展，将异化的体验转化成了对现存但却过时的物质和精神文化的

反叛。

当然，正是因为如此，反抗才没有完全成功；当新左派丧失了政治动力，赞成退回到个人的解放（毒品文化，转向上师崇拜以及其他伪宗教派别），赞成抽象的反权威主义以及蔑视指导实践的理论，赞成将马克思主义仪式化和盲目崇拜马克思主义时，他们创造的反主流文化毁了他们自己。过早的幻灭和顺从在各式各样的倒退形式中表现了出来。

新左派坚定地认为要颠覆经验和个人意识，坚定地认为要对需要和满足体系进行激进的革命，简言之，对一种新的主体性的持续的需求使心 [186] 理学有了决定性的政治意义。操纵性的社会控制——为了维持现状，现如今甚至是把无意识也动员了起来——再一次让精神分析成为焦点。只有把受到压抑和得到升华的冲动解放出来，才能粉碎现有的个体的欲望和需要体系，才能为这一对自由的渴望创造一个空间。当然，仅仅是识别和确认这些冲动不可能实现这种功能；释放的过程必定招致批评，必定作为对社会操纵和内化的欲望的回应而招致需要的自我批评；这些内化的欲望和需要不断地阻碍解放，因为它们的满足保证了商品世界的压抑的再生产。正是对需要的批判分析构成了心理学特定的社会维度。

当然，心理还有一个超社会性的本能需要维度，或更确切地说，一个亚社会性的本能需要维度，比如，基本的性本能和破坏本能维度，而这在所有的社会形态中都很常见。那些根植于这一领域的冲突甚至将来也有可能存在于自由的社会：妒忌、不幸的爱情、暴力不能简单地归咎于资产阶级社会；它们表现了力比多固有的遍在性与排他性之间的矛盾，表现了在变化中获得满足和在不变中获得满足之间的矛盾。然而，即使是在这个维度上，本能的表现以及满足它们所采取的形式在很大程度上也都是由社会决定的。即使是在这里，普遍性也只能在特殊性中体现出来，并在特殊性中发挥作用；当然，普遍性并不是个体的社会性，而是由社会决定的人类本能的基本结构。

这一基本维度之外的心理（以及身体）冲突和紊乱领域完全是社会性的，而它们特殊的表现和实质取决于社会制度及其压抑和俗化机制。当然，目前正在热烈讨论的两性之间、代际之间以及自我定义（身份认同危机）中的困难都是这一类——这些现象通常很快就会被归类为个体异化。在这个心理领域，社会及其现实原则构建起了共性，它们对涌现出来的特定的冲突和紊乱来说至关重要；因此，治疗成了一个政治心理学的问题：意识和无意识的政治化，以及超我的反政治化都是政治任务。

这两个领域之间紧密的结构关系使人们很容易把重要的政治问题解释成个人心理问题。结果就是政治问题移情到了私人领域及其代理人与分析师的领域。（对“移情”这个概念的非正统的使用是合理的，因为受压抑的冲动就是从这种移情中得到了满足：反主流文化激进的政治冲动在它
[187] 们所谓的失败之后受到了压抑或发生了转化，比如说，它们呈现出了婴儿的欲望的特征。）

“精神分析学”在发达垄断资本主义的概念中起到了决定性的作用，这一洞见对于新左派而言非常重要。新左派认为，这个社会的一体化本质上是一种机制，它主要依赖于个体对社会控制的内化——这样一来，个体就学会了再生产现存的制度以及他们自身的支配地位。换言之，通过对力比多需要和满足的有系统地操纵，即通过性欲的商业化（压抑的俗化趋势），通过帝国主义战争（比如，米莱村大屠杀）以及日常生活中愈演愈烈的犯罪和暴行释放原始的攻击本能，社会再生产在很大程度上得到了保障。因此，就像政治疗法和教育一样，非顺从的心理学服务于有政治性的心理。私人化与顺从的心理学行业正在不断地遭到激进疗法的冲击：社会

压抑的表达在更深的个体存在层面上仍然很活跃。

回到新左派这个话题上来。无论如何，我认为说它“失败了”是不对的。正如我试图揭示的那样，该运动根植于发达资本主义本身的结构；它可以撤退回来，以便重新进行组织；然而，它也有可能成为压抑的新法西斯主义浪潮的牺牲品。

尽管如此，但还是有迹象表明，新左派的“福音”已经传播了开来，已经超出了它自身的范围。当然，这是有原因的。那就是，资本主义的稳定性确实已经在国际范围内被颠覆了；这种制度暴露出了越来越多的内在固有的破坏性和非理性。正是从这一点出发，抗议发展了起来，也蔓延了开来，尽管抗议活动在很大程度上无组织、分散、没有关联，甚至一开始还没有任何明显的社会主义目标。在工人当中，抗议以野猫式的罢工、旷工以及暗中破坏的形式表现了出来，或者以突然袭击工会领导的形式表现了出来；它还在受压迫的社会少数人群体的斗争中以及最近的女性解放运动中表现了出来。很明显，现如今工人的士气早已普遍地瓦解，人们对资本主义社会的基本价值及其伪善的道德早已丧失了信任，对资本主义所设定的优先考虑事项和等级结构的信任也早已完全崩塌了。

对于这一事实，即我试图指出的根深蒂固的社会不满终究还是没有被明确地表达出来，还是没有被组织起来，并且仅局限一些小的群体，这是一个十分可信的解释。不幸的是，大众却把每一种社会主义的替代方案都等同于苏联的共产主义或模糊的乌托邦主义。很明显，人们普遍担心社会可能发生的变革太过激进，以至于它有可能从根本上改变传统的生活方式，有可能破坏至今已有数百年历史的清教徒式的道德并终结我们生活中的异化。这都是些长期以来被人们所接受或强加于人的条件；我们总是被 [188]
教导说，终身的苦役和压迫是不可改变的，它们实际上就是宗教律法。服从一个持续扩张的生产机器一直以来被认为是进步的前提条件。

为了战胜经济匮乏、加紧对劳动力的动员和对自然的支配，这种压迫有可能在一段时间内确实是必要的；技术进步确实给生产资料的开发带来了巨大的进步，也带来了社会财富的不断积累。然而，另一方面，这些成就却以越来越残忍的方式被用到了维持短缺、维持压迫、掠夺自然以及操纵人类的需要上——所有这一切都是为了这一目的，即保持现有的生产方式及现存的社会等级结构或扩大它们的基础。

毫无疑问，现如今我们可以清楚地看到，资本主义的胜利已经不能在这种压抑的框架内继续了：现在，这个制度只能通过在国际范围内破坏生产资料乃至人类生命本身才可以发展。资本主义确实已经将它自身的否定抬高为一种原则。在这种背景下，新左派的历史意义也就变得更加清晰了。20 世纪 60 年代是资本主义发展过程中的一个转折点——可能也是社会主义发展过程中的一个转折点；正是新左派在议事日程上提出了一个包罗万象但却有可能已被遗忘或受到抑制的激进的社会变革维度；正是新左派在它们的标语上写下了 20 世纪顺应时代潮流的与先前的一切革命截然不同的革命理念——虽然是以一种混乱而又不成熟的形式写下的。这场革命将适合于晚期资本主义所创造的条件。它的载体将是其社会存在和社会意识都有所改变的扩大了的工人阶级，后者将把曾经独立的中产阶级和知识分子的大部分都纳入进来。这场革命将会发现它的动力和起源与其说是经济上的痛苦，倒不如说是对外在强加的需要和快乐的反抗，对富裕社会的痛苦和疯狂的反抗。确实，晚期资本主义社会也再生产了经济贫穷化和最粗鲁的剥削形式，然而，很明显的是，高度发达的资本主义国家的激进变革力量并非主要源于“无产阶级”，他们的需求侧重于有着质的不同的生活方式和有着质的不同的需要。

新左派使它在需求中和它在斗争中对现存秩序的反抗**成为整体**；它改变了不同阶层的人的意识：它揭示了这一事实，即我们有可能过上不从事毫无意义和非生产性的工作的生活，过上没有恐惧和清教徒式的“职业道德”（在很长一段时间里，它并不是一种职业道德，而只是一种压迫性道德）的生活，过上不去褒奖残暴和虚伪的生活，过上最终没了资本主义制度的那种粉饰的华美和真正的丑陋的生活。换言之，新左派使一直以来的 [189] 抽象知识与它的这一主张——即“改变世界”并不意味着用一种统治制度取代另一种统治制度，而是跃入一个全新的人类文明，在那里，人类可以在相互团结中发展自己的需要与潜能——融合了起来。

那么，新左派应该如何为这样一场激进的变革做准备呢？（限于篇幅，我在这里无法充分的讨论组织问题，而是只能做一些试探性的、一般性的评论。）

首先，我们必须非常清楚地认识到我们生活在一个预防性的反革命的时代。资本主义已经为内战和帝国主义战争做好了准备。正是因为资本主义的全球控制体制，新左派——从保守的大众那里脱离了出来——现如今就只剩下统一战线的策略了，即与学生、激进工人、左翼自由（甚至非政治）人士和团体合作。这样一种统一战线面临着组织抗议活动以抵制这个政权的某些特别残酷的侵略和压迫行为的任务。总的来说，普遍的一体化似乎妨碍了激进的群众性政党的形成，至少在目前是如此；因此，激进组织应该把重点主要放在地方和局部（比如，工厂、办公室、大学和公寓大楼）；它的任务应该包括表达抗议和动员大家采取具体行动。激进组织不应该忙于组织向社会主义过渡的行动；没有什么比物化的、仪式化的宣传语言更伤害新左派中的马克思主义团体的了，因为这种宣传认为确实存在着能自我发展的革命意识。向社会主义过渡现如今并不在议事日程上，因为反革命占据着主导。在这种情况下，与最坏的趋势作斗争成了重点。资本主义每天都在那些可用于终结有组织的抗议和政治教育的行为和事实中揭露自己：准备新的战争和干预、政治暗杀和图谋暗杀、野蛮地侵犯民权、种族主义、加大对劳动力的剥削力度。这种斗争通常首先出现在资产阶级的民主形式中（选举和支持自由派的政治家，散布被禁止的信息，抗议环境污染，联合抵制等等）。在其他情况下，那些被合乎逻辑地斥责为改革主义、经济主义、资产阶级自由主义的政治主张的需求和行动现如今可能有了积极的意义：晚期资本主义却吹嘘自己更加宽容了。

革命的潜在力量的扩张与革命潜力本身的整合相对应。我曾指出过，新左派在英雄主义的阶段有这样一种信念，那就是，20 世纪的革命将进入那些把我们所知道的关于早期革命的一切都抛之脑后的维度。一方面，
[190] 它将把那些至今还没有被政治化的“边缘群体”和社会部门动员起来；另一方面，这场革命将不只是一场经济和政治革命；更为重要的是，它将是一场文化的革命。这一彻底变革那些具有阶级社会特征的价值的迫切需要在这种新型的革命中被清楚地表达了出来。

在这种情况下，妇女解放运动有可能成为革命的“第三股力量”。显然，女性并不构成独立的“阶级”；她们隶属于各个社会阶层和阶级，因为两性之间的对立建立在生理而不是阶级的基础上；当然，与此同时，这种对立是在社会历史背景下展开的。

文明史是男权史，是父权史。女性的发展不仅被奴隶主、封建社会和资产阶级社会所决定和限制，同时也被特定的男性的需要所决定和限制。很明显，自然意义上的男性与女性的二分发展成了价值意义上的男性与女性的对立。与此同时，作为剥削对象和抽象劳动的代表（她们没有得到平等的受剥削的机会），女性以越来越大的规模被整合进了物质生产过

程当中，但她们却仍然被期望能体现和平、人性以及自我牺牲的品质，但是，如果没有摧毁压抑性的基础，特别是根据商品生产规律运作的人际关系，这些品质是不可能在资本主义世界中发展起来的。出于这个原因，女性的领地和特殊的“光环”无疑是与生产领域严格地分离了开来：“女性特质”（femininity）成了一种只有在私人处所内、在性爱中才能被确认的品质。不用说，即使是这种私人领域也仍然是男权结构的一部分。人力资源的这种划分和配置最终完全被制度化了，并一代一代地被再生产了出来。毫无疑问，这些对抗性的社会状况有了一种“天然”对立的外观：内在固有品质之间的对立是所谓的自然的层次结构的基础，是男性支配女性的基础。

我们正处于这样一个历史时刻，充满攻击性的野蛮的男权社会已经到了毁灭的边缘，而这却不能通过生产资料的发展和合理地支配自然来补救。女性对强加于她们的角色的反抗必然在现存社会背景下以否定的形式出现，那就是在物质和精神文化各个层面上与男权作斗争。

当然，在这一点上，否定仍然是抽象的、不完整的；它是迈向解放的第一步，也确实是必不可少的一步；但它绝不是解放本身。如果解放的冲动仍然停留在这个层面，这场运动在建立另一种社会主义社会上的激进的潜能就会受到压制——最终，它也就只会实现统治地位的平等。

只有当女性对父权制的反抗对社会基础产生了影响，在生产过程的 [191]
组织，对工作的性质和需要的转变中起到了作用的时候，这种制度本身才会发生改变。如果生产能够以人的感受为取向，以享受劳动成果为取向，以感性的解放为取向，以社会与自然的安定和平为取向，那么我们就可能在最压抑、最有利可图、最有生产性的形式中，即在资本主义的再生产中，消除男性攻击的基础。那些在父权制社会中——即在社会历史的替代选择遭到压抑的现实中——的被视作与男性特质相对的**女性特质**将成为社会主义的替代选择：终结破坏性的自我加速的生产力，以便创造能使人们享受自己的情欲和才智并相信自己的情感的条件。

那将是“女权主义的社会主义”吗？我认为这种表述有误导性。一场废除男权的社会革命最终将终结分配给女性的特定的女性特征，将把这些品质带入整个社会，并在工作中和闲暇的时间中培养它们。如果是那样的话，女性的解放也将是男性的解放——毫无疑问，双方都需要解放。

在资本主义的这一阶段，只有当激进的左派能够成功地使这些新的社会变革维度保持开放，能够成功地表达并动员对有着质的不同的生活方式的迫切需要，这一进步与破坏、支配与征服相互纠缠的越发疯狂的螺旋式运动才会终止。我们可能认识到了那些反映这些需要的策略和组织正在形成——足以胜任这些任务的语言，试图使自身从物化和仪式化中解放出来的语言正在形成。新左派还没有失败；失败的是那些逃离政治的奉承者。

就像左派通常的遭遇一样，新左派也冒着受晚期资本主义攻击性的反动倾向迫害的风险。随着危机的蔓延，以及危机不断迫使这种制度通过发动战争和压制反对派的方式来寻找出路，这些倾向正变得越来越严重。社会主义的必然性再一次遭到了法西斯主义的必然性的挑战。选择“社会主义还是蒙昧主义”这个古典问题现如今比以往任何时候都要更加紧迫。

后 记

作为积极分子的马尔库塞——追忆他的理论与实践①

乔治·卡西亚菲克斯

直到晚年，马尔库塞才成了名人，他的作品才众所周知的。一旦受公众关注（或诅咒）成了他的宿命，名声很快就会变成恶名，不过，他比现如今可以回想起来的许多人都更出名。1968 年，全世界的学生和年轻的激进分子都在阅读和讨论“3M”（马克思、毛泽东和马尔库塞）的作品。无论他走到哪里，他都会遭到左派和右派的攻击——至少是遭到共产主义左翼的攻击。在德国，他被认为是最近才平息的游击战浪潮的罪魁祸首。

① “后记”出自乔治·卡西亚菲克斯（George Katsiaficas）之手，它原先的标题是《马尔库塞的认知兴趣：个人见解》，参见“Marcuse’s Cognitive Interest: A Personal View,” *New Political Science*, 36–37（Summer–Fall 1996）, pp. 159–70。卡西亚菲克斯富有质感的研究为我们提供了一篇优秀的关于作为教师和共产主义政治积极分子的马尔库塞的回忆录，同时他的研究也为我们提供了一份关于马尔库塞对激进政治的重要性的探索性的总结。卡西亚菲克斯任教于波士顿温特沃斯理工学院，他的代表作有《新左派的想象：1968 年全球分析》（*The Imagination of the New Left: A Global Analysis of 1968*, Boston, Mass: South End Press, 1987）和《颠覆政治：欧洲自治社会运动和非殖民化的日常生活》（参见 *The Subversion of Politics: European Autonomous Social Movements and the Decolonization of Everyday Life* ，Atlantic Highlands, N.J.: Humanities Press, 1997）。

在美国，当时的州长罗纳德·里根因为他参与了校园暴力事件对他进行了谴责，而在一场针对他的联合行动之后，有人给他邮来了一封满是仇恨的 [193] 威胁信，对他发出了死亡威胁，不但如此，有人还在媒体上中伤他，美国退伍军人协会甚至提议买断他的大学合同，经历了这一切之后，他就这样匆匆地退休了，并被剥夺了继续教学的机会。用他自己的话说，他“很幸运”，因为他在加利福尼亚大学圣迭戈分校“还有一个信箱”。

至少三个大洲指控他，认为他应该对年轻人的颠覆行为负责——苏格拉底也曾遭到过同样的指控。教皇保罗六世因为他“为伪装成自由的放纵和被称作解放的本能失常打开了大门的理论”对他提出了谴责。苏联马克思主义者对他的抨击可能最为激烈，他们认为他是“反动的小资产阶级”的代表。英国左翼对马尔库塞一生的解读与苏联的分析非常相似，至少从佩里·安德森（Perry Anderson）的观点来看是这样。安德森错误地将马尔库塞描述成了一个在拉荷亚过着资产阶级生活的人，认为他根本不了解斗争的迫切性和下层阶级的贫穷状况。

如果他是一个胆怯的人，他会被他那世界闻名的恶名所迷惑（或碾碎），但一路走来，马尔库塞内在的自我意识一直都占据上风。他对自己的信念坚定不移，尽管他不能正常上课，但他却参与到了一系列的积极分子的学习小组当中，在时间允许的情况下，他还接受了大量的演讲邀请，另外，对我来说幸运的是，他还会单独（就我个人而言，定期）与挑选出来的主动找他的学生一起进行研究。私下里，他是校园和社区团体的积极参与者。他不仅是我们的公共发言人，两度吸引了千余人来听他在社会主义论坛上的演讲，与三十五名社会积极分子就乌托邦愿景的必要性在“左岸”（一个另类的书店和工艺中心）举行了一场研讨会，与詹明信在那里举办了一场筹款活动，在斯坦福大学与凯特·米勒特（Kate Millet）进行了辩论，他还卷入了我们的斗争和窘境——或许我应该说是他让我们把他拉进我们那些不怎么令人精神振奋的个人恩怨、相互指责和危机中的。他就住在加利福尼亚大学圣迭戈分校附近的拉荷亚，因此他可以步行上班，这对他来说是一种必需，因为在他人生的那段时间，他很少开车，即便有的话也不多。他从来不告诉我之所以这样的原因，但我听说法兰克福学派的所有成员差点在一次交通事故中全部丧生，当时一只蜜蜂飞进了他们的车里，而阿多诺正在开车。

尽管很多人称赞（和批判）马尔库塞，但很少有人就他的工作与未来的社会运动相关性写过什么文章，也没多少人理解他的积极介入。在接下来的几页里，我想要做的是给出一个建立在七年的友谊和政治合作以及可以驳斥某些对他的评价的经历基础上的马尔库塞的形象，给出一个理解他的理论工作的特征和旨趣的视角。

对我们很多人来说，赫尔伯特不止是一位受人尊敬的哲学家或知名
[194] 学者。他的经历和见解与 20 世纪革命运动的实践以及从人类历史最开始就发展起来的激进批判理论鲜活地联系在了一起。因为他的朋友，他肯定了经历与历史之间的联系——赖特·米尔斯（Wright Mills）把这称之为“社会学的想象力”。在我陷入可怕的个人危机时，赫尔伯特冷静、幽默地对我做了回应，他能够将我的具体困境放在一个更大的心理史情境中，从而通过肯定过一种“经过审视的生活”的必要性帮助我超越了因自我怀疑而产生令人痛苦的不安全感。我不止一次地在喝着苏格兰威士忌和吃着家里做的饭菜的夜晚发泄我对荒诞的学术生活的不满，而正因为如此，我没有从研究生院退学。

在我们建立友谊之初，我印象最深刻的是赫尔伯特始终坚持认为理论是必要的，与此同时他还坚持认为现代的反智主义无处不在。我们第一

次见面时是在晚上，我那时开着一辆出租车去参加海岸沙滩——激进反主流文化运动最后的避难所之一——举行的反战和反政府机构运动。当时令我尴尬的是，尽管我听说过他，但我却没有读过他的书或听过他的公开演讲。当我请他到红房子来看时，令我感到惊讶的是他竟欣然接受了邀请，你可知道红房子那时是一个著名的政治公社，也是警察和联邦调查局的目标。

我们很快就对彼此产生了好感——从我的角度来讲，是因为我喜欢他那讥讽的智慧，他总是拿那些因美国的政治活动而难免产生的令人不舒服的个人恩怨来开玩笑，而最重要的是因为他能在最不可能的情况下明确地提出激进的声明。我们曾经就一夫一妻制的优点和他是否应该打领带上班（他后来差不多放弃了这一做法）产生过争论，当时赫尔伯特信心十足地给出了自己的观点，他认为，一个人的着装越整洁，他越有可能说出不顺从的政治观点——我曾多次检验这一假设，发现它是正确的。还有一次，我说我们有必要保护我们古老的文化遗产，特别是哲学传统，还有民族风俗和身份，但马尔库塞挥了挥手，打断了我的无意义的空谈，他指出："人类能够创造出比那些建立在犹太—基督教价值基础上的文化更优秀的文化。有太多的人致力于保护过去了。那么未来怎么办？"

关于马尔库塞，我还想讲一讲另一个故事，它发生在1976年，当时我们就中情局介入加利福尼亚大学举行了示威游行。1974年，我考入加利福尼亚大学，与赫尔伯特有了更紧密的合作。在友善的秘书的帮助下，积极分子揭露了中情局的一些项目：诺马角（Point Loma）——一个附属于加利福尼亚大学圣迭戈分校的研究所当时正在训练海豚，以攻击潜水爱好者，在水位线以下炸毁船只；他们当时正在研究一项人工影响天气的项目，目的是为了在古巴收获的季节实施人工降雨，从而毁掉成熟的甘蔗；

一位经济学教授用中情局的钱在大学后面的索伦托科技谷建了一个私人研究机构。随后的几个月里，我们发起了集会，举行了几场宣讲会，还公布[195]了中情局在校园出没的证据。随后人们展开了广泛的讨论，紧接着，全体教职员工应马尔库塞的提议投票决定谴责中情局的介入。但管理部门却仍然无动于衷，选择性地无视大部分抗议的声音，就好像我们不值得做出回应。在完全漠视我们的存在的情况下，一些管理人员甚至前往兰利市参加了中情局的平权法案会议，而且他们还计划安排加利福尼亚大学八校的校长大卫·萨克森（David Saxon）就同一个主题在加利福尼亚大学圣迭戈分校的公共论坛上发表演讲。

当我们就采取什么行动争论不休时（激进分子赞成激进抗议，而温和派则赞成静坐），我咨询了赫尔伯特，经过讨论，我们给出了一个激进但非暴力的抗议计划。为了与萨克森当面对质，许多校园团体——比如，墨西哥裔美国人、黑人学生和反中情局联盟——聚集在一起。马尔库塞很期待这场示威游行，我们决定在那里碰面。我清楚地记得，介绍萨克森的时候，赫尔伯特来到了我旁边。当萨克森喋喋不休地念叨大学在社会中的作用时，我们这边聚集在一起的成百上千的学生开始有节奏地喊了起来："狗屎！狗屎！"萨克森最终没能完成他事先准备好的演讲，当他试图离开时，蜂拥而至的人群把他围了起来，跟着他，向他施压，要求他明确表示校园里到底有没有中情局。校园警察进来了，将我们中间的一些人推到了一边。我们又推了回去，但没有人被逮捕。我们事先完全没有任何这么去做的计划，但对如此多的人决定去解决这个问题，我们感到由衷的高兴。正如我们计划的那样，我们在加利福尼亚大学圣迭戈分校这一世界上最大的大学的一个校区——如果把加利福尼亚大学看成是一个包括圣迭戈分校、圣芭芭拉分校、伯克利分校等在内的实体的话——的行动受到了广泛的关注，成了墨西哥《至上报》（*Excelsior*）和许多美国日报的头版头条。反中情局的抗议活动很快就在全国蔓延了开来。

我们接下来在圣迭戈召开了一次会议，公开讨论了运动的发展方向。尽管赫尔伯特同意成为我们主要的演讲者之一，但他并不希望我们宣布他将为那些即将到来的积极分子发表演讲，因为正如他指出的那样，一旦宣布这个消息，其他很多人就会专程来听他发表演讲。在那几个小时里，他就是会议的中心。在他的讲话中，他肯定了学生们正在做的事情的重要性，也强调了他们设法在大学里组织起来的重要性。我们应该知道，当时的运动（不仅发生在了西海岸）被那些坚持认为学生只不过是“小资产阶级”、在政治上无足轻重的片面强调工人作用的人所把控。现存的某些马克思列宁主义团体也反对我们在校园里的抗议活动，说我们没有意识到“真正”的问题，而且有人还写了一本小册子，四处分发，说我们是中情局的特工，因为我们邀请了马尔库塞这位曾效力于战略情报局（即中情局的前身）① 的著名的“反革命的特工的领袖”。

我记得有一天早上，我在红房子的台阶上发现了一本这样的小册子，[196]
当时我觉得自己被冒犯了，十分愤怒。我把它拿给了赫尔伯特，但他却看上去很喜欢听我大声念出来，并且觉得它荒谬的语言和内容很有趣。当他在文中看到我的名字的首字母和他的名字时，他大声地笑了起来。“哦！这些人简直太爱我们啦！”那时，我不太理解他为什么在面对侮辱时没有表现得不自在，但回过头来再看，我现在特别欣赏这样一种我们所有人在

① 第二次世界大战期间，马尔库塞曾效力于战略情报局，即中情局的前身，这雄辩地证明了他理解理论与实践的关系。他的工作是分析纳粹的宣传并让美国当局了解纳粹党内部的动向。正如他告诉我的那样，聚集在战略情报局的那个群体是他曾经共事过的最优秀的知识分子群体之一，他们都是些有奉献精神的人，后来，他们都成了全职教授或有名的作家。他也说过，他们大部分的研究都被锁进了档案柜，而没有进入政治决策层。

运动中必须培养的技能。

但如果据此就断定赫尔伯特总能毫无痛苦地处理对他的攻击，那就错了。就像他那篇讨论压抑的宽容的文章被误解时一样，当他被说成是一个反民主的人时，当他被说成是一个认为民主应该少一些的人时，他感到很沮丧。当他那本讨论美学的书在德国的主要报纸上遭受恶评时，他好像很震惊。他永远无法忘记 1968 年“毛主义者”在柏林是如何粗鲁地对待他的。然而，不知何故，当他受到左派的攻击时，他竟从中获得了一些满足。也许这与他对谁才是自由真正的敌人的理解有关，与对他生命的无数威胁——威胁简直太真实了，以至于学生团体为了确保他的安全自愿建立了一种照看他的方式——有关。

在反中情局联盟建立不到一周年之际，它就因为它大部分成员的投票而宣布解散了。内部的分歧和不信任加剧了我们的问题。差不多与此同时，《清扫恐惧》（*Natty Dread*）这份一直以来为运动发声的校园报纸内部发生了一场政变（马尔库塞一直都不喜欢这个名字），而新编辑拒绝刊登我（在赫尔伯特的帮助下）为了总结那年政治斗争的遗产所写的文章的任何部分。不用说，我备受打击。赫尔伯特的洞察力和机智又一次帮我渡过了难关。“你的文章怎么了？”他脸上带着尴尬的笑容问道，当时他手里就拿着一份已更名为《新指示》（*New Indicator*）的报纸。“那份报纸是这场运动的喉舌，”我回答道，“如果我们确实还可以称之为一场运动的话。”我气愤而又沮丧地继续说道：“如果那些组织不能持续下去，那么我们还有必要把所有的精力都投入到创建组织当中吗？”这次赫尔伯特难得地直
[197] 接回答了我而不是问另一个问题，他清楚地说道：“马克思从未创造出一个持久的组织。再就是，持久的组织往往也很难保持革命性。政治经验和教育是可以累积的，如果有足够的时间，它们的量变就会产生质的飞跃。”

他的逻辑令我感到震惊，但我仍心存疑惑。“我们该怎么办?”我问道，“没有一个统一的组织，我们如何互相帮助，从而在个人和政治上取得进步呢?”我提醒他说，我们最活跃的一个成员遭到了家人的敌视，因为在他们看来，她的政治参与毁了她的教育和事业。我就她的政治参与有没有对她的人生产生积极的意义产生了疑问。我们俩都沉默了。最后，赫尔伯特重新点燃了他的雪茄，吸了一口。我们任由思绪游走。有些问题显然没有答案，有些顾虑没那么容易搁置，尽管二十年后我可以很高兴地告诉大家我们讨论的那个人目前正在一所著名大学的大众传媒领域一边教书一边创作。

正如上面的经历所表明的那样，1968 年之后，马尔库塞的生活与激进政治紧密地联系在了一起。尽管他名声大噪，但他的谦逊却不允许他相信那些媒体给他的声望。他几乎从来都不拒绝过来访者，大约一周一次，如果有人远道而来就想见他一面，他也都会为他们腾出时间。他一直以来都拒绝扮演我们积极分子圈子的领袖或父亲般的人物，他总是竭尽所能地颠覆我们的日常生活，质疑我们的动机和方向，与此同时提出旨在为我们创造另一个现实的理论问题。当他在写那本关于美学的著作时，我们成立一个小组，参与讨论了他所涉及的某些问题。我记得，小组的大多数成员都是在美国非法定居的墨西哥艺术家。在我们阅读马尔克斯的《百年孤独》时，赫尔伯特比我们任何一个人都更能准确地说出书中人物的名字。他最后几次演讲中的其中一次是在墨西卡利（Mexicali），这是一个跨过南加州东部加利西哥（Calexico）边境的边陲小镇。在这次无论是哪个年龄阶段的“北部人”（Norteños，拉丁帮派）成员都未曾经历过的旅行中，美学小组的一名成员陪着他，成了他的翻译和旅伴。

就像我们中的许多人一样，马尔库塞同样也因为 1968 年的全球运动发生了改变，但他的政治经历要比这早得多。第一次世界大战结束时，他就被他的战友们选入了德国士兵委员会。他告诉我说他曾在亚历山大广场上一边端着枪一边思索革命的命运。他注意到越来越多的官员被选为了代表，他断定革命在委员会内部已经消失了，因为阶级结构又出现了。

他的预言再一次被证明是正确的。他能够以不可思议的准确性阅读历史事件。当 1972 年《反革命和造反》出版时（我认为这是马尔库塞最好的政治著作，1981 年，佩里·安德森向我承认，尽管他发表了许多关于马尔库塞的重要的研究，但他却从来没有读过这本书），我们中的许多
[198] 人满脑子里想的都是激进变革、革命、国际暴动、美国军事力量的衰落。但马尔库塞却对这一切都很抵触，他明确指出，当时正在发生的并不是激进变革，而是一场回应早已失败了的反抗的预防性的反革命。在 20 世纪 70 年代末我们的讨论中，他对第三世界发生的是革命还是法西斯主义这个问题提出了质疑，他一再地问我们到底哪个国家在军事上比美国更强大。

另一个能够证明他的预言能力的例子就是他的《苏联的马克思主义》（1958 年出版）。1956 年，作为对苏联共产党第二十次代表大会的回应，波兰和匈牙利的暴动遭到了镇压，当时有许多的猜测认为赫鲁晓夫将不得不放弃他的去斯大林化计划并进一步强化镇压的力度。但马尔库塞却持不同的观点，他认为："东欧事件很可能会减缓某些领域的去斯大林化进程，甚至有可能发生倒退；特别是在国际战略上，它明显变'强硬了'。但是，如果我们的分析是正确的，那么经历这样的倒退之后，基本趋势仍将继续，并重新显示出自身的威力。就苏联国内的发展而言，这意味着目前的'集体领导'仍将延续，秘密警察的权力减少，权力下放，法律改革，审查制度放宽，文化生活自由化。"如果按照苏联的改革开放政策来重读《苏

联的马克思主义》，我们就会发现它对苏联做出了有力的分析，就会明白苏联共产主义的基本方向。马尔库塞早在其他人之前就已意识到了苏联社会不同于发达资本主义社会的结构状况，他早就揭示了这一点，即改变它根本不需要使用暴力。

随着他的健康状况的恶化，我们还就宗教和死亡做了几次讨论。当时，在那些先前满足于现世的乌托邦思想并把它当成形而上的基本信仰的人中间，犹太教乃至一般意义上的宗教再次复活了。因为里奇·谢尔奥弗（Ricky Sherover）当时醉心于一个定期聚会的犹太团体，所以经常安排我陪马尔库塞过夜。一天晚上，里奇离开之后，赫尔伯特要求我解释一下我们很多朋友在他们的宗教背景下发展起来的兴趣。我的第一个反应是反犹主义和以色列的不安全状况可能是其根源，但这并没有让他感到满意。他接着问了我两个问题：以色列什么时候输掉过战争？我能否说出一个我们这个圈子里的与任何一种大家都知道的种族主义的情况相近的反犹主义事件？我又回到了这一立场上来，即我认为白人需要的是一个被压迫者而不是压迫者的身份。但他就此又提出了另外两个问题：为什么 20 世纪 60 年代不需要这种身份？我该如何解释埃尔德里奇·克利弗（Eldridge Cleaver）的信仰的改变？马尔库塞以他自己的方式帮助我认识到这场运动的优势（以及共同的目标和团结的意识）已经消失了——这是一个我当时坚决不愿承认的纯粹的事实（现在有时仍不愿完全接受）。

马尔库塞不止一次地对我说他真的不在乎他死后会怎样。在这段时 [199]
间里，铁托与死亡搏斗了几个星期（也可能是几个月），尽管是在无意识的状况下，我们一致认为我们选择不了死亡的方式——虽然我们可以减轻死亡的痛苦。当我问他如何看待我们的运动接下来的发展时，他注视着我的双眼说："在你有生之年是看不到革命的，除非你能活得像我一样久，我希望你能。"

赫尔伯特一直都在想办法帮我找一份真正的工作——正如他提到的终身教职（他总是不断地提醒我，这样的工作会越来越难找）。但是，出于种种原因——其中包括我意识到这意味着我不能再做他的学生了——我顶住了他的催促。渐渐地，我厌倦了圣迭戈，也最终满足了他希望我离开的心愿，而我告诉他我离开的理由是我真正应该做的是去欧洲待一年，在此期间，我可以考虑一下我的未来。我提交了到马德里待一年的申请，当我收到录取通知时，我冲进了他的办公室。"马德里？"他问道，"你去那里做什么？你很快就会厌倦的。"我有些慌乱，便问他我应该去哪里。他答道："为什么不去德国，当然是应该去柏林。那里将出现很多新的情况。"我辩解道，我的德语没有我的西班牙语好，而且加利福尼亚大学圣迭戈分校在德国没有项目。赫尔伯特向我保证道，这两个问题都很容易解决，接着，他当场就给我讲起了近代德国社会运动史。

很难理解为什么自他去世之后美国少有人对他的作品感兴趣。在德国，情况则不一样。在那里，民众运动在 20 世纪 70 年代中期之后仍在继续发展，而马尔库塞的作品也仍然被认为是重要的读物。他最后的那本德语作品从未出版过英译本。把《时代消息》（*Time Messages*）说成是一本书并不完全准确，因为它由三篇文章和一次与汉斯·恩岑斯伯格的对话组成。其中那三篇文章分别是《马克思主义与女权主义》①《理论

① 《马克思主义与女权主义》最初在《新指示》（*New Indicator*）上发表了出来，后来又在《城市之光文选》上发表了出来，参见"Marxism and Feminism," *City Lights Anthology*, ed. Lawrence Ferlinghetti, San Francisco, Calif.: City Lights Books, 1974。

与实践》以及《新左派失败了?》①。与汉斯·恩岑斯伯格的对话探讨了美国的革命组织的问题。虽然有些人认为他的书是学术性的，而不是政治性的，但我却不这么理解。1978 年，在我读完他所有的书之后，我给出了这样的推测，即他的人生计划是为未来的革命运动提供理论基础。我的阐释引起了赫尔伯特的注意。他似乎很高兴。“是的，”他说，“你可以这么说。”

马尔库塞的理论与实践

尽管马尔库塞在美国相对默默无闻，但他的理论仍然很重要，特别 [200]
是对那些关心社会变革的人来说。他提出的几个概念令我获益匪浅，而接下来我想对它们做些讨论，以便进一步表明他在日常生活与写作中的政治变革取向。纵观他一生的作品，马尔库塞最关注的是这一点，即解放不是抽象的（正如萨特所说的那样），它有赖于感性的人类。理性不仅有一个灵魂，还有一个身体。他的辩证思想把身心统一了起来，在看似对立的事物中找到了统一。在现代社会，更大的个人自由似乎同时也是更大的束缚，因为现如今束缚（或解放）他本身的必定是个人。

马尔库塞认为，即使在革命时期，我们自己的人格也会限制我们的可能性，借由“心理热月”的概念，他与我讨论了这一现实。（热月是法国共和历的第十一个月，革命在此期间出现了倒退。）“心理热月”指的是内在的革命条件出现了倒退，指的是一种症候，马尔库塞在发达资本主义社会物质条件已经发生了改变的前提下对它做了解释：“这一个体在经济

① 《新左派失败了?》是他在社会主义论坛上的发言稿，原本是德文，后来被译成英文并发表在了《新德意志评论》上，参见 *New German Critique*, 18 (Fall 1979), pp. 3–11。

上和政治上被整合进劳动等级制度的过程也是本能被整合进社会的过程，在这个过程当中，人类的支配对象再生产了他们自身的压抑……对原始父亲的反抗消灭了可以被（曾经可以被）其他人替代的个体；而当父亲的统治扩大为社会的统治时，这样的替代似乎就再也不可能了，因而想推翻这种统治的罪恶感也就变成了令人窒息的东西。”①

对马尔库塞来说，要想把刚刚兴起的反抗的潜力释放出来，关键可能并不在于客观条件是否成熟，而是在于我们的心理是否进行了彻底的重构。他一直都在寻找那种具有自由社会特征的心理结构，最终他在组织社会的原则是快乐原则而非绩效原则的社会中发现了这种结构。“剩余压抑”是他提出来用于解释涌现出来的快乐原则在内部被削弱的机制的一个概念。

在《文明及其不满》中，弗洛伊德提出我们每一个人都必须内化一些机制来压抑我们的本能欲望和需要，而超我形成了各式各样的容许城市生活的压抑的方法。马尔库塞进一步指出，在大众社会(在这样一种社会，作为专横的力量，父亲已经被机构取代了)，超我已经成了自我有力的约
[201] 束，因此这种新的人格结构在人身上施加的压抑(比如，他们的自我压抑)比起为了文明延续下去和避免所有人对所有人的战争所实际需要的压抑要多得多。

正是因为马尔库塞强调人类是宇宙的中心，他不仅是解放的主体，同时也是解放的客体，所以他产生了这样一个疑问，即自由到底有没有生物基础。人类对自由有本能的需要吗？他给出了肯定的回答。数百年来，西方的进步思想都认为非理性与自由相对立。启蒙运动、法国和美国的革

① *Eros and Civilization* (Boston, Mass.: Beacon Press, 1966) , p. 91.

命的目标就是增加理性和限制非理性——至少在某种程度上，我们通常认为非理性是某种邪恶的、无法控制的东西。通过使争取自由的运动根植于本能结构，马尔库塞早在人们开始讨论自然是我们的盟友之前就预见到了绿色运动的到来。当他谈到内在自然是革命冲动的贮所（这个观点后来被德国绿党采纳了）时，他与哈贝马斯不同，后者认为心理是“内在的陌生领域”。

另外，作为对他所参加的一个女权主义研究小组的回应，他将讨论范围扩展到了女权主义，他认为在这场运动当中女权主义有着最激进的可能性：女权主义的社会主义。他指出，对价值的彻底颠覆绝不可能仅仅是新社会制度附带产生的结果。“它必须根植于那些建立新制度的男男女女……作为一种有着质的不同的生活方式，社会主义将不仅限于用生产力来减少异化劳动和劳动时间，还将用生产力来使生活本身成为目的，用它来发展能够平息攻击性的感性和理性，用它来享受生命，用它来把感官和理智从支配理性那里解放出来：创造性的感受性与压抑性的生产力。在这种情况下，女性的解放确实看起来像是‘绩效原则的反题’，看起来像是女性在社会重建过程中的革命功能。”①

他一直以来都把性欲当作他的写作题材，并在他认为自己最好的作品《爱欲与文明》中通过综合马克思和弗洛伊德的思想提出了“压抑的俗化趋势”的概念。他想弄明白的问题是：一个性限制如此低的社会怎么可能仍然表现出性压抑的社会的特征呢？他的回答是，性行为的量并不一定会改变人与人之间的联系（性或其他）的质，特别是在性行为已经成了一种机械行为，成了一种商品，成了立基于商品崇拜之上的整个文化基础结

① “Marxism and Feminism,” op. cit.

构的一部分的情况下，更是如此。马尔库塞指出，社会的心理结构仍然与
[202] 以前非常相似，尽管它的外观发生了改变。黑格尔和柏拉图对本质和现象的区分经过一种弗洛伊德式的马克思主义——将同化理解成了确保社会秩序顺畅运行的一种机制——的改造被运用到了这里。

就像压抑的俗化趋势一样，压抑的宽容需要理解本质与现象、质与量之间的区别。压抑的宽容源自他对艺术的理解，特别是达达主义和超现实主义对现代科技社会的反抗是如何融入到社会当中而成为娱乐手段的，而马尔库塞通过这个概念想要问的是：政府是如何能在维持秩序的同时又允许表达自由的？既然事实是，我们看上去有表达自由，那么美国怎么可能只有这么少的真正的政治反对派呢？马尔库塞从两个层面做了回答。首先，他呼吁人们关注这个问题，即革命（在他看来，它是实现自由必不可少的条件）是非法的。如果我们摒弃这个假设，即社会结构的根本变革可以按照程序循序渐进地进行，那么就有必要去探究宽容——遵守正常的话语规则——是如何使革命性的变革成为不可能的。①

其次，马尔库塞想要问的是我们自由与否是不是就看我们是否认为自己是自由的。我们的心理结构和知识假设是不是在某种程度上被大众社会的机构麻痹和标准化了？正如他所说的那样："民主主义的观点暗含着一个必不可少的条件，即人们必须有能力在知识的基础上进行思考与选择，他们必须能够接触到真实的信息，并且在此基础上，他们的评估必须

---

① 在宪法保障和（一般而言，没有太多、太明显的例外）实践公民权利与自由的制度下，反对和异议是可以容忍的，除非它们带来了暴力和（或）煽动组织暴力颠覆活动。这句话暗含着一个假设：现存社会是自由的，社会结构和社会价值的任何改进，甚至变革，都将按程序进行，即在开放的思想和产品市场上，以自由平等的讨论的方式，进行准备、界定和检验。（Robert Paul Wolff, Barringtcn Moore, Jr., and Herbert Marcuse, *A Critique of Pure Tolerance*, Boston, Mass.: Beacon Press, 1965, pp. 92–3）

是自主思考的结果。”① 仅仅因为人们被赋予了表达自由的权利，这并不意味着信息和思考就是真实的。②

他的观点被认为是精英主义和反民主的，但我们也有可能给出另一 [203] 种解释，即教育和真理对自由来说是必要的前提。那么谁——他总是不厌其烦地追问——教育那些教育者呢？对许多人来说，很难读懂马尔库塞，这仅仅是因为他的散文是一个障碍。他的作品主要是一些小册子，但它们却极有思想——与今天那些大部头的粗制滥造的作品形成了鲜明的对比。

作为能够处理大量信息的以大众为中介的个体的对立面，有思想的个体的消亡是我们这个时代的典型特征。马尔库塞无法处理信息超负荷。如果我们正在交谈，他会礼貌地要求把音乐关掉。要么我们就听音乐，要么就交谈，但不能两者同时进行。我们这一代人喜欢开着音乐，调低电视的音量，同时还做着其他事。我们无法轻易地了解马尔库塞的想法。马尔库塞以“使人衰弱无力的舒适”这种诗意的说法描绘了消费社会是如何危害人类的。物质产品数量的增加并不一定与我们生活质量的提高有关。如果我们赞成他所关心的概念（自然性质，思想特征）处在一个超越了“物质需要”（消费社会的主流话语）的满足的领域，那么如果他的讨论轻

① Robert Paul Wolff, Barrington Moore, Jr., and Herbert Marcuse, *A Critique of Pure Tolerance*, Boston, Mass.: Beacon Press, 1965, pp. 94–5.

② 在德国，“压抑的宽容”给马尔库塞带来了很大的麻烦，特别是因为当局通过这个概念将他与游击战联系在了一起。这只是他们的看法，马尔库塞绝不是这种策略的信徒，正如我们在详细讨论这个问题时多次看到的那样。然而，与此同时，他不赞同扩大纳粹或三 K 党言论自由的权利，因为在他看来，思想与行为之间的距离太小了。在今天的德国，甚至很多人都认为即使法西斯主义者在示威游行时公然在外国人住宅前踢正步也是应该被允许的。他们认为，在德国，无论是什么地方，任何政党，特别是像共和党这样的在选举中赢得席位的政党，必须有权在公共场合进行示威游行。甚至当反法西斯的抗议者聚集起来阻止新纳粹分子集会时，许多左派人士还反对他们。

易地被习惯于购买和消费而不是沉思和超越的人接受了，那就太令人惊讶了。

在准备这篇文章的过程中，我梦到了赫尔伯特，我知道我太想他了，太想这个朋友了，太想这个进步的人了。他内心深处知道自己与历史的关系，而这让我平静了下来。他的平和世所少有，这是一种非常罕见的品质，更为独特的是，它出现在了一个思维敏锐的人的身上。1979 年，他的谢世代表着整整一代人的谢世，而在这一代人那里，神圣与世俗仍然有可能结合在一起。

索　引①

A

academic freedom，学术自由，14, 74, 75, 135

Adorno, Theodor，西奥多・阿多诺，viii, ix, xi, 3, 20–1, 120–1, 193

affluent society，富裕社会，16, 19, 20, 76–86, 101,113

aggressiveness，攻击性，22, 39–40, 82, 103, 109,157; capitalism，资本主义，168; masculine，男性，190, 191; pacification of，平息攻击性，170, 201; socially useful，对社会有用的攻击性，135, 167; technical progress，技术进步，171; U.S. society，美国社会，80, 85, 131; 另参见 violence，暴力

alienation，疏离、异化，xi, 146, 157, 167, 170, 185, 187

American Legion，美国退伍军人协会，26, 128, 133, 134, 193

anarchism，无政府主义，10, 102, 151, 185; 另参见 neo-anarchism，新无政府主义

Anderson, Perry，佩里・安德森，193, 197

anti-intellectualism，反智主义、反对知识分子，35–6, 84, 152, 185, 194

anti-Semitism，反犹主义，104, 130, 179, 180, 182, 198

① 所标页码为英文原版页码。——中文版编者注

B

C

D

E

F

G

H

I

J

K

L

Laing, R.D.，罗纳德·莱恩，xi, xii, 19

language，语言，xiii, 108, 125, 142, 149, 189

the Left，左派，139, 150, 159, 179; ‘authoritarian’，“权威主义”，14, 36; critiques of Marcuse，对马尔库塞的批评，36, 129, 135, 192, 193, 196; Old Left，老左派，2, 18, 57, 64, 127; terrorism/violence，恐怖主义 / 暴力 37, 161, 177, 179; 另参见 Communism，共产主义；Marxism，马克思主义；New Left，新左派

Lenin, Vladimir Ilich，弗拉基米尔·伊里奇·列宁，103, 115, 126, 127

liberalism，自由主义，ix, 12, 24, 126, 127, 150

liberation，解放，2, 16–21, 76–86, 151, 200; 另参见 freedom，自由；revolution，革命

Liebknecht, Karl，卡尔·李卜克内西，71

Living Theater，生活剧场，19, 130

love，爱，22, 168–9

Lowell, Robert，罗伯特·洛威尔，95

Luxemburg, Rosa，罗莎·卢森堡，7, 12, 14, 71

M

McCarthy, Eugene，尤金·麦卡锡，87

McGill, William，威廉·麦吉尔，128, 129, 135

Mailer, Norman，诺曼·梅勒，87–99

Mansholt, Sicco，西科·曼斯霍尔特，176–7

Mao Zedong，毛泽东，7, 27, 133, 192

Maoism，毛主义，18, 44, 57

Marx, Karl，卡尔·马克思，xiii, 27, 113, 119, 133, 152, 192; automation，自动化，68, 111; capitalism，资本主义，139; commodity accumulation，商品积累，147;

N

psychology，心理学，81, 186, 187

public opinion，舆论，110, 124

R

racial minorities，少数种族，58–9

racism，种族主义，ix, xii, 2, 7, 13, 14, 18; capitalism，资本主义，189; freedom of speech，言论自由，130; ‘reverse’，“逆向种族主义”，xiii; suppression of，压制种族主义，90, 103, 104; Zionism as，作为种族主义的犹太复国主义，180–1; 另参见 anti-Semitism，反犹主义；black people，黑人；civil rights movement，民权运动

radical movements，激进运动，viii, xi, xii, 2, 5, 6, 142–53; 另参见 antiwar movement，反战运动；countercultural movements，反主流文化运动；social movements，社会运动；student movement，学生运动

Reagan, Ronald，罗纳德・里根，138, 192

Reality Principle，现实原则，165, 166, 170

Reich, Charles，查尔斯・赖希，47–8, 146

reification，物化，165, 168, 170

religion，宗教，116, 198

repression，压抑、压制，16, 39, 40, 103, 122, 167; continuum of ，压抑的连续统一体，78, 81, 82, 83; economic，经济压制，155; Freud，弗洛伊德，200; of the New Left，对新左派的压制，185; sexual，性压抑，201; social mechanisms of，社会的压抑机制，77, 187; Stalinist，斯大林主义，115–16; superego，超我，200–1; United States，美国，105, 141; of women，对女性的压抑，166, 168; 另参见 counterrevolution，反革命、反革命运动；domination，支配

repressive tolerance，压抑的宽容，12–16, 68–9, 74, 196, 202

resistance，抵抗，xiii, 3, 5, 6, 18, 62, 72–3

revolution，革命，7, 16–21, 78, 79, 102, 103, 156; adventurism，冒险主义，116; Bolshevik，布尔什维克，15, 37, 72, 102, 104, 149, 160; critique of Reich，对赖希的

S

T

U

V

W

Wolff, Robert Paul，罗伯特・保罗・沃尔夫，12, 202n7

women，妇女、女性，33, 63, 162–3, 165–72, 187, 190–1

work，工作，111, 112, 156, 157, 184, 188; alienation，异化，146, 157, 167, 170; discipline，工作纪律，139, 147; morality of，职业道德，141; Performance Principle，绩效原则，167, 169, 170

working class，工人阶级，5, 6, 59, 108, 185, 187; alliance with students，与学生联盟，150, 156; education of，教育工人阶级，141; European，欧洲工人阶级，69, 74; French uprising，法国暴动，42, 43, 44–5, 106; integration of，一体化、整合，5, 7, 11, 29, 106, 123, 185; lack of support for student opposition，缺乏对学生反对派的支持，66, 140; ‘new working class’，“新工人阶级”，59, 66, 70, 84–5, 125, 144;radicalization，激进化，64; reified concept of，物化的工人阶级概念，139; revolution，革命，23, 69, 106–7, 132, 144–6, 150, 188; ‘United Front’，“统一战线”，32, 189; 另参见 proletariat，无产阶级

Wright Mills，赖特・米尔斯，194

Y

youth，青年、年轻人，23, 47, 48, 148, 174, 177; moral and sexual rebellion，性道德反叛，133–4; New Left，新左派，58; United States，美国，98, 141; 另参见 hippies，嬉皮士；student movement，学生运动

Z

Zionism，犹太复国主义，180–1

责任编辑：曹　春　李琳娜
封面设计：木　辛　汪　莹

图书在版编目（CIP）数据

马尔库塞文集.第三卷，新左派与20世纪60年代／（美）赫伯特·马尔库塞 著；陶锋，高海青 译.—北京：人民出版社，2020.1

书名原文：COLLECTED PAPERS OF HERBERT MARCUSE VOLUME THREE THE NEW LEFT AND THE 1960S

ISBN 978－7－01－020550－2

I. ①马…　II. ①赫…②陶…③高…　III. ①马尔库塞（Marcuse, Herbert 1898–1979）–哲学思想–文集　IV. ① B712.59–53

中国版本图书馆 CIP 数据核字（2019）第 055862 号

马尔库塞文集　第三卷
新左派与 20 世纪 60 年代

MA'ERKUSAI WENJI DISANJUAN
XIN ZUOPAI YU 20 SHIJI 60 NIANDAI

［美］赫伯特·马尔库塞　著
陶锋　高海青　译

人民出版社 出版发行
（100706　北京市东城区隆福寺街 99 号）

北京盛通印刷股份有限公司印刷　新华书店经销

2020 年 1 月第 1 版　2020 年 1 月北京第 1 次印刷
开本：710 毫米 ×1000 毫米 1/16　印张：21
字数：269 千字

ISBN 978－7－01－020550－2　定价：128.00 元

邮购地址 100706　北京市东城区隆福寺街 99 号
人民东方图书销售中心　电话（010）65250042　65289539

ISBN 978-7-01-020550-2

THE NEW LEFT AND THE 1960S: Collected Papers of Herbert Marcuse
by Herbert Marcuse and Douglas Kellner

Published by arrangement with the authors through Sandra Dijkstra Literary Agency, Inc.
in association with Bardon-Chinese Media Agency

北京市版权局著作权合同登记号：01–2015–4193